DK

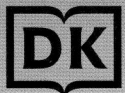

GWEN BAILEY

Hundeerziehung ganz einfach

Alles Wichtige zu Training, Spiel und Förderung

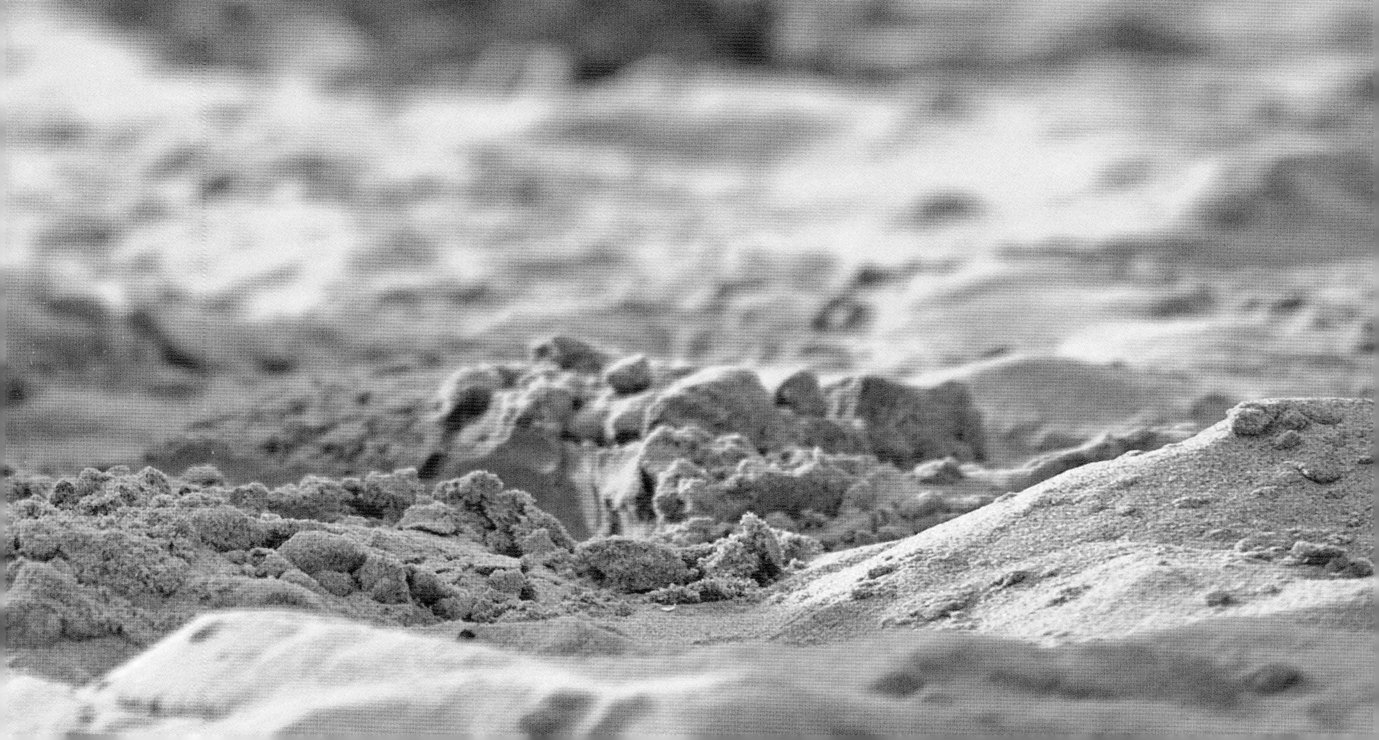

DK London / Delhi

NEUAUSGABE
Lektorat
Angeles Gavira, Liz Wheeler, Jonathan Metcalf
Gestaltung und Bildredaktion
Michael Duffy, Karen Self
Herstellung
Meskerem Berhane, Jacqueline Street-Elkayam

Hergestellt für DK von DYNAMO UNLIMITED
1 Cathedral Court, Southernhay East, Exeter EX1 1AF

Lektorat Claire Lister
Gestaltung Judy Caley
Beratung Elaine Brooks

ERSTAUSGABE
Lektorat
Victoria Wiggins, Jamie Ambrose, Steve Setford, Heather Thomas,
Rebecca Warren, Lizzie Munsey, Jaime Tenreiro, Sarah Larter,
Liz Wheeler, Jonathan Metcalf
Gestaltung und Bildredaktion
Francis Wong, Peter Laws, Steve Woosnam-Savage,
Rebecca Tennant, Phil Ormerod, Bryn Walls, Bev Speight,
Nigel Wright XAB Design, Gerard Brown
Umschlaggestaltung
Duncan Turner
Herstellung
Rebecca Short, Maria Elia

Für die deutsche Ausgabe:
Verlagsleitung Monika Schlitzer
Programmleitung Heike Faßbender
Redaktionsleitung Dr. Kerstin Schlieker
Projektbetreuung Manuela Stern
Herstellungsleitung Dorothee Whittaker
Herstellungskoordination Claudia Rode
Herstellung und Covergestaltung Verena Marquart

Titel der englischen Originalausgabe:
The Beginner's Dog Training Guide

© Dorling Kindersley Limited, London, 2022
Ein Unternehmen der Penguin Random House Group
Alle Rechte vorbehalten

© der deutschsprachigen Ausgabe by
Dorling Kindersley Verlag GmbH, München, 2023
Alle deutschsprachigen Rechte vorbehalten

Jegliche – auch auszugsweise – Verwertung, Wiedergabe, Vervielfältigung oder Speicherung, ob elektronisch, mechanisch, durch Fotokopie oder Aufzeichnung, bedarf der vorherigen schriftlichen Genehmigung durch den Verlag.

ISBN 978-3-8310-4542-6

Druck und Bindung TBB, a.s., Slowakei

www.dk-verlag.de

Die Informationen und Ratschläge in diesem Buch sind von der Autorin und vom Verlag sorgfältig erwogen und geprüft, dennoch kann eine Garantie nicht übernommen werden.
Eine Haftung der Autorin bzw. des Verlags und seiner Beauftragten für Personen-, Sach- und Vermögensschäden ist ausgeschlossen.

Inhalt

Einleitung 6

1 Der richtige Hund 10
Die Qual der Wahl 12
Beliebte Rassen 20

2 Die Beziehung aufbauen 48
Hundesprache 50
Was ein Hund braucht 72
Verschiedene Lebensstadien 90

3 Grundlagen-Training 102
Wie Hunde lernen 104
Grundkommandos 120
»Sitz!« 122
»Hier!« 124
»Platz!« 126
»Warte!« 128
»Steh!« 130
»Fuß!« 132
Leinenführigkeit 134
Apportieren 1 136
Apportieren 2 138
Apportieren ausbauen 140

4 Aufbau-Training 142

Fähigkeiten ausbauen 144
- »Hier!« für Fortgeschrittene 1 146
- »Hier!« für Fortgeschrittene 2 148
- Um Erlaubnis fragen 150
- »Sitz!« in der Entfernung 152
- Verfolgung abbrechen 154
- Lernen trotz Ablenkung 156

Tricks 158
- Winken 160
- Kreisel 162
- »Gib mir Fünf!« 164
- »Toter Hund« 166
- »Spring!« 168
- Postbote 170
- »Such das Spielzeug!« 172

Hilfe im Haushalt 174
- Einkaufstasche tragen 176
- Die Leine holen 178
- Spielzeug wegräumen 180
- Schlafen gehen 182
- Türen schließen 184

Gute Manieren 186
- »Nicht hochspringen!« 188
- »Schnapp nicht!« 190
- Ablegen 192
- »Nicht drängeln!« 194
- »Nicht jagen!« 196
- »Nicht bellen!« 198
- Berührungen zulassen 200

5 Hunde-Dilemma 202

Erziehungsprobleme 204
Lösungsansätze 222

6 Auf die Plätze … 226

Sport und Spiel 228

Register 250
Nützliche Adressen 254
Dank 255

△ **Ein neues Familienmitglied**
Welpen sind niedlich, brauchen aber viel Aufmerksamkeit. Gute Erziehung muss sofort einsetzen, denn früh Erlerntes hält ein Leben lang.

▽ **Liebevolles Verhältnis**
Hunde sind soziale Wesen und daher kann positives Training nur auf einer Beziehung aufbauen, die auf Liebe, Vertrauen und gegenseitigem Respekt basiert.

△ **Wichtige Grundlagen**
Kommt der Hund auf Zuruf, setzt sich auf Kommando und geht an der lockeren Leine, sind Spaziergänge entspannter und sicherer.

Einleitung

Viele Hundefreunde träumen von einem glücklichen, aufgeschlossenen Hund, der immer gehorcht, nie etwas falsch macht und ihre Gedanken zu erraten scheint.

Das kann im Prinzip jeder Hund lernen. Man benötigt dazu nur Zeit und einiges Fachwissen, das dieses Buch Ihnen vermitteln möchte. Hunde sind fühlende und denkende Lebewesen, die sich anpassen und gutes Verhalten erlernen können. Man muss nur wissen, wie man es ihnen beibringt. Das lernen Sie hier.

Dieses Buch möchte Ihnen helfen, das Beste aus Ihrem neuen oder bereits vorhandenen Hund herauszuholen und Ihnen zeigen, wie Sie Ihr Zusammenleben so harmonisch wie möglich gestalten können. Betrachten Sie die Übungen in diesem Buch einfach als »Bedienungsanleitung« für Ihren Hund, die Ihnen zeigt, wie Sie mit ihm umgehen können. Sie beginnen mit leichten Aufgaben und steigern sich, je mehr der Hund und Sie lernen.

Darüber hinaus lernen Sie, eine gute, auf Liebe und Respekt basierende Beziehung zu Ihrem Hund aufzubauen. Sie lernen die Bedürfnisse und Fähigkeiten Ihres Hundes

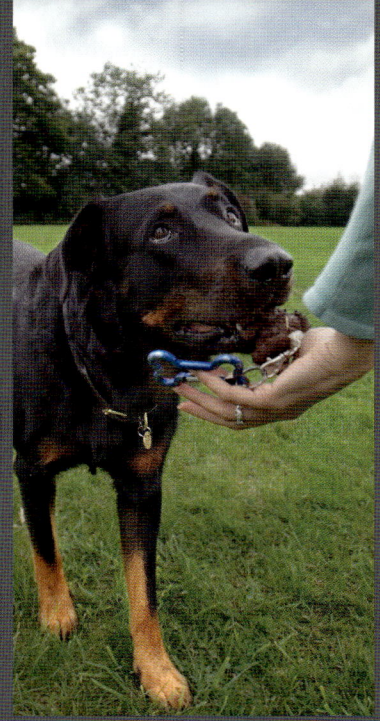

▽ **Schlauer Hund**
Mit Geduld und Übung kann ein Hund lernen, verlorene Schlüssel wiederzufinden – dank seiner guten Nase eine leichte Übung für ihn.

△ **Die Führung übernehmen**
Wer in allen Lagen einen kühlen Kopf bewahrt und Entscheidungen sicher und klug trifft, erntet Respekt. Einschüchtern ist hingegen keine Führungsqualität.

▽ **Ein glücklicher Hund**
Ein Hund, auf dessen körperliche, geistige und emotionale Bedürfnisse eingegangen wird, ist glücklich und entspannt und lebt meist auch länger.

zu erkennen, was die Erziehung sehr erleichtern kann. Wer lernt, die Welt mit den Augen seines Hundes zu sehen, wird verstehen, was ihn interessiert, was er als angenehm empfindet und wodurch er sich wohlfühlt. Dies sind wichtige Grundlagen, um ein guter Hundehalter und ein guter Erzieher zu sein.

Wenn Sie noch keinen Hund haben, kann Ihnen dieses Buch helfen, den für Sie und Ihre Lebenssituation richtigen Hund auszuwählen. Wer schon einen Hund hat, kann hier viel über seine Eigenschaften erfahren. Das macht es viel einfacher, den Hund nach seinen eigenen Bedürfnissen zu erziehen.

Bis vor gar nicht allzu langer Zeit wurde in der Hundeerziehung häufig auch Bestrafung eingesetzt. Dies ist aber nicht nur absolut inakzeptabel, wenn man ein tierliebender Halter ist, sondern macht Hunde unsicher, rebellisch und unwillig und schüchtert sie ein. Heute gibt es glücklicherweise positive Methoden, die Ihnen dieses Buch in einfachen Schritten aufbereitet vorstellen möchte. Von den Grundlagen bis hin zu fortgeschrittenen Übungen erfahren Sie hier alles über die neuen Methoden der erfolgreichen Hundeerziehung, die es auf diese Art zusammengefasst bisher noch nicht gab. »

▽ **Sinnvolle Aufgaben**
Hunde können auch im Haushalt helfen und so mehr an Ihrem Alltag teilhaben. Besonders für die Arbeit gezüchtete Hunde werden dadurch besser ausgelastet.

△ **Gemeinsam Spaß haben**
Das Erlernen von Tricks und tägliches Üben halten den Hund geistig fit, sind gemeinsamer Spaß und festigen die Bindung zwischen Hund und Mensch.

△ **Spieltrieb**
Hunde spielen für ihr Leben gern. Halter müssen ihnen die Gelegenheit geben, ihre Energie durch Spielen und Toben abzubauen.

Sind die Grundlagen einer guten Erziehung gelegt und sitzen die einfachen Übungen, bietet Ihnen dieses Buch Ideen, was Sie mit Ihrem Hund sonst noch alles gemeinsam unternehmen können. Und wenn es mal nicht so läuft, bietet das Kapitel über häufig auftretende Erziehungsprobleme einfache und praktische Hilfestellung.

Hunde haben keine so komplexe Psyche wie wir Menschen. Zu ihren wunderbarsten Eigenschaften zählt ihr Unvermögen, falsche Gefühle vorzutäuschen. Da sie aber Ereignisse nicht reflektieren können, sind sie uns Menschen praktisch ausgeliefert. Wir kontrollieren alle Bereiche ihres Lebens. Der Hund ist mit all seinen Bedürfnissen auf uns angewiesen. Der Hundehalter sollte also alles daran setzen, seinen Hund besser zu verstehen. Dieses Buch möchte Ihnen erklären, was Ihr Hund tut, warum er es tut und wie Sie dieses Wissen nutzen können, um dem Hund beizubringen, gerne zu tun, was Sie von ihm möchten. So wird das Zusammenleben sehr harmonisch. Wenn Sie die Übungen in diesem Buch Schritt für Schritt trainieren, werden Sie die Fähigkeiten Ihres Hundes besser nutzen und einen glücklichen, aufmerksamen Hund erhalten, auf den Sie stolz sein können!

▽ **Selbstbeherrschung**
Geduldiges Warten ist eine der wichtigsten Lektionen. Hunde, die Selbstbeherrschung gelernt haben, sind viel angenehmere Partner.

▽ **Bereitwilliger Partner**
Wer eine gute Beziehung zu seinem Hund aufbaut und ihm verschiedene Kommandos beibringt, bekommt einen treuen Freund und hilfreichen Partner.

△ **Sportliche Aktivitäten**
Hundesport bereitet Mensch und Hund gleich viel Spaß. Er lehrt neue Fähigkeiten und man lernt obendrein neue Menschen und Hunde kennen.

Gwen Bailey ist eine international anerkannte Verhaltenwissenschaftlerin und Hundetrainerin. Sie hält weltweit Vorträge, ist Autorin mehrerer erfolgreicher Bücher über das Verhalten von Hunden sowie langjähriges Mitglied der britischen Association of Pet Behaviour Counsellors. Zwölf Jahre lang therapierte sie als Leiterin der Abteilung Tierverhalten bei einer der führenden britischen Tierschutzorganisationen Tausende von Hunde in Tierheimen. Um noch mehr präventive Arbeit leisten zu können, gründete sie die Puppy School (www.puppyschool.co.uk), eine Welpenschule mit einem Netzwerk von Trainern für positives Training in Großbritannien.

Der richtige Hund

Die Qual der Wahl

Die Qual der Wahl

Bei der Auswahl eines Hundes lassen wir uns von Gefühlen leiten und wählen den, der uns gefällt, ob er nun zu uns passt oder nicht. Aber eigentlich sollten wir uns für eine gute Wahl Zeit lassen und bedenken, welches Temperament und welche Eigenschaften am besten unserer eigenen Persönlichkeit entsprechen. Dieses Kapitel erklärt, warum unterschiedliche Rassen unterschiedlich aussehen und verschiedene Eigenschaften haben und hilft zu entscheiden, welcher Hund zu welchem Lebensstil passt. Zudem kann es bei der Entscheidung helfen, ob man einen Welpen oder einen erwachsenen Hund wählt, damit man am Ende genau den richtigen Hund hat.

AKTIVE HUNDE
Wer mit einem agilen Hund glücklich zusammenleben möchte, muss auch bereit sein, ihm viel Bewegung und Abwechslung zu bieten.

Die Qual der Wahl

Wer sich vor der Wahl des Hundes genau überlegt, welche Erwartungen er an ihn und das Zusammenleben mit ihm hat, wählt eher einen Hund, dessen Temperament auch dem eigenen Leben am besten entspricht.

Wie leben Sie?

Hunde gibt es in allen Größen und Formen. Es gibt unzählige Rassen mit verschiedensten Eigenschaften. Um sich selbst die Wahl zu erleichtern, sollte man sich im Vorfeld gründlich überlegen, was man selbst bzw. was die Familie vom neuen Hund erwartet. Um dies zu erleichtern, sollte man folgende Punkte vor der Wahl genau überdenken:

Wie viel Zeit haben Sie wirklich?

Überlegen Sie ehrlich, ob Sie Zeit haben, mit einem Hund zu spielen, ihn zu erziehen, ihn zu pflegen und ihm Liebe und Aufmerksamkeit zu schenken? Bedenken Sie auch, dass Sie mehr Zeit für die Hausarbeit benötigen, denn selbst der sauberste Hund bringt Dreck herein und macht Unordnung. Haben Sie wirklich so viel zusätzliche Zeit?

Wie häufig sind Sie zu Hause?

Rechnen Sie einmal zusammen, wie viel Zeit Sie pro Woche tatsächlich zu Hause verbringen. Vielleicht können Sie einem Hund gar nicht die Aufmerksamkeit schenken, die er benötigt.

Was können Sie sich leisten?

Große Hunde fressen mehr als kleine, sind also teurer. Dazu kommen Tierarztkosten, Hundesteuer, eine Tierhalter-Haftpflichtversicherung und

△ **Bewegungsfreudige Hunde**
Hunde, die von Natur aus viel Energie haben, brauchen auch Halter, die sich gerne und täglich bewegen. Nur mit ausreichend Bewegung sind diese Hunde ausgeglichen.

◁ **Glückliche Familien**
Lebenslustige, gesellige Hunde, wie der Spaniel, sind sehr verspielt. Es braucht etwas Zeit, herauszufinden, welcher Hund am besten zur eigenen Familie und deren Erwartungen passt, aber der Aufwand lohnt sich für Mensch und Hund.

eventuell eine Haustier-Krankenversicherung. Bei Hunden mit dichtem oder langem Fell ist meist ein regelmäßiger Besuch beim Hundefriseur nötig. Können Sie sich diese zusätzlichen Kosten leisten?

Wie aktiv sind Sie? Ein quirliger Hund ist keine gute Wahl, wenn Sie selber die meiste Zeit am liebsten auf dem Sofa vor dem Fernseher liegen. Grundsätzlich benötigt jeder Hund täglich Bewegung.

Welche »Persönlichkeit« und welche Charakterzüge hat Ihr Traumhund? Wenn Sie sich erst darüber klar sind, was Sie von einem Hund erwarten, wird die Wahl viel einfacher. Denn es lässt sich schnell herausfinden, welche grundlegenden Wesenszüge die Hunderassen haben, welche Voraussetzungen sie mitbringen, welche Bedürfnisse sie haben und ob ihr allgemeiner Charakter auch zu Ihrem Leben, Ihren Bedürfnissen und Ihren Möglichkeiten passen.

Nach Charakter wählen

Viele Menschen suchen sich den neuen Hund in Hundebüchern aus und wählen einen, dessen Aussehen ihnen gefällt. Vielleicht erinnert er an einen früheren Hund oder seine Gesichtszüge ähneln sogar den eigenen. Wer aber rein nach dem Aussehen entscheidet und nicht die Charaktereigenschaften der Rasse bedenkt, kann leicht einen Hund wählen, der in wesentlichen Bereichen gar nicht zu ihm passt. Es ist daher viel sinnvoller, den neuen Hund nach seinem Temperament und Wesen auszusuchen.

> **»Die Wahl** des Hundes wird **leichter,** wenn Sie sich erst **darüber klar werden,** was Sie und Ihre Familie **von einem Hund erwarten.«**

Muss der Hund sich gut mit anderen verstehen? Haben Sie Kinder, ein Baby (oder planen Sie Familienzuwachs), ältere Verwandte, andere Hunde oder kleine Haustiere? Ein neuer Hund wirkt sich auf alle Mitglieder der Familie aus und muss sich auch mit allen vertragen. Bedenken Sie seinen Einfluss auf bestehende Beziehungen.

Welpe oder erwachsener Hund? Das ist keine einfache Entscheidung. Welpen kann man noch nach den eigenen Vorstellungen erziehen. Man muss aber einen gesunden Welpen finden, der gut sozialisiert wurde und dessen Eltern und Großeltern einen guten Charakter hatten. Welpen sind hinreißend, aber ihre Erziehung ist zeitintensiv und im ersten Lebensjahr benötigen sie für ihre gesunde Entwicklung sehr viel Aufmerksamkeit. Erwachsene Hunde sind bereits vorgeprägt, aber schon stubenrein, knabbern nicht mehr an allem herum und die Früherziehung ist abgeschlossen. Man bekommt einen fertigen Hund mit festen Gewohnheiten. Mit etwas Geduld kann er sich aber auf Ihre Lebensweise und Gewohnheiten einstellen. Lernen Sie einen erwachsenen Hund erst gut kennen, bevor Sie sich entscheiden.

◁ **Zeitaufwendig**
Welpen sind hinreißend, benötigen anfangs aber für eine gesunde Sozialisation viel Aufmerksamkeit, gute Erziehung und Training. Holen Sie sich also nur einen Welpen, wenn Sie für ihn auch wirklich Zeit haben.

DIE QUAL DER WAHL

Wo findet man einen Hund?

Es gibt viele Stellen, die erwachsene Hunde und Welpen vermitteln, aber nicht alle sind seriös. Man sollte sich im Vorfeld vergewissern, dass man ein gesundes Tier erhält, welches vom Wesen her zu einem passt.

Den richtigen Hund findet man oft nur nach langer gründlicher Suche. Verlieben Sie sich nicht gleich in den ersten Hund oder Welpen, dem Sie begegnen. Schließlich möchten Sie viele Jahre mit ihm verbringen und da ist es besser, geduldig zu suchen, bis man genau den für sich passenden Hund gefunden hat.

Erwachsene Hunde

Die beste Quelle für erwachsene Hunde sind gute Tierheime. Sie beurteilen Verhalten und Charakter der ihnen anvertrauten Tiere. Das ist oft nicht einfach, da sich Tiere im Tierheim anders verhalten können. Es lässt sich schwer voraussagen, wie ein Hund im neuen Zuhause reagieren wird. Daher geben einige Heime ihre Tiere zu Pflegefamilien. Sie lernen die Hunde im Alltagsleben kennen und können besser einschätzen, was Sie von einem Tier erwarten können. Neben den allgemeinen Tierheimen, die sich um alle Rassen und Mischlinge kümmern, gibt es auch Hilfsorganisationen, die sich auf bestimmte Rassen spezialisiert haben. Wenn Sie sich bereits für eine Rasse entschieden haben, sind diese Nothilfen ebenfalls eine gute Anlaufstelle.

Auch Züchter bieten manchmal erwachsene Hunde an.

Seien Sie aber vorsichtig bei Zwingeraufzuchten. Sie eignen sich häufig nur bedingt als Haustiere.

▽ **Den Hund kennenlernen**
Verbringen Sie Zeit im Tierheim und lernen Sie den Hund erst etwas kennen, bevor Sie ihn mitnehmen. So können Sie sicherer entscheiden, ob er der richtige Hund für Sie ist.

△ **Der passende Hund**
Gute Tierheime beurteilen die Hunde in ihrer Obhut, bevor sie sie vermitteln, und kennen deren Charakter. Das erleichtert die Wahl. Nehmen Sie aber nicht gleich den ersten niedlichen Hund mit, dem Sie begegnen.

▷ **Seien Sie vorbereitet**
Rechnen Sie auch damit, dass das Tierheim Ihre Eignung als Tierhalter prüft. Man wird Ihre ganze Familie kennenlernen wollen und Fragen zu Ihrer Wohnung, Ihrer Arbeitszeit und Ihren Lebensgewohnheiten stellen.

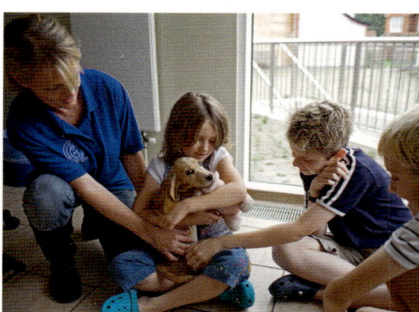

△ **Die richtige Umgebung**
Lassen Sie sich Welpen immer mit der Mutter zeigen und prüfen Sie, ob sie freundlich ist. Die Welpenkiste sollte sauber und mit einem »Toilettenbereich« ausgestattet sein.

▷ **»Hallo, wer bist du?«**
Gut sozialisierte Welpen interessieren sich für Fremde und laufen freudig auf sie zu. Nervöse, zurückhaltende oder scheue Welpen, die sich hinter ihren Geschwistern verstecken, sind nicht die geeignete Wahl.

Vorsicht auch bei Hunden aus Zeitungsanzeigen. Oft hat man zu wenig Zeit, den neuen Hund kennenzulernen, erfährt häufig nicht die Wahrheit über seine Vorgeschichte und wird möglicherweise auch zum sofortigen Kauf gedrängt.

Welpen

Züchter mit gesunden, gut sozialisierten und ausgeglichenen Hunden sind schwer zu finden. Erkundigen Sie sich über den Züchter und nehmen Sie keinen Welpen mit, wenn Sie bei dem Züchter kein gutes Gefühl haben. Der Welpe sollte im Haus leben und nicht nur bei Ihrem Besuch hereingebracht werden.

Hund alle erforderlichen Gesundheitsprüfungen für die Zucht hat, die nur wenige Würfe züchten und die Welpen im eigenen Haus aufziehen, um ihnen die nötige Wärme

> **»Es lohnt sich, geduldig zu suchen, bis man den Hund gefunden hat, der zu einem passt.«**

Seien sie bei großen Zuchten mit vielen Welpen misstrauisch, bei denen es mehr um Zuchtpreise als um eine gute Sozialisation geht. Am besten sind Züchter, deren eigener Hund alle erforderlichen Gesundheitsprüfungen für die Zucht hat, die nur wenige Würfe züchten und die Welpen im eigenen Haus aufziehen, um ihnen die nötige Wärme und Nähe zu bieten, damit diese zu ausgeglichenen Hunden heranwachsen. Wählen Sie am besten einen Welpen, der interessiert auf Sie zugeht.

Inakzeptabel

Meiden Sie Bezugsquellen, die Ihnen die Umgebung des Welpen oder die Mutter nicht zeigen wollen und bei denen unklar ist, ob sie im Zwinger, Schuppen oder Stall leben. Meiden Sie Tiere aus Tierhandlungen und besonders Züchter, die eine Übergabe irgendwo am Straßenrand vornehmen wollen. Stellen, die viele Rassen verkaufen, sind meist unseriös, da sie ihre Tiere oft aus Massenzüchtungen beziehen. Häufig sind solche Welpen nicht gesund und schlecht sozialisiert.

Der **Wolf im Hund**

Nach heutigem Stand der Wissenschaft stammt der Haushund von einer ausgestorbenen Wolfsform ab, die einen gemeinsamen Vorfahren mit dem heutigen Wolf (*Canis lupus*) hatte.

Teamwork

Auch wenn die heutigen Wölfe nicht die direkten Vorfahren der Haushunde sind, haben sie viele Merkmale gemeinsam. Um eine Ahnung von den Vorfahren unserer Hunde zu erhalten, lohnt eine genauere Betrachtung dieser Merkmale. Wölfe erbeuten Kleintiere wie Mäuse und Kaninchen oder sogar Fische, können aber auch als Rudel zusammenarbeiten und größere Beute wie Hirsche zur Strecke bringen.

Um gemeinsam jagen zu können, müssen Wölfe zusammenleben und untereinander Bindungen aufbauen. Sie müssen lernen, sich gegenseitig zu unterstützen. Genau diese Eigenschaften sind es, die Haushunde zu so erfolgreichen Haustieren und Arbeitshunden machen.

Aus Wolf wird Hund

Viele Jahre glaubte man, der Hund habe sich über viele Generationen aus wolfsähnlichen Tieren entwi-

▷ **Die Vorfahren**
Der heutige Wolf mag nicht der Vorfahre unserer Haushunde sein, hat aber dennoch viele Verhaltensweisen mit ihnen gemeinsam.

Orten

Anpirschen

Hetzen

> »Aus diesen ... **unbekannten Vorfahren** hat der Mensch ... die **verschiedenen Typen und Rassen entwickelt**, die es **heute gibt**.«

ckelt, die in der Nähe menschlicher Siedlungen von Abfällen lebten. Neueren DNA-Befunden zufolge entwickelten sich Hunde jedoch schon viel früher zu Haustieren, als die Menschen noch Jäger und Sammler waren. Möglicherweise waren sie als Wächter und bei der Jagd von unschätzbarem Wert.

Selektive Zucht

Aus diesen noch unbekannten Vorfahren hat der Mensch mittels selektiver Zucht nach und nach die verschiedenen Typen und Rassen entwickelt, die es heute gibt. Bei der selektiven Zucht nutzt man Hunde, die eine gewünschte Eigenschaft zeigen, z.B. ein besonderes Talent für eine bestimmte Phase der Jagd (s.u.). So erhielt man Hunde, die besondere Aufgaben erfüllen. Zur Zucht eines erfolgreichen Schädlingsjägers wurden Hunde ausgesucht, die »packen« und »töten« gut beherrschen. Für gute Hütehunde nahm man Hunde, die besonders gut »hetzen« konnten. So entstanden Hunde, die gerne hinter etwas herjagen, aber nicht den starken Drang

▷ ▽ **Unterschiedliche Körperformen**
Haushunde unterscheiden sich in Aussehen und Verhalten deutlich von ihren Vorfahren. Ihre Körperform ist der Arbeit angepasst, für die sie gezüchtet wurden, sodass es Hunde in allen möglichen Gestalten, Größen, Fellfarben und Fellarten gibt. Und auch ihre Eigenschaften und Neigungen wurden verändert, um unterschiedliche Charaktere und Wesenszüge zu erhalten.

des Terriers zum Zubeißen haben. Es wurden aber nicht nur bestimmte Charaktereigenschaften herausgezüchtet, sondern auch bestimmte Körperformen. Als Herdenschutz- und Wachhunde wurden große, kräftige Hunde benötigt, also wählte man die größten Exemplare. Für die Zucht von Gesellschaftshunden nahm man hingegen stets die kleinsten und niedlichsten Hunde. Dass Hunde aufgrund der stetig steigenden Zahl reiner Haushunde hauptsächlich auf Aussehen gezüchtet werden, ist eine recht junge Entwicklung. Viele Züchter sind vor allem daran interessiert, mit ihren Tieren Preise zu gewinnen. Sieger sind Hunde, die den Rassestandards und willkürlich festgelegten Charakteristika am besten entsprechen.

◁ **Jagdphasen**
Sein Jagdverhalten ermöglicht es dem Wolf, seine Beute zu fangen und zu töten, um zu überleben. Einzelne Phasen des Verhaltensmusters wurden bei der Zucht von Arbeitshunden für bestimmte Aufgaben betont.

Packen | Töten/Totschütteln | Zerlegen und Fressen

Beliebte Rassen

Folgt man den Spuren einer Rasse zu ihren Ursprüngen, kann man herausfinden, für welche Aufgaben die Hunde eigentlich gezüchtet wurden. So kann man Hunderassen nach bestimmten Typen einteilen.

Die Hunde jeder einzelnen Gruppe haben gemeinsame Verhaltensmerkmale. Sie wurden ihnen angezüchtet, damit sie ihre Aufgaben erledigen konnten. So sind sie auch ähnlich gut für das Leben als Haustier geeignet oder kämpfen mit ähnlichen Anpassungsproblemen. Es erleichtert die richtige Wahl, diese Grundlagen zu kennen. Je selektiver die Zucht, desto kleiner wird der Genpool und desto häufiger treten bei Zuchthunden Erbkrankheiten auf. Lassen Sie beim Erwerb eines Welpen Gesundheitszeugnisse und Stammbaum genau prüfen. Nur so können Sie sicher gehen, einen gesunden Hund zu erhalten.

Hunde, die Jägern helfen

Diese Hunde wurden gezüchtet, um Jägern bei der Jagd zu helfen. Sie apportieren normalerweise gerne, sind sehr lernbegierig und möchten gefallen. Daher sind sie meist gute Haustiere, sind aber durch ihre Größe und enorme Energie nur etwas für Menschen, die bereit sind, sich viel zu bewegen.

Golden Retriever

Hunde, die Hirten helfen

Man unterscheidet zwei Arten: die Hütehunde und die weniger bekannten Herdenschutzhunde. Hütehunde haben sehr viel Energie und hetzen gerne. Herdenschutzhunde haben einen stärkeren Willen, da sie gezüchtet wurden, um allein bei der Herde zu bleiben. Sie haben einen großen Schutzdrang. Beide Arten von Hirtenhunden gehen enge Bindungen mit ihren Haltern ein.

Border Collie

Hunde, die jagen

Jagende Hunde teilen sich in zwei Kategorien: Hunde, die nach Sicht jagen, und solche, die Fährten folgen. Sie sind zwar freundlich und fröhlich, aber unabhängiger als andere Hunde und weniger leichtführig. Ihr starker Jagdtrieb kann auf Spaziergängen zum Problem werden.

Beagle

Hunde, die Schädlinge töten

Zum Packen und Töten gezüchtet, sind diese zähen und resoluten Hunde aufgrund ihrer geringen Größe beliebte Haustiere. Man sollte aber ihren Jagddrang auf Kleintiere nicht unterschätzen. Sie neigen dazu, Probleme mit aggressivem Verhalten zu lösen, benötigen früh Sozialisation und Training und haben eine starke Persönlichkeit mit viel Charakter.

Parson Russell Terrier

Begleithunde

Sie werden schon seit Generationen auf Haustier gezüchtet, haben ein freundliches Naturell, sind sanft und durch ihre kompakte Größe leicht zu pflegen. Nur wenige der heute so klassifizierten Rassen wurden aber ursprünglich rein als Haustier gezüchtet. Viele waren Wachhunde oder hatten andere Aufgaben.

Chihuahua

Andere Arbeitshunde

Hunde wurden auch zu vielen anderen Zwecken gezüchtet, wie etwa zum Wachen, Schlittenziehen oder Kämpfen. Ihr Temperament entspricht der Arbeit, die sie leisten sollten. Daher ist es sinnvoll, den Ursprung einer Rasse zu kennen.

Bernhardiner

Kutschenhunde
Dalmatiner wurden als modisches Beiwerk gezüchtet, aber auch um neben oder hinter Kutschen zu laufen. Aus diesem Grund ist es auch heute noch leicht, sie für Schauzwecke als Kutschenhunde zu trainieren.

Kleine Hunde

Die meisten kleinen Hunde sind einfacher zu pflegen und sauber zu halten, preiswerter im Unterhalt und benötigen weniger Bewegung als größere Rassen. In den kleinen Körpern steckt aber viel Persönlichkeit.

Kleine Hunde sind ideal für Menschen mit wenig Platz oder in Städten, die nicht jeden Tag mehrere Stunden mit ihrem Hund spazieren gehen können. Sie benötigen natürlich Bewegung und Anregung, sind aber häufig mit weniger zufrieden als größere Hunde. Kleine Hunde sind sich nicht bewusst, dass sie klein sind. Das macht sie zwar zu tollen Gefährten, bringt ihnen aber auch häufig Ärger mit größeren Hunden ein. Viele Halter neigen dazu, sie zu beschützen, indem sie sie von größeren Hunden fernhalten. Ein gut sozialisierter Hund kann sich aber selbst wehren.

◁ **Dackel auf dem Rücken**
Unterwerfung ist gegenüber dominanten größeren Hunden eine sinnvolle Strategie, solange diese keine wirkliche Gefahr darstellen.

◁ **Klein, aber oho**
Der West Highland Terrier mag putzig aussehen, in dem kleinen Körper steckt aber ein ausgeprägter Charakter.

Zudem haben die meisten kleinen Hunde wirksame Strategien für den Umgang mit großen Hunden. Sie mögen wie zerbrechliches Spielzeug wirken, haben aber dieselben Bedürfnisse wie alle anderen Hunde auch und dazu zählt der Kontakt zu anderen Hunden.

Chihuahua

Größe *0,5–3 kg, 15–23 cm*
Persönlichkeit *Resolut, lebhaft, loyal*
Bewegungsdrang *Minimal*
Pflege *Minimal*

Dieser agile kleine Hund lebte schon im 9. Jahrhundert in Mexiko. Sehr wahrscheinlich stammt er von Hunden der Tolteken ab, die Techichi genannt wurden. Durch die Einzucht asiatischer Rassen sind die modernen Chihuahuas kleiner als ihre Vorfahren. Sie sind heute die kleinste Hunderasse mit sowohl langhaarigen als auch kurzhaarigen Vertretern. Aufgrund ihrer winzigen Größe sind Chihuahuas sehr verletzungsanfällig. Sie eignen sich also nicht für ungeschickte Menschen oder Familien mit Kleinkindern. Sie benötigen eine gute frühe Sozialisation und brauchen Schutz in dieser Welt voller Riesen.

große, aufgerichtete Ohren

kurzhaariger Chihuahua

fedrige Rute

langhaariger Chihuahua

Malteser

Größe *3–4 kg, 20–25 cm*
Persönlichkeit *freundlich, aufgeschlossen, verspielt*
Bewegungsdrang *minimal*
Pflege *täglich bürsten und regelmäßig schneiden*

Diese antike Rasse aus dem Mittelmeerraum wird schon seit unzähligen Generationen als Gesellschaftshund gezüchtet. So entstand ein freundlicher kleiner Hund, der ein wunderbares Haustier ist, wenn einem die aufwendige Fellpflege nichts ausmacht. Malteser müssen regelmäßig zum Hundefriseur. Das Kopfhaar muss geschnitten oder hochgebunden werden, damit der Hund gut sehen kann.

Yorkshire Terrier

Größe *1–3 kg, 23–24 cm*
Persönlichkeit *lebhaft, resolut, mutig*
Bewegungsdrang *minimal bis mäßig*
Pflege *täglich bürsten und regelmäßig schneiden*

△ **Kleine Energiebündel**
Yorkshire Terrier sind zwar klein, aber sehr aktiv. Besonders als Jungtiere benötigen sie viel Freiraum zum Rennen und Spielen.

Der Yorkshire Terrier wurde im 19. Jahrhundert von Grubenarbeitern und Textilarbeitern zur Bekämpfung von Ratten gezüchtet. In ihm steckt sehr viel Terrier und oftmals sind Halter überrascht, wie resolut ihr kleiner Begleiter werden kann, wenn er sich bedroht fühlt. Yorkshire Terrier benötigen eine sehr intensive frühe Sozialisierung, damit sie gelassen und selbstsicher werden und keinen zu großen Beschützerdrang für ihren Halter entwickeln. Sie sind aktive, intelligente und verspielte Hunde, die begierig alle Tricks lernen, die man ihnen beibringt. Der Yorkshire Terrier haart nicht, muss dafür aber täglich gebürstet werden, damit sein Fell nicht verfilzt. Die Haare um die Augen müssen geschnitten oder hochgebunden werden, damit die Hunde sehen können.

DIE QUAL DER WAHL

Toy-Pudel

Größe *2,5–4 kg, 25–28 cm*
Persönlichkeit *intelligent, gutmütig, lebhaft*
Bewegungsdrang *mäßig*
Pflege *täglich bürsten und regelmäßig schneiden*

Der Toy ist der kleinste Pudel und wurde aus dem Großpudel gezüchtet, der ursprünglich zum Apportieren von Enten abgerichtet wurde. Dieser elegante und athletische kleine Hund ist intelligent, sehr gelehrig und liebt eine lebhafte Umgebung mit viel Anregung. Man sollte allerdings die aufwendige Fellpflege bedenken.

Zwergspitz

Größe *2–2,5 kg, 18–22 cm*
Persönlichkeit *aktiv, intelligent, guter Wachhund*
Bewegungsdrang *minimal bis mäßig*
Pflege *täglich intensiv bürsten*

Der Zwergspitz wurde in Polen und Deutschland aus spitzähnlichen Schlittenhunden gezüchtet. Er hat den extrovertierten Charakter seiner Vorfahren behalten und heftiges Bellen kann zum Problem werden. Bei warmen Temperaturen leidet der Hund unter seinem dichten Fell.

Zwergpinscher

Größe *3,5–4,5 kg, 25–30 cm*
Persönlichkeit *aktiv, beschützend, clever*
Bewegungsdrang *mäßig*
Pflege *minimal*

Der Zwergpinscher wurde im 19. Jahrhundert gezüchtet, um auf deutschen Bauernhöfen Ratten zu fangen. Der kleine, resolute Hund hat den Jagdinstinkt eines Terriers. Er benötigt als Welpe eine gute Sozialisierung und später ein Zuhause mit viel Anregung und Aufmerksamkeit.

schwarzes Haar mit hellen Abzeichen

Bichon Frisé

Größe 2–3 kg, bis 30 cm
Persönlichkeit verspielt, gutmütig, gesellig
Bewegungsdrang minimal bis mäßig
Pflege täglich bürsten und regelmäßig schneiden

Die genauen Ursprünge des Bichon Frisé sind unklar. Ähnliche Hunde existierten wohl schon vor mehreren Tausend Jahren. Der moderne Bichon Frisé stammt aus Teneriffa und ist in Frankreich und Spanien seit Jahrhunderten als Schoßhund beliebt. So entwickelte er einen freundlichen Charakter mit offenem Wesen. Der kleine agile Hund ist sehr umgänglich und anhänglich.

Havaneser

Größe 3–6 kg, 23–27 cm
Persönlichkeit verspielt, freundlich, gesellig
Bewegungsdrang minimal bis mäßig
Pflege täglich bürsten

Im 16. Jahrhundert gelangten Bichons mit spanischen Seeleuten nach Kuba, wo aus ihnen der heutige Havaneser entwickelt und sogar zum kubanischen Nationalhund ernannt wurde. Mit ihrem leichteren und seidigeren Fell sind die Hunde besser für warmes Klima geeignet als der Bichon Frisé. Sie werden seit Jahrhunderten als Gesellschaftshunde gezüchtet und haben einen offenen, freundlichen Charakter. Die Haare über den Augen sollten geschnitten oder hochgebunden werden.

langes, weiches Fell mit Unterwolle

fedrige Rute

Zwergpudel

Größe 4,5–8 kg, 28–35 cm
Persönlichkeit intelligent, agil, freundlich
Bewegungsdrang mäßig
Pflege täglich bürsten und regelmäßig schneiden

Der Name Pudel geht wohl auf das niederdeutsche »puddeln« für »im Wasser planschen« zurück, denn die Vorfahren des modernen Pudels wurden im 15. Jahrhundert zur Jagd auf Wasservögel gezüchtet. Später wurden in Frankreich drei kleinere Varianten als Schoßhunde entwickelt, mit dem Zwergpudel als Mittelgröße. Pudel sind schlau, gelehrig und lernen schnell Tricks. Aus diesem Grund werden sie gerne bei Agility- und Obedience-Wettbewerben eingesetzt und sind intelligente Arbeitshunde voller Energie. Früher glaubte man, die kugelige Perlschnurschur würde die Gelenke der Hunde im Wasser schützen. Heute tragen die meisten Zwergpudel eine moderne, einheitlich kurze Schur.

dichtes, lockiges Fell

kleine, kompakte Pfoten

Boston Terrier

Größe 4,5–11,3 kg, 28–43 cm
Persönlichkeit sanft, freundlich, sehr lebhaft
Bewegungsdrang minimal bis mäßig
Pflege minimal

Der Boston Terrier wurde Mitte des 19. Jahrhunderts in der Stadt Boston aus Bulldogge, Terrier und Französischer Bulldogge gezüchtet. Dabei blieb vom Terrier-Temperament nur wenig erhalten. Die Hunde sind sehr sanft und umgänglich. Ihre verkürzte Nase führt bei Anstrengung leider oft zu Atemproblemen.

Papillon

Größe 1,5–5 kg, ca. 28 cm
Persönlichkeit intelligent, lebhaft, sensibel
Bewegungsdrang mäßig
Pflege täglich bürsten

Die Ahnen des Papillon tauchen schon im 16. Jahrhundert auf Gemälden auf. Sein Name bedeutet auf Französisch »Schmetterling« und bezieht sich auf seine großen, flügelartigen Ohren. Die energiegeladenen kleinen Hunde sind trotz ihrer zierlichen Statur sehr robust und aktiv. Sie sind intelligent und lernen sehr schnell, was man von ihnen möchte.

Shih Tzu

Größe 4,5–8,1 kg, nicht über 26,7 cm
Persönlichkeit intelligent, unabhängig, aufmerksam
Bewegungsdrang mäßig
Pflege täglich bürsten und gelegentlich schneiden

Der Shih Tzu wurde in Tibet und China gezüchtet. Sein Name bedeutet im Chinesischen »Löwe«. Ohne gute Sozialisierung können die intelligenten, aufmerksamen Hunde übellaunig werden. Das lange Kopfhaar sollte geschnitten oder hochgebunden werden. Der kurze Schädel kann zu Atemproblemen führen.

Parson Russell Terrier

Größe 5–8 kg, 28–38 cm
Persönlichkeit resolut, aktiv, hartnäckig
Bewegungsdrang hoch
Pflege minimal

Der Parson Russell Terrier wurde im 19. Jahrhundert gezüchtet, um mit den Jagdhunden zu laufen und Füchse aus ihren Bauen zu scheuchen. Er ist zwar weniger verbreitet als sein kurzbeiniger Cousin, der Jack Russell Terrier, im Gegensatz zu diesem aber nicht nur beim FCI, sondern auch bei den Kennel Clubs eine anerkannte Rasse. Aufgrund seines starken Jagdinstinkts muss er schon früh mit Katzen sozialisiert werden. Eine Haltung zusammen mit Kleintieren ist problematisch. Bei guter Sozialisierung ist er ein freundlicher, kontaktfreudiger Hund, ist sie mangelhaft, kann er schwierig und angriffslustig sein. Parson Russell Terrier sind intelligente und aktive Hunde und gut für lebhafte Haushalte geeignet.

breiter Schädel

muskulöse Hinterläufe

Jack Russell Terrier

Jack Russell Terrier werden vom englischen Kennel Club nicht als eigene Rasse anerkannt. Sie können unterschiedlich aussehen und von diesem großen Genpool profitiert ihre Gesundheit. Vom Wesen ähneln sie ihren großen Cousins, daher benötigen sie gute Sozialisierung und Erziehung.

DIE QUAL DER WAHL

Border Terrier

Größe 5,1–7,1 kg, ca. 32–37 cm
Persönlichkeit freundlich, aktiv, gehorsam
Bewegungsdrang mäßig
Pflege minimal, gelegentlich trimmen

Border Terrier wurden im 18. Jahrhundert in Schottland zur Jagd auf Füchse und Nager gezüchtet. Ihre geringe Größe und freundliches Wesen machen sie zu beliebten Haustieren. Sie benötigen eine gute Sozialisierung mit Katzen und anderen Hunden, sind aber gut zu erziehen. Die verspielten, freundlichen Tiere passen sich dem Aktivitätsniveau ihres Besitzers an. Sie lieben die Gesellschaft des Menschen, können aber auch gut alleine sein. Die schnellen und wendigen Border Terrier eignen sich gut für Agility. Von Natur aus neugierig, sind sie bei guter Sozialisierung und Erziehung liebenswürdige Gefährten.

△ **Aktive Haustiere**
Border Terrier genießen Spaziergänge, liegen aber auch gerne auf dem Schoß.

Cavalier King Charles

Größe 5,5–8 kg, ca. 31–33 cm
Persönlichkeit freundlich, liebevoll, verspielt
Bewegungsdrang mäßig
Pflege täglich bürsten

Das Gesicht des Cavalier King Charles ist nicht so flach wie das des King Charles Spaniels, einer ähnlichen Rasse. Seine Nase ist länger und sein Schädel flacher. Leider häufen sich aufgrund des kleinen Genpools der Rasse Erbkrankheiten. Abgesehen davon sind die seit Jahrhunderten als Gesellschaftshunde gezüchteten Tiere absolut liebenswürdige Familienhunde.

Lhasa Apso

Größe 6–7 kg, 23–27 cm
Persönlichkeit aufmerksam, aktiv, bellfreudig
Bewegungsdrang mäßig
Pflege täglich gründlich bürsten

Die von tibetanischen Mönchen als Kloster-Wachhund gezüchtete Rasse gibt sofort Laut, wenn sich ein Fremder nähert. Die intelligenten Tiere haben einen starken Willen und benötigen sehr gute Erziehung. Das dichte Fell, das sie im tibetischen Hochland vor Kälte schützt, braucht sehr viel Pflege.

Cairn Terrier

Größe 6–7,5 kg, 28–31 cm
Persönlichkeit aktiv, verspielt, umgänglich
Bewegungsdrang mäßig
Pflege minimal; gelegentlich trimmen

Dieser bereits im 17. Jahrhundert gezüchtete verspielte Hund stammt aus dem Westen Schottlands. Als Arbeitshund scheuchte er Füchse, Ratten und Kaninchen aus den Cairns (Steinhaufen) auf. Aufgrund seines starken Jagdinstinkts kann er Kleintieren gefährlich werden und sollte früh an Katzen gewöhnt werden. Der lebhafte, gesellige Hund braucht viel Beschäftigung.

Zwergschnauzer

Größe 4–8 kg, 30–35 cm
Persönlichkeit lebhaft, verspielt, gesellig
Bewegungsdrang mäßig
Pflege täglich bürsten und regelmäßig schneiden

Die Rasse wurde im 19. Jahrhundert in Deutschland aus dem Schnauzer gezüchtet und als Wachhund und Ungezieferjäger eingesetzt. Der Zwergschnauzer hat daher einen starken Jagdtrieb und warnt seine Besitzer vor Eindringlingen. Darüber hinaus ist er ein intelligenter und verspielter Familienhund.

dickes, drahtiges Haar — langer Bart

Mops

Größe 6,3–8,1 kg, 25–28 cm
Persönlichkeit freundlich, kontaktfreudig, gutmütig
Bewegungsdrang minimal
Pflege minimal

Vermutlich ursprünglich aus China stammende, dem Mops ähnliche Hunde verbreiteten sich im 16. Jahrhundert schnell in ganz Europa. Der kleine Genpool des modernen Mopses führt häufig zu Erbkrankheiten wie Schnarchen und Atemproblemen. Aufgrund ihres freundlichen Wesens sind Möpse äußerst beliebt.

West Highland Terrier

Größe 7–10 kg, ca. 28 cm
Persönlichkeit resolut, aktiv, bellfreudig
Bewegungsdrang mäßig
Pflege täglich bürsten und regelmäßig schneiden

Der West Highland White Terrier wurde im 18. Jahrhundert aus weißen Nachkommen von Cairn und Scottish Terriern für die Kleintierjagd gezüchtet. Daher ist Vorsicht bei kleinen Tieren und Katzen geboten. Leider kommt es häufig zu Hauterkrankungen. Ein idealer Hund für durchsetzungsfähige Halter.

Dachshund (Dackel)

Größe 7–9 kg, Brustumfang über 35 cm
Persönlichkeit gelassen, verspielt, unbekümmert
Bewegungsdrang mäßig
Pflege minimal

Der Dackel stammt aus Deutschland und wurde im 19. Jahrhundert zur Jagd auf Dachse gezüchtet. Er wird in den Größen Dackel, Zwergdackel und Kaninchendackel sowie in drei Haartypen gezüchtet. Aufgrund des langen Rückgrats mit kurzem Brustkorb leiden sie häufig unter Rückenproblemen. Man sollte Kinder also von zu wildem Spiel mit ihnen abhalten und die Hunde vorsichtig hochheben. Mit ihrem fröhlichen Wesen sind sie liebenswerte und beliebte Familienhunde.

Kurzhaar-Dackel

Rauhaar-Dackel

Unterschiedliches Haarkleid
Dackel gibt es in drei Haartypen. Die langhaarige Variante benötigt wesentlich intensivere Fellpflege als die anderen beiden.

ausgeprägte Augenbrauenbögen — seidige Ohren

Langhaar-Dackel

DIE QUAL DER WAHL

Mittelgroße Hunde

Mittelgroße Hunde sind nicht so massig wie größere Rassen, aber auch nicht so schnell zu übersehen wie ihre kleineren Artgenossen. Dennoch sind sie auch für kleinere Wohnungen geeignet.

Für Menschen, die keinen Platz für einen großen Hund haben, sich aber trotzdem etwas Handfesteres als einen kleinen Hund wünschen, sind mittelgroße Rassen ideal. Sie fühlen sich in den meisten kleineren Wohnungen wohl, sind meist robust genug, um mit Kindern zu spielen, und können sich beim Spielen und anderen Aktivitäten nicht so leicht verletzen. Sie benötigen zwar weniger Futter als große Hunde, haben aber manchmal einen stärkeren Bewegungsdrang als die großen Tiere. Allerdings sind sie einfacher zu handhaben, wenn sie aufgeregt sind und können einen nicht so leicht mitziehen. Durch ihre kompakte Größe hält sich auch der Schmutz in Grenzen und sie wedeln nicht gleich alles um. Auch ihre Krankenversicherung ist preiswerter als die von großen Hunden.

◁ **Genau richtig**
Größer als ein kleiner Hund, aber pflegeleichter als ein großer: Mittelgroße Hunde, wie diese Französische Bulldogge, sind tolle Kameraden.

▷ **Familienhunde**
Mittelgroße Rassen, wie dieser Fox Terrier, sind weniger zerbrechlich als kleine Hunde und ideale Haustiere für aktive Halter.

Shetland Sheepdog

Größe 6–7 kg, 35–37 cm
Persönlichkeit schüchtern, sanft, sensibel
Bewegungsdrang mäßig
Pflege täglich gründlich bürsten

Shetland Sheepdogs oder Shelties wurden im 17. Jahrhundert als Hütehunde auf den Shetlandinseln gezüchtet. Sie entstanden aus einer Kreuzung aus Langhaar-Collie und kleineren Rassen. Moderne Shelties haben ein dickes Haarkleid, unter dem sie überhitzen können. Sie benötigen eine frühe, gründliche Sozialisierung, um ihre natürliche Scheu zu überwinden, dann sind sie liebenswerte und loyale Freunde.

Französische Bulldogge

Größe 10–12,5 kg, 30–31 cm
Persönlichkeit anhänglich, kontaktfreudig, gutmütig
Bewegungsdrang minimal
Pflege minimal

Der Ursprung der Französischen Bulldogge ist unklar, man vermutet aber, sie könne ein kleinerer Nachfahre von im 19. Jahrhundert nach Frankreich gebrachten Englischen Bulldoggen sein. Als traditionelle Gesellschaftshunde sind Französische Bulldoggen gutmütig, vergnügt und extrovertiert. Ihr flacher Kopf kann Schnarchen und Atemprobleme bedingen.

Tibet-Terrier

Größe 8–13,5 kg, 36–41 cm
Persönlichkeit intelligent, bellfreudig, quirlig
Bewegungsdrang mäßig
Pflege täglich bürsten und regelmäßig schneiden

Tibet-Terrier wurden von tibetanischen Mönchen als Kloster-Wachhunde gezüchtet und sind vielleicht die Stammväter der ähnlichen Rassen Shih Tzu und Lhasa Apso. Sie sind sehr lebhaft und benötigen eine gründliche Sozialisierung und Erziehung. Tibet-Terrier sind aufgrund ihrer Wachhund-Herkunft sehr bellfreudig, was ohne Kontrolle zu Problemen führen kann.

Corgi

Größe 11–17 kg, 27–32 cm
Persönlichkeit intelligent, beschützend, loyal
Bewegungsdrang mäßig
Pflege minimal

Von den beiden Welsh-Corgi-Rassen Cardigan und Pembroke ist die letztere aufgrund der Assoziation mit der britischen Königsfamilie weiter verbreitet. Beide Rassen wurden in Wales als extrem willensstarke Hütehunde gezüchtet. Halter müssen daher bereit sein, immer wieder klare Grenzen zu setzen. Eine gute Sozialisierung kann der natürlichen Scheu der Hunde entgegenwirken und defensives Fersenkneifen verhindern. Corgis sind verspielt und aktiv und benötigen lebhafte Halter.

Welsh Corgi Cardigan

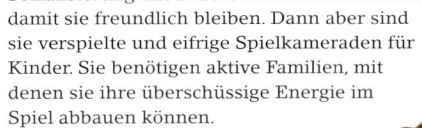
Welsh Corgi Pembroke

Staffordshire Bull Terrier

Größe 11–17 kg, 36–41 cm
Persönlichkeit quirlig, verspielt, energiegeladen
Bewegungsdrang hoch
Pflege minimal

Staffordshire Bull Terrier wurden im 19. Jahrhundert in England als Kampfhunde gezüchtet. Bei uns zählen sie zu den Listenhunden, deren Haltung mit besonderen Auflagen verbunden ist. Ihre auffälligsten Eigenschaften sind Entschlossenheit und Mut. Eine frühe und gründliche Sozialisierung mit anderen Hunden ist erforderlich, damit sie freundlich bleiben. Dann aber sind sie verspielte und eifrige Spielkameraden für Kinder. Sie benötigen aktive Familien, mit denen sie ihre überschüssige Energie im Spiel abbauen können.

DIE QUAL DER WAHL

Fox Terrier

Größe 7–8 kg, 39–40 cm
Persönlichkeit resolut, lebhaft, impulsiv
Bewegungsdrang mäßig bis hoch
Pflege minimal

Die beiden Fox-Terrier-Rassen Drahthaar und Glatthaar haben denselben Ursprung. Sie wurden gezüchtet, um Füchse bei der Jagd aus dem Bau zu scheuchen. Auch ihr Charakter ist sehr ähnlich, da sie erst seit dem frühen 20. Jahrhundert in zwei verschiedene Rassen unterteilt werden. Die gescheiten, anhänglichen Hunde sind agil, aktiv, verspielt und wahre Energiebündel. Sie sind leicht erregbar und lassen sich, falls nötig, auch auf eine Rauferei ein. Sie benötigen erfahrene Halter, die ihren starken Willen und Jagdinstinkt kontrollieren können.

Drahthaar Fox Terrier

Glatthaar Fox Terrier

Beagle

Größe 8–14 kg, 33–40 cm
Persönlichkeit gesellig, unabhängig, bellfreudig
Bewegungsdrang mäßig bis hoch
Pflege minimal

Der Beagle ist eine alte Rasse, die ursprünglich zur Hasen- und Kaninchenjagd gezüchtet wurde. Der heutige Beagle hat daher einen starken Jagdtrieb, der problematisch werden kann. Die freundlichen Hunde vertragen sich ansonsten gut mit Mensch und Tier.

Whippet

Größe *12,5–13,5 kg, 43–50 cm*
Persönlichkeit *sanftmütig, ruhig, anhänglich*
Bewegungsdrang *mäßig*
Pflege *mäßig*

Whippets wurden Mitte des 19. Jahrhunderts aus Greyhounds und Terriern für die Jagd auf Kleinwild gezüchtet. Die Sichtjäger haben einen großen Drang zum Hetzen und sind äußerst schnelle Läufer. Dadurch sind sie draußen schwer zu kontrollieren. Im Haus sind sie dagegen ruhig und anhänglich. Bei Kälte benötigen sie wegen ihres dünnen Fells Schutz.

Muskulöse Hinterbeine

lange, schmale Schnauze

Bretonischer Spaniel

Größe *13–15 kg, 47–50 cm*
Persönlichkeit *intelligent, aktiv, aufgeweckt*
Bewegungsdrang *hoch*
Pflege *hoch*

Der Bretonische Spaniel wurde im 19. Jahrhundert in der Bretagne aus einer Mischung aus English Setter, English Pointer und Spaniels der Region gezüchtet. Er ist der kleinste Vorstehhund und wurde zur Hilfe bei der Jagd auf Wildgeflügel entwickelt. Als schlaue und sehr gelehrige Hunde benötigen die Bretonischen Spaniel Halter, die ihnen die Gelegenheit geben, ihre viele Energie in sinnvoller Arbeit abzuarbeiten. Sie sind sehr anhänglich, fügsam und widmen sich begeistert jeder Aufgabe.
Sie eignen sich gut für lebhafte Familien.

feines, dichtes Fell

hoch angesetzte Ohren, an den Spitzen abgerundet

Cocker Spaniel

Größe *13–15 kg, 33–41 cm*
Persönlichkeit *folgsam, aktiv, anhänglich*
Bewegungsdrang *hoch*
Pflege *regelmäßig bürsten, besonders die Ohren*

Neben dem English Cocker Spaniel gibt es noch den American Cocker Spaniel (ohne Abb.). Cocker Spaniel wurden ursprünglich in England für die Schnepfenjagd gezüchtet, da sie klein genug waren, um die Vögel aufzuscheuchen. Mit den ersten Siedlern gelangten die Tiere nach Amerika, wo sich der American Cocker entwickelte. Die Hunde können sehr eigenwillig sein, daher müssen Halter früh Grenzen setzen. Aufgrund seiner kompakten Größe und seines freundlichen Naturells zählt der Cocker seit Jahren zu den beliebtesten Rassen.

lange, seidige Ohren

weiches, mittellanges Fell

befederte Brust

English Cocker Spaniel

◁ **Geht es los?**
Cocker Spaniel stecken voller Tatendrang. Ihre Halter müssen ihnen Gelegenheit geben, ihre viele Energie abzuarbeiten und sie benötigen viel Training und feste Führung.

Welsh Springer Spaniel

Größe *22–24 kg, 48–51 cm*
Persönlichkeit *energiegeladen, verspielt, quirlig*
Bewegungsdrang *sehr hoch*
Pflege *mäßig*

▷ **Williger Arbeiter**
Welsh Springer Spaniel sind schier unermüdlich. Sie sind ideal für Familien, die mit ihnen lange Spaziergänge machen, spielen und toben.

Welsh Springer Spaniel wurden im 19. Jahrhundert aus spanischen Hunden gezüchtet, um Wildvögel bei der Jagd aufzuscheuchen und nach dem Abschuss zu apportieren. Bei dieser liebenswürdigen und geselligen Rasse findet man nur selten unfreundliche Exemplare. Sie sind gute Fährtensucher, sehr gelehrig und nehmen bereitwillig jede Aufgabe an. Allerdings sind sie vielen Haltern zu energiegeladen. Sie benötigen ausgedehnte Spaziergänge und ausgelassenes Spielen. In lebhaften Haushalten fühlen sie sich am wohlsten.

seidiges Fell

befederte Beine

Shar Pei

Größe *16–20 kg, 46–51 cm*
Persönlichkeit *distanziert, zurückhaltend, loyal*
Bewegungsdrang *mäßig*
Pflege *intensive Pflege der tiefen Hautfalten*

Der ursprünglich aus China stammende Shar Pei hat wohl gemeinsame Vorfahren mit dem Chow Chow und wurde als Wach-, Hüte- und Jagdhund verwendet. Die aus modischen Gründen übertriebenen Hautfalten können Hautentzündungen verursachen und sogar die Wimpern ins Auge stülpen, was operativ behandelt werden muss. Shar Peis benötigen als Welpen eine sehr gute Sozialisierung.

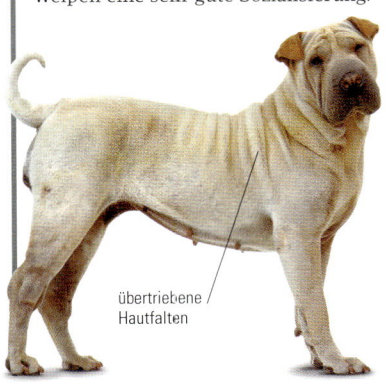

übertriebene Hautfalten

Bulldogge

Größe *23–25 kg, 30–36 cm*
Persönlichkeit *umgänglich, draufgängerisch, loyal*
Bewegungsbedarf *minimal*
Pflege *minimal*

Bulldoggen wurden im 17. Jahrhundert ursprünglich für Stier- und Bärenhatzen gezüchtet. Im Lauf der Zeit wurden die Tiere durch Einkreuzung von Möpsen immer kleiner und kompakter. Ihr verkürzter Schädel wurde immer stärker betont, sodass die Tiere heute häufig an Atemnot und Überhitzung leiden, schnarchen und sich nur mäßig bewegen können. Zudem ist wegen des großen Kopfes eine Geburt per Kaiserschnitt notwendig. Die freundlichen, verspielten Clowns sind aber sehr anhängliche Wesen.

Bull Terrier

Größe *24–28 kg, 53–56 cm*
Persönlichkeit *resolut, beharrlich, loyal*
Bewegungsbedarf *mäßig bis hoch*
Pflege *minimal*

Bull Terrier entstanden im 19. Jahrhundert aus einer Kreuzung aus Bulldogge und English White Terrier. Heute zählen sie zu den Listenhunden, deren Haltung mit besonderen Auflagen verbunden ist. Der moderne Bull Terrier hat viele Farbvarianten. Er ist energiegeladen, spielt aber lieber als zu rennen. Zieh- und Zerrspiele liebt er besonders, doch dabei muss der Halter die Kontrolle bewahren. Der Bull Terrier fühlt sich in aktiven Familien mit viel Abwechslung wohl.

DIE QUAL DER WAHL

Große Hunde

Als Halter eines großen Hundes muss man viel Zeit für Training, Spiel und Pflege aufwenden. Zudem benötigt man im Haus und draußen viel Platz und muss ausgedehnte Spaziergänge unternehmen können.

Größere Hunde sind meist wesentlich anspruchsvoller als kleine Rassen. Sie beanspruchen nicht nur mehr Zeit und Energie ihres Halters, sondern sind meist auch wesentlich kostspieliger. Abgesehen davon haben große Hunde natürlich auch viele Vorzüge, weshalb sich viele Menschen für sie entscheiden. Im Gegensatz zu kleinen Rassen sind große Hunde kaum zu übersehen, schrecken Einbrecher oft erfolgreich ab und können Kindern helfen, sich sicherer zu fühlen. Viele große Rassen sind einfacher erziehbar als ihre kleinen Verwandten und ein gut erzogener großer Hund wirkt einfach beeindruckend. Häufig sind sie schneller und energiegeladener als kleine Hunde, sodass sie besonders bei aktiven Menschen beliebt sind, die Hundesport, wie Agility oder andere für den Hund geeignete Aktivitäten betreiben.

◁ **Tiefergelegt**
Der Basset Hound ist ein großer Hund auf kurzen Beinen. Will ein Basset rennen, braucht man viel Kraft, um ihn festzuhalten. Daher müssen sie bereits früh Leinenführigkeit erlernen.

△ **Zum Laufen geboren**
Dalmatiner wurden als Laufhunde gezüchtet. Sie müssen früh lernen, auf Rückruf zu gehorchen, und brauchen ausgewachsen viel Auslauf.

Border Collie

Größe 14–22 kg, 45–54 cm
Persönlichkeit intelligent, empfindsam, anhänglich
Bewegungsdrang sehr hoch
Pflege mäßig

Border Collies wurden im frühen 20. Jahrhundert an der Grenze zwischen England und Schottland als Schäferhunde gezüchtet. Ihre erstklassige Hüteleistung macht die meisten Menschen glauben, diese Hunde könnten den Menschen von Natur aus gut verstehen. Tatsächlich benötigen sie genauso viel Training wie andere Hunde. Sie lernen allerdings schnell, befolgen Anweisungen willig und binden sich eng an ihren Halter. Eine gute frühe Sozialisierung kann verhindern, dass ihre Empfindsamkeit zu Angstverhalten führt.

Hüteverhalten

Border Collies sind in erster Linie Hütehunde und keine Haushunde. Selektive Zucht hat ihre Lust am Jagen und Hetzen verstärkt, deshalb lernen sie schnell, alles zu hüten, was sich bewegt. Als reiner Familienhund gehalten, müssen sie diesen Drang unbedingt spielerisch ausleben können, damit sie nicht plötzlich Jogger, Katzen, Weidetiere oder Autos verfolgen.

Siberian Husky

Größe *16–27,5 kg, 51–60 cm*
Persönlichkeit *aktiv, intelligent, unabhängig*
Bewegungsdrang *sehr hoch*
Pflege *täglich intensiv bürsten*

Sibirische Huskys waren für den sibirischen Volksstamm der Tschuktschen einst ein wichtiger Bestandteil des Lebens, denn nur mithilfe der Schlittenhunde konnten sie weite Distanzen überbrücken. Die Hunde haben enorme Ausdauer und benötigen täglich sehr viel Auslauf. Diese Rasse eignet sich also nur für Bewegungsbegeisterte. Aufgrund ihres starken Jagdtriebs sollten sie in der Nähe von Weide- oder Kleintieren nicht frei laufen dürfen. Sie benötigen dringend ein sehr lebhaftes, aktives Zuhause.

buschige Rute

dick gepolsterte Ballen

muskulöse Oberschenkel

kräftiger, tiefer Brustkorb

Basset Hound

Größe *18–27 kg, 33–38 cm*
Persönlichkeit *liebevoll, gesellig, unabhängig*
Bewegungsdrang *hoch*
Pflege *minimal*

Basset Hounds wurden zur Jagd auf Kaninchen gezüchtet. Die Schweißhunde sind daher oft hartnäckig an Tierfährten interessiert, was bei Spaziergängen schnell zu Problemen führen kann. Ihr freundliches Wesen und ihre gesellige Natur machen sie dennoch zu beliebten Begleitern.

lange, tief ansetzende Ohren

Bearded Collie

Größe *18–30 kg, 50–56 cm*
Persönlichkeit *verspielt, aktiv, sensibel*
Bewegungsdrang *sehr hoch*
Pflege *täglich intensives Bürsten notwendig*

Bearded Collies wurden bereits im 16. Jahrhundert aus Polnischen Niederungshütehunden und schottischen Collies zum Hüten von Schafen und Rindern gezüchtet. Ihr starker Hüteinstinkt ist erhalten geblieben. Diese überschüssige Energie müssen die vergnügten Hunde bei ausgiebigem Spiel abbauen können. Sie sind sensibel und benötigen gute frühe Sozialisierung.

langes, dichtes und feines Haarkleid

Australian Shepherd

Größe *16–32 kg, 46–58 cm*
Persönlichkeit *intelligent, durchsetzungsstark, aktiv*
Bewegungsdrang *sehr hoch*
Pflege *mäßig*

Der Name ist irreführend, denn Australian Shepherds wurden im 19. und 20. Jahrhundert auf Farmen im Westen der USA aus verschiedenen Hütehunden gezüchtet. Die Hunde sind erstklassige Arbeiter und benötigen extrem viel Beschäftigung. Ihr Halter muss sich zudem gegen ihren starken Willen durchsetzen können.

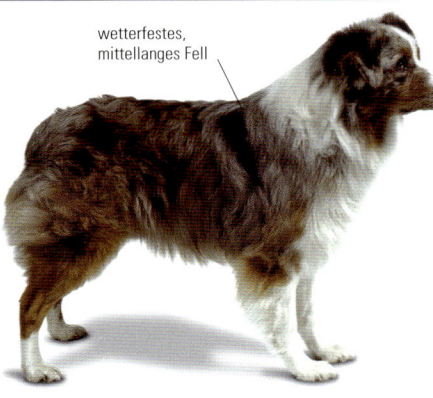

wetterfestes, mittellanges Fell

Collie (Langhaar)

Größe *18–30 kg, 50–60 cm*
Persönlichkeit *sensibel, loyal, sanftmütig*
Bewegungsdrang *mäßig*
Pflege *täglich intensiv bürsten*

Die Langhaarigen Collies, auch Schottische Schäferhunde genannt, wurden als Hütehunde gezüchtet. Die intelligenten und gelehrigen Hunde laufen und spielen gern. Eine gute frühe Sozialisierung verhindert, dass sie scheu und ängstlich werden. Sie benötigen ruhige, sanfte und umsichtige Halter.

dichtes, weiches und glänzendes Haarkleid

stark befederte Vorderbeine

Großpudel

Größe 20,5–32 kg, über 43–62 cm
Persönlichkeit intelligent, freundlich, aktiv
Bewegungsdrang hoch bis sehr hoch
Pflege täglich bürsten und regelmäßig schneiden

Der im 15. Jahrhundert in Deutschland zur Entenjagd gezüchtete und später in Frankreich entwickelte Großpudel ist der größte Pudel. Das lockige, wärmende Fell haart nicht und muss gut gepflegt werden. Lernbegierig, anhänglich und verspielt, benötigt der Großpudel einen aktiven Halter.

langes Fell bedeckt die Ohren.

gerade, parallele Vorderbeine

Airedale Terrier

Größe 20–22,5 kg, 56–61 cm
Persönlichkeit intelligent, draufgängerisch, loyal
Bewegungsdrang mäßig
Pflege gelegentlich abgestorbene Haare auskämmen

△ **Ausgeglichenes Wesen**
Airedale Terrier sind loyale Begleiter und gute Familienhunde, wenn sie als Welpen gut sozialisiert und erzogen werden.

Airedale Terrier wurden im 19. Jahrhundert im englischen Yorkshire zur Jagd auf Otter und Dachse sowie als Wachhunde entwickelt. Daher haben sie einen großen Beschützerdrang und benötigen gute frühe Sozialisierung im freundlichen Umgang mit anderen Hunden. Sie sind aber sehr verspielt und kinderlieb. Sie eignen sich am besten für erfahrene und wirklich konsequente Halter, da sie schwer erziehbar und in problematischen Situationen nur schwer zu beherrschen sind. Da sie den Jagdinstinkt des Terriers besitzen, gilt Vorsicht bei Katzen und Kleintieren.

hoch angesetzte Rute

hartes, dichtes, drahtiges Fell

gerade Vorderbeine

Deutsch Kurzhaar

Größe 20–30 kg, 53–66 cm
Persönlichkeit gesellig, agil, verspielt
Bewegungsdrang sehr hoch
Pflege minimal

Die Rasse Deutsch Kurzhaar entstand im 19. Jahrhundert aus spanischen und englischen Vorstehhunden und durch Einkreuzung von Foxhound sowie anderen Schweißhunden. Die vielseitigen Jagdgebrauchshunde können jagen, vorstehen und apportieren. Die agilen und energiegeladenen Hunde sind sehr ausdauernd und benötigen Halter, die ihnen viel Bewegung und Anregung bieten können. Von Natur aus verspielt, können die Hunde glücklicherweise ihre Energie beim Spielen abarbeiten. Sie sind gutmütig, gefallen gerne und sind dadurch auch recht einfach zu erziehen.

Dalmatiner

Größe 22,5–32 kg, 54–61 cm
Persönlichkeit unabhängig, kontaktfreudig, gesellig
Bewegungsdrang sehr hoch
Pflege minimal

Man vermutet die Ursprünge des Dalmatiners in der Region Dalmatien. In England als Kutschenhund und in den USA als Feuerwehrhund gezüchtet, werden die athletischen Hunde oft ungestüm, wenn sie nicht genügend Bewegung bekommen. Generell sind sie sehr gelassen, können aber auch recht dickköpfig sein.

kurzes, glänzendes, gepunktetes Fell

nach oben geschwungene Rute

kompakte Pfoten

Deutscher Boxer

Größe *25–32 kg, 53–53 cm*
Persönlichkeit *ungestüm, verspielt, freundlich*
Bewegungsdrang *sehr hoch*
Pflege *minimal*

Boxer wurden zuerst in Deutschland gezüchtet. Als Vorfahren vermutet man den Brabanter Bullenbeißer. Die Hunde wurden zur Jagd auf Bären, Wildschweine und Rehe entwickelt, sie sollten die Beute aufscheuchen und festhalten, bis die Jäger eintrafen. So verwundert es nicht, dass Boxer heute Draufgänger mit starkem Willen sind, die es auch auf einen Kampf ankommen lassen.

Grundsätzlich sind sie aber gutmütige Clowns. Der Name soll darauf zurückgehen, dass der Hund beim Spiel eher mit den Vorderpfoten »boxt«, als spielerisch zu beißen. Die verspielten Boxer eignen sich gut als Familienhunde und vertragen sich prima mit Kindern, weshalb sie weltweit zu einer der beliebtesten Rassen zählen. Sie benötigen aber sehr viel Beschäftigung und brauchen daher eine aktive Familie, die ihren Hund gerne in alle Bereiche des Alltagslebens einbezieht.

Spielgefährte für Kinder

Durch seine Spielfreude ist der Boxer ein toller Spielkamerad für Kinder. Mit ihnen kann er seine immense Energie austoben und sie bieten ihm das lebhafte, überschwängliche Miteinander, das diese Rasse braucht. Damit das Spiel nicht außer Kontrolle gerät, müssen Kind und Hund die Regeln kennen.

Eine frühe Sozialisierung, besonders mit anderen Hunden, ist wichtig, damit sie zu freundlichen Hunden heranwachsen. Zudem benötigen sie eine konsequente und früh eingeleitete Erziehung mit klaren Regeln, um ihr ungestümes Wesen und den starken Willen zu bändigen. Durchsetzungsfähige Halter werden an dieser einnehmenden Rasse Freude haben.

Boxer sind intelligent und relativ einfach zu erziehen, neigen aber zu Frechheit und Ungehorsam. Aufgrund des kurzen Kopfes und des starken Unterbisses – speziell herausgezüchtete Merkmale zum Greifen und Festhalten der Beute – neigen Boxer zum Schnarchen und Sabbern.

Unterbiss

kurzes glänzendes, glattes Fell am sehr tiefen Brustkorb

starke, gerade Vorderbeine

△ **Immer auf der Hut**
Boxer neigen dazu, Fremden gegenüber misstrauisch zu sein und sie schrecken leicht auf, wenn sich jemand nähert. Das macht sie aber auch zu exzellenten Wachhunden. Damit daraus kein unerwünscht aggressives Verhalten erwächst, benötigen sie eine gute Erziehung.

DIE QUAL DER WAHL

Labrador Retriever

Größe 25–36 kg, 55–62 cm
Persönlichkeit folgsam, gesellig, verspielt
Bewegungsdrang sehr hoch
Pflege minimal

Labradore stammen ursprünglich von der kanadischen Insel Neufundland, wo sie seit dem 15. Jahrhundert für Fischer Netze aus dem Wasser zogen. Im 19. Jahrhundert gelangten sie nach England und wurden auf das Apportieren geschossener Enten abgerichtet.

Labradore zählen aufgrund ihrer Vielseitigkeit, ihres ausgeglichenen Wesens und ihrer Gelehrigkeit zu den beliebtesten Rassen. Sie werden meist als Haus- oder Jagdhund gehalten und sind aufgrund ihres guten Charakters und ihrer Gelehrigkeit exzellente Assistenzhunde, die Behinderten im Alltag helfen und ihnen Unabhängigkeit ermöglichen. Aufgrund ihres ausgeprägten Geruchssinns werden sie beim Zoll zum Auffinden von Lebensmitteln, Drogen und Explosivstoffen eingesetzt. Aber auch in den Rettungs- und Suchhundestaffeln der Polizei und der Rettungsdienste leisten sie hervorragende Arbeit.

Als Haustiere sind sie sehr verspielt und energiegeladen. Daher fühlen sie sich in turbulenten Haushalten am wohlsten. Sie lieben Futter, daher muss man von klein auf darauf achten, dass sie sich nicht selbst bedienen. Auch eine strenge Gewichtskontrolle ist wichtig, da diese Rasse besonders nach der Kastration dazu neigt, viel mehr zu fressen als sie benötigt.

Labradore brauchen in ihrer Jugend gründliche Erziehung, damit ihre natürliche Überschwänglichkeit sie nicht in Schwierigkeiten bringt. Da sie aber gelehrig und folgsam sind und zudem gefallen wollen, sind sie recht einfach zu erziehen.

△ **Verspielter Charakter**
Als Haushund muss sich der Labrador austoben können, um keine schlechten Angewohnheiten zu entwickeln. Da er gerne apportiert, ist das die ideale Möglichkeit, ihn müde zu machen.

- dicke runde Rute, auch »Otterschwarz« genannt
- mittelgroße, haselnussbraune Augen mit sanftem Blick
- breite, kräftige Brust mit »fassförmigem« Brustkorb
- gerade Vorderbeine von der Schulter abwärts
- kompakte runde Pfoten

△ **Reichlich Energie**
Labradore müssen viel frei laufen können, um fit zu bleiben. Beherrscht der Hund den Rückruf, kann er problemlos ohne Leine laufen. Bei früher Sozialisierung mit anderen Hunden und Training mit anderen Tieren sind Spaziergänge mit ihm eine reine Freude.

Blindenführhunde

Die speziell als ausgeglichene, gewissenhafte Arbeitshunde gezüchteten Führhunde führen Blinde um Hindernisse herum und warten an Straßen, bis das Überqueren sicher ist. Die Ausbildung dauert mehrere Jahre, dann aber ermöglichen diese Hunde Behinderten ein unabhängiges Leben.

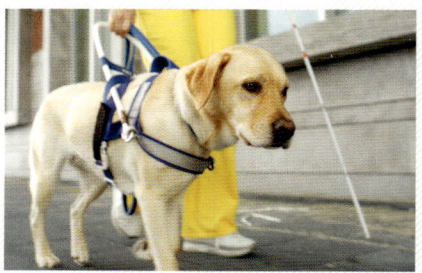

Hovawart

Größe *25–41 kg, 58–70 cm*
Persönlichkeit *intelligent, loyal, beschützend*
Bewegungsdrang *sehr hoch*
Pflege *mäßig*

Der Name kommt aus dem Mittelhochdeutschen und bedeutet »Hofwächter«, was auf den Ursprung dieser Rasse schließen lässt. Hovawarts wurden außerdem als Hüte- und Herdenschutzhunde eingesetzt. Sie haben einen großen Schutztrieb und bewachen ihre Familie, benötigen aber auch gute Sozialisierung und Erziehung, um Fremde zu akzeptieren. Sie sind sehr lernwillig und gegenüber ihren Haltern liebevoll und loyal.

Belgischer Schäferhund

Größe *27,5–28,5 kg, 56–66 cm*
Persönlichkeit *empfindsam, intelligent, beschützend*
Bewegungsdrang *sehr hoch*
Pflege *je nach Variante/Schlag*

Die unterschiedlichen Schläge des Belgischen Schäferhundes sind nach ihren Herkunftsregionen benannt. Sie sind vom Typ her sehr ähnlich und wurden als Hüte- und Wachhunde gezüchtet. Die sehr empfindsamen Hunde benötigen intensive frühe Sozialisierung und Gewöhnung an Menschen, Tiere und das Alltagsleben. Sie sind aber einfach zu erziehen, loyal und sehr anhänglich. Sie benötigen umsichtige, konsequente Halter, die ihnen viel Aktivität bieten können.

tief hinabreichende Brust

Vorderbeine stehen gut unter dem Körper.

Malinois

Tervueren

Groenendael

Dieselbe Rasse?
In ihrer Heimat Belgien und für die FCI gelten die unterschiedlichen Varianten als eine Rasse. In anderen Ländern werden sie als vier verschiedene Rassen geführt. Sie sind aber so eng miteinander verwandt, dass in einem Wurf alle vier Haar-Varianten vorkommen können.

hoch angesetzte, fast aufrechte Ohren

lange buschige Rute

Laekenois

Deutsch Drahthaar

Größe *27–32 kg, 57–68 cm*
Persönlichkeit *folgsam, energiegeladen, verspielt*
Bewegungsdrang *sehr hoch*
Pflege *minimal*

Durch Kreuzung von Deutsch Kurzhaar und einer Reihe anderer Rassen entwickelte man den Deutsch Drahthaar zu einem vielseitigen und robusten Jagdhund. Da sie Fremden gegenüber misstrauischer sind als ihre kurzhaarigen Verwandten, benötigen sie eine gute frühe Sozialisierung. Dann aber sind sie anhänglich, eifrig und gelehrig.

ausgeprägte Vorbrust mit verlängertem Brustbein

drahtiges, hartes Deckhaar

gerade Vorderbeine

DIE QUAL DER WAHL

Golden Retriever

Größe 27–36 kg, 51–61 cm
Persönlichkeit gesellig, verspielt, liebenswürdig
Bewegungsdrang hoch
Pflege täglich bürsten

Golden Retriever wurden im 19. Jahrhundert aus verschiedenen Jagdhunderassen zu einem robusten, kraftvollen Jagdhund mit sanftem und folgsamem Wesen gezüchtet. Sein freundlicher Charakter ist heute sein hervorstechendstes Merkmal und der Grund für seine anhaltende Popularität. Golden Retriever sind zwar verspielt und agil, benötigen aber nicht rund um die Uhr Beschäftigung. Zu Hause schlafen und ruhen sie zufrieden und draußen haben sie endlose Energiereserven für Spiel und Sport. Halter von Golden Retrievern benötigen also viel Zeit für Aktivitäten mit dem Hund.

Golden Retriever sind freundliche Hunde, die gern gefallen wollen. Sie sind tolle Spielgefährten für Kinder, wenn sie früh mit ihnen sozialisiert wurden und gut erzogen sind.

Sie sind aber auch ideale Arbeitshunde, da sie eifrig Aufgaben übernehmen und leicht zu trainieren sind. Sie werden daher gerne als Spür-, Therapie- und Assistenzhunde, z. B. als Blindenhunde, eingesetzt.

Apportieren

Golden Retriever aus guter Zucht lernen schnell zu apportieren. Der Welpe sollte folgsame Eltern haben, die selbst nicht zu »besitzergreifend« sind. Durch frühes Training und viel Spiel lernt der Hund, geworfene Objekte wiederzubringen. So verausgabt er sich beim Laufen, und nicht Sie.

Ohren setzen auf Augenhöhe an.

dunkel pigmentierte Lefzen

welliges oder glattes Haarkleid

kräftiges Hinterteil

gut befederte Rute

△ **Jede Menge Energie**
Beim Laufen, auf Spaziergängen und beim Hundesport sind Golden Retriever unermüdlich. Sie lieben turbulente Familien, die sie in alle Aktivitäten mit einbeziehen.

Flat Coated Retriever

Größe 25–36 kg, 56–61 cm
Persönlichkeit sanftmütig, anhänglich, kontaktfreudig
Bewegungsdrang hoch
Pflege minimal

Flat Coated Retriever stammen aus England und wurden Mitte des 19. Jahrhunderts als vielseitige Jagdhunde gezüchtet. Aufgrund ihrer sanften, verspielten und aufmerksamen Natur sind sie ideale Familienhunde. Sie sind lernbegierig, apportieren gerne und müssen ihre überschüssige Energie abbauen können, sind aber weder überdreht noch tollpatschig. Als Wachhunde taugen sie allerdings nicht, da sie jeden Fremden freudig begrüßen. Sie eignen sich auch als Anfängerhunde für gesellige Halter. Sie sind liebevolle Gefährten und gute Arbeiter, die gerne gefallen.

dichtes, glänzendes, feines Haarkleid

kurze, flache Rute mit mittlerer Befederung

kräftige, gerade Beine mit guter Befederung

Deutscher Schäferhund

Größe 28–44 kg, 55–66 cm
Persönlichkeit intelligent, beschützerisch, loyal
Bewegungsdrang sehr hoch
Pflege täglich bürsten, besonders bei langem Fell

Diese beliebte Rasse wurde Ende des 19. Jahrhunderts in Deutschland als Hüte- und Wachhund gezüchtet. Nach Ende des Ersten Weltkriegs wurde sie wegen anti-deutscher Ressentiments in anderen Ländern als »Elsässer« bezeichnet – so in England als »Alsatian« und in Frankreich als »Berger Alsacien«. Dieser zweite Name wird teilweise heute noch verwendet.

Deutsche Schäferhunde sind klug und lernen schnell. Ihre Intelligenz wird besonders von Menschen geschätzt, die mit ihnen arbeiten. Sie werden als Polizei- und Militärhunde trainiert, von Wachfirmen genutzt, sind als Rettungs- und Leichenspürhunde im Einsatz, aber auch als Spürhunde für Zoll und Polizei.

Schäferhunde brauchen aktive Halter, die ihnen Training und Spiel bieten. Sie vertragen sich gut mit Kindern, sind extrem loyal und beschützen eifrig ihr Revier und ihre Menschen. Eine frühe Sozialisierung sorgt dafür, dass sie weder ängstlich noch unnötig aggressiv werden.

Beim Welpenkauf sollte man darauf achten, dass die Eltern gutmütig und gesund sind. Ausschließlich auf Hundeschau-Erfolge ausgerichtete Züchtungen können zu erblichen Schwächen und Hüftgelenksdysplasie führen. Prüfen Sie die Papiere genau, ob der Welpe auf Erbkrankheiten untersucht wurde.

Schäferhunde gehen enge Bindungen mit ihrem Halter ein und fühlen sich am wohlsten bei viel Spaß und Freundschaft mit klarer Führung. Sie sollten ihren starken Arbeitswillen durch viel Training und tägliche Aufgaben ausleben können. Das fördert die Beziehung und der Hund ist ausgelastet und fühlt sich gebraucht.

- dicht mit langen Haaren befederte Rute
- tiefe Brust mit wohlgeformtem Brustkorb
- gerade, kräftige Schnauze mit straffen Lefzen
- harsches, gerades Deckhaar mit dichter Unterwolle

DIE QUAL DER WAHL

△ **Den Jagdtrieb kontrollieren**
Der verspielte, energiegeladene Hund jagt gerne. Besonders wenn er mit Kindern aufwächst, sollte er diesen Drang mit Spielzeug ausleben dürfen. Ansonsten können ungeeignete Jagdspiele zur Gewohnheit werden, die ihm später schwer abzugewöhnen sind.

Polizeihunde

In aller Welt werden Deutsche Schäferhunde als Polizeihunde sehr geschätzt. Ihre schnelle Reaktion und stetige Bereitschaft beeindrucken Kriminelle und ihr Halter fühlt sich durch sie viel sicherer. Dank ihres Jagdinstinkts können sie Verdächtige gut verfolgen und sind stark genug, sie zu stellen und festzuhalten, bis die Polizisten eintreffen. Mit der richtigen Sozialisierung und abseits von Konfliktsituationen sind sie hingegen friedlich und freundlich, was in der Öffentlichkeit ebenso wichtig ist. Durch ihren guten Geruchssinn können sie zudem vermisste oder verdächtige Personen sowie Gegenstände hervorragend aufspüren.

Rhodesian Ridgeback

Größe *32–36,5 kg, 61–69 cm*
Persönlichkeit *unabhängig, zurückhaltend, beschützend*
Bewegungsdrang *hoch*
Pflege *minimal*

Die Ridgebacks wurden im späten 19. Jahrhundert in Südafrika gezüchtet und später als Jagdhunde in Simbabwe (früher Rhodesien) sehr beliebt. Man richtete sie dazu ab, Löwenrudel zu jagen und zu stellen. Auch heute noch jagen Ridgebacks gerne hinter allem Möglichen her. Das kann auf Spaziergängen problematisch werden, da sie gerne schnellen Objekten oder Tieren hinterherrennen. Sie sind aber anhängliche und sehr loyale Tiere, die sich gut mit Kindern vertragen. Sie benötigen viel frühe Sozialisierung mit Fremden und anderen Hunden. Da sie sehr gerne fressen, muss man auch darauf achten, dass sie sich nicht das Stehlen angewöhnen.

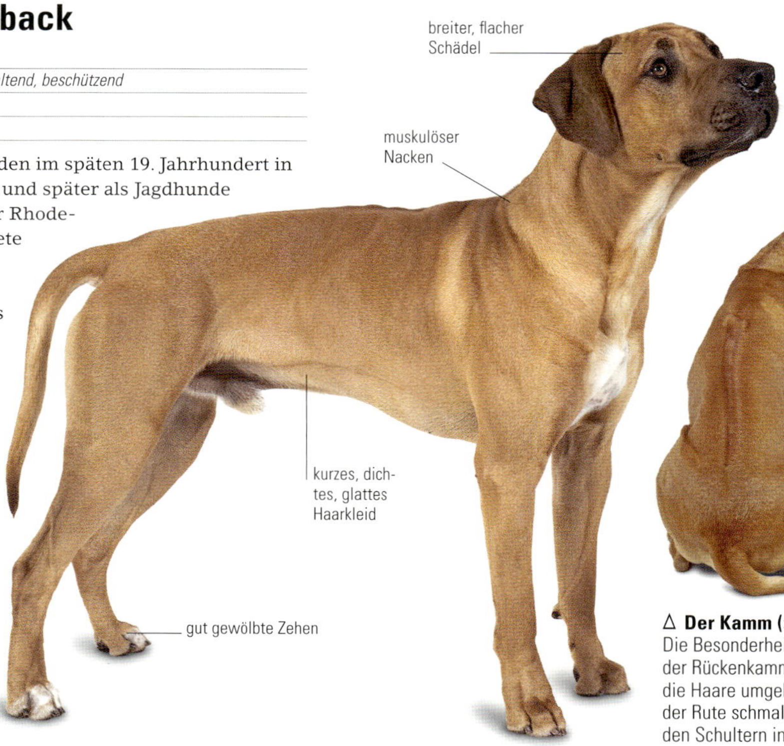

breiter, flacher Schädel
muskulöser Nacken
kurzes, dichtes, glattes Haarkleid
gut gewölbte Zehen

△ **Der Kamm (»Ridge«)**
Die Besonderheit der Rasse ist der Rückenkamm. Dort wachsen die Haare umgekehrt. Er ist an der Rute schmaler und endet an den Schultern in zwei Wirbeln.

Dobermann

Größe *32–45 kg, 63–72 cm*
Persönlichkeit *intelligent, wachsam, beschützend*
Bewegungsdrang *hoch*
Pflege *minimal*

Der Dobermann wurde im späten 19. Jahrhundert von einem deutschen Steuereintreiber namens Louis Dobermann als Schutzhund gezüchtet. Auch heute besitzt er noch einen starken Schutzdrang, ist aber für erfahrene, durchsetzungsfähige Halter leicht trainier- und kontrollierbar. Die hochintelligente Rasse muss ihre gewaltige Energie abarbeiten können.

schlanker Hals
wohlgeformte Brust
glänzendes schwarzes Haarkleid mit rostroten Abzeichen

Riesenschnauzer

Größe *35–47 kg, 60–70 cm*
Persönlichkeit *intelligent, loyal, beschützend*
Bewegungsdrang *hoch*
Pflege *täglich bürsten, regelmäßig trimmen/schneiden*

Der Riesenschnauzer wurde im 19. Jahrhundert aus dem Mittel-Schnauzer entwickelt, um Rinderherden zu hüten und zu bewachen. Aufgrund ihrer imposanten Größe wurden die schwarzen Hunde aber auch schon als Militär- und Polizeihunde eingesetzt. Als Haushunde sind sie verspielt, gutmütig und beschützend. In ihrem Bart verfängt sich allerlei, daher muss er regelmäßig gesäubert und gekämmt werden.

langer, rauer Bart
kräftige Oberschenkel

Weimaraner

Größe 25–40 kg, 57–70 cm
Persönlichkeit energiegeladen, verspielt
Bewegungsdrang sehr hoch
Pflege minimal

Der Weimaraner wurde im ersten Drittel des 19. Jahrhunderts in Deutschland als vielseitiger Jagdhund gezüchtet. Heute sind sie neben der Jagd auch beliebte Haushunde. Die freudigen, ausgelassenen Hunde benötigen aktive Familien, die sie in alle Aspekte des Alltags einbinden können. Sie müssen Gelegenheit haben, ihre viele Energie spielerisch und mit sinnvollen Aufgaben abzuarbeiten. Viel Freilauf und tägliches Training sind wichtig. Ebenso benötigen die Hunde klare Richtlinien, sind aber einfach zu erziehen. Bei guter Sozialisierung zeigen sie sich fremden Menschen und Tieren gegenüber freundlich.

langhaariger Weimaraner

kräftige, kompakte Pfoten

kräftige, gerade Vorderbeine

kurzhaariger Weimaraner

Akita

Größe 35–50 kg, 60–70 cm
Persönlichkeit zurückhaltend, beschützend, unabhängig
Bewegungsdrang hoch
Pflege täglich intensiv bürsten

Der Akita ist ein imposanter Hund, der im 17. Jahrhundert zur Bärenjagd und für Hundekämpfe entwickelt wurde. Er wurde gezüchtet, wenig Emotionen zu zeigen, daher ist schwer einzuschätzen, was er denkt oder als Nächstes tun wird. Akitas benötigen erfahrene Besitzer, die mit ihrem starken Willen umgehen und sich Respekt verschaffen können. Sie brauchen gute Sozialisierung mit anderen Tieren. Dann aber sind sie ruhige, liebevolle und loyale Beschützer.

hartes Deckhaar mit weicher Unterwolle

kräftige, gerade Rute

◁ **Kraftvolle Rasse**
Akitas sind große, kräftige Hunde. Als Erwachsene spielen sie nicht mehr viel und sind sehr unabhängig. Daher sollte das nicht ganz einfache Training auf einem umzäunten Gelände ohne andere Hunde und Tiere stattfinden.

Bordeauxdogge

Größe 36–45 kg, 58–69 cm
Persönlichkeit mutig, loyal, beschützend
Bewegungsdrang hoch
Pflege minimal

Wahrscheinlich stammt diese Rasse aus der französischen Region Bordeaux und wurde für Bären-, Bullen- und Hundekämpfe entwickelt. Durch selektive Zucht sind die Hunde heute weniger aggressiv, werden in einigen Bundesländern dennoch als Listenhunde geführt. Sie benötigen frühe Sozialisierung, besonders mit anderen Hunden. Aufgrund des verkürzten Schädels sabbern und schnarchen sie sehr stark.

kräftige Brust

DIE QUAL DER WAHL

Aktive Hunde
Ungarische Vorstehhunde (Magyar Vizsla) haben extrem viel Energie und brauchen reichlich Bewegung. Neben Spiel und Sport benötigen sie vor allem in der Jugend gesicherte Freilaufflächen, auf denen sie sich so richtig austoben können.

Sehr große Hunde

Sehr große Rassen sind nur etwas für erfahrene Halter, die diese massigen Hunde auch vom Gewicht her sicher führen können. Sie sehen imposant aus, aber ihre Haltung ist sehr zeitaufwendig und kostspielig.

Wer einen sehr großen Hund hat, muss absoluter Hundefan sein, denn diese Hunde sind in allem, vom Welpenkauf bis zum Futter, sehr viel teurer und benötigen im Alltag viel mehr Zeit für Umgang und Pflege.

Auch der Transport kann schwierig sein, denn für große Tiere braucht man auch ein großes Auto.

Erstaunlicherweise benötigen diese Rassen normalerweise nicht ganz so viel Bewegung wie ihre kleineren Verwandten. Sie gehen es lieber ruhig an und ermüden aufgrund ihrer eigenen Masse recht schnell. Leider leben diese sanften Riesen meist auch kürzer als kleine

◁ **Übergröße**
Nicht ausreichend sozialisiert und erzogen, kann ein übergroßer Hund, wie beispielsweise diese Deutsche Dogge, schnell zur Gefahr werden.

▷ **Wasserhund**
Neufundländer werden in der Wasserrettung eingesetzt. Ihr großer Körper hält sie im kalten Wasser warm und durch ihre enorme Kraft können sie selbst sich wehrende Menschen an Land bringen.

Rassen. Sie benötigen ein großes Zuhause, sonst sind sie im Weg und fühlen sich eingeengt. Sie brauchen auch einen großen Garten, damit sie rennen und noch vor dem Gartenzaun wieder abbremsen können.

Leonberger

Größe 34–50 kg, 65–80 cm
Persönlichkeit ruhig, beschützend, anhänglich
Bewegungsdrang hoch
Pflege täglich bürsten

Im 19. Jahrhundert kreuzte ein Stadtrat von Leonberg bei Stuttgart Bernhardiner, Neufundländer und einige andere Rassen. So entstand der Leonberger als Familienschutz- und Gesellschaftshund. Trotz seiner Größe geht er auch mit Kindern sehr sanft um.

derbes, zottiges Fell

Berner Sennenhund

Größe 40–44 kg, 58–70 cm
Persönlichkeit ruhig, beschützend, gesellig
Bewegungsdrang mäßig
Pflege täglich bürsten

Diese Hunde wurden ursprünglich von Schweizer Bauern gezüchtet und als Zug-, Treib- und Wachhunde eingesetzt. Aufgrund ihres natürlichen Beschützerinstinkts brauchen sie als Welpen eine gute Sozialisierung. Berner Sennenhunde können sehr stark ziehen, daher ist ein frühes Leinentraining unumgänglich.

lange Schnauze mit charakteristischer Blesse

dichtes, langes, glänzendes Haarkleid

Rottweiler

Größe 41–50 kg, 58–69 cm
Persönlichkeit beschützend, loyal, wachsam
Bewegungsdrang hoch
Pflege minimal

Rottweiler wurden in Deutschland als Hüte-, Treib- und Wachhunde gezüchtet. Sie benötigen durchsetzungsfähige, erfahrene Halter, um ihren Schutzinstinkt zu bändigen. Sie lernen schnell und sind sehr selbstsicher.

derbes, anliegendes, schwarzes Haarkleid mit deutlichen rotbraunen Abzeichen

kräftige Vorderbeine mit runden, kompakten Pfoten

Bullmastiff

Größe *41–59 kg, 64–69 cm*
Persönlichkeit *mutig, beschützend, loyal*
Bewegungsdrang *mäßig*
Pflege *minimal*

Durch Kreuzung von English Bulldog und English Mastiff züchteten englische Jagdaufseher im 19. Jahrhundert den Bullmastiff als Wachhund. Ihren Beschützerinstinkt haben die kraftvollen Hunde noch heute und benötigen daher gute frühe Sozialisierung und Erziehung durch einen durchsetzungsfähigen Halter. Als Listenhunde ist ihre Haltung außerdem mit besonderen Auflagen verbunden.

breite, tiefe Brust

weit auseinanderstehende, kräftige Vorderbeine

Deutsche Dogge

Größe *50–80 kg, 79–92 cm*
Persönlichkeit *verspielt, unabhängig, sanftmütig*
Bewegungsdrang *mäßig*
Pflege *minimal*

Ihre genaue Herkunft ist unklar, doch sie wurden ursprünglich zur Jagd auf Wildschweine gezüchtet. Heute sind Deutsche Doggen sanfte Riesen und eine der größten Hunderassen. Die sanftmütigen, geselligen Tiere sind sehr stark und jagen gerne anderen Tieren hinterher, wodurch beim Freilauf Vorsicht geboten ist.

△ **Schnelle Läufer**
Deutsche Doggen sind erstaunlich schnell und brauchen daher große Freiflächen.

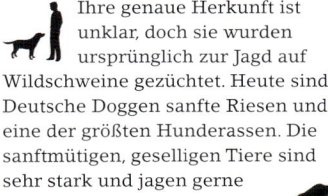

tief liegende Augen

dicke, straffe Lefzen

sehr tiefe Brust

kurzes, dichtes Haarkleid

Neufundländer

Größe *50–58 kg, 66–71 cm*
Persönlichkeit *ruhig, gesellig, anhänglich*
Bewegungsdrang *mäßig*
Pflege *täglich bürsten*

Diese Hunde stammen von der kanadischen Insel Neufundland und zogen für Fischer Karren und Netze an Land. In wärmeren Regionen kann das dichte Fell Probleme machen, daher kühlen sich Neufundländer gerne im Wasser ab. Sie müssen auch viel hecheln, um sich zu kühlen und sabbern häufig stark. Ihr sanftes, freundliches Wesen macht sie zu wunderbaren Familienhunden.

△ **Vorsicht bei Hitze**
Neufundländer überhitzen schnell, wenn sie sich bewegen, daher sind kurze Spaziergänge besser als lange Märsche. Regelmäßiges Schwimmen hält sie fit, kühlt angenehm und macht sie glücklich.

breiter, massiger Kopf

kurze, quadratische Schnauze

St. Bernhardshund (Bernhardiner)

Größe *50–91 kg, 61–71 cm*
Persönlichkeit *sanftmütig, gesellig, loyal*
Bewegungsdrang *mäßig*
Pflege *täglich bürsten*

Seit dem 17. Jahrhundert züchteten die Mönche des Hospizes St. Bernhard große Hunde als Schutz- und Wachhunde sowie als Rettungshunde im Schnee. Ihr massiger Körper hält sie in der Kälte mehrere Stunden lang warm. Bernhardiner sind sanfte Riesen mit freundlichem Wesen, die ihren Haltern ergeben sind. In warmem Klima überhitzen sie leicht, wodurch starkes Hecheln und Sabbern zum Problem werden kann.

sehr muskulöser Hals

DIE QUAL DER WAHL

Hybridhunde

In den letzten Jahren erlebte die Züchtung von Hybridhunden einen regelrechten Boom, unter anderem, weil man potenzielle erbliche Probleme vermeiden wollte, die in reinrassigen Linien auftreten.

Bei Mischlingen kennt man die Abstammung nicht oder es sind mehrere Rassen beteiligt. Die neuen »Designerhunde« werden hingegen ganz gezielt aus zwei reinen Rassen mit dokumentiertem Stammbaum gezüchtet. Durch solche Rassekreuzungen lässt sich das Risiko erblicher Krankheiten vermindern. Da schadhafte Gene dennoch Probleme bereiten können, müssen beide Hundeeltern getestet werden.

Seien Sie sich bewusst, dass zahlreiche skrupellose Züchter nur darauf warten, mit arglosen

◁ **Angeborene Eigenschaften**
Dingen nachjagen und mit Spielzeug spielen sind angeborene Eigenschaften. Wie stark sie sich ausprägen, entscheidet die Erziehung.

◁ **Gesunde Mischung**
Viele Mischlinge und Hybridhunde sind gesünder als Rassehunde, da ihre Eltern höchstwahrscheinlich nicht verwandt sind und somit die Gene neu gemischt werden.

Käufern Kasse zu machen. Um künftige gesundheitliche Probleme zu vermeiden, sollten Sie sich an einen eingetragenen Züchter wenden und erfragen, welche Untersuchungen und Tests durchgeführt wurden.

Merkmalskombinationen
Körperform und Persönlichkeit eines Mischlings oder Hybridhundes lassen meist auf mindestens einen Elternteil schließen. Wer ein erwachsenes Tier erwirbt, kann sehen, was ihn erwartet. Lernen Sie den Charakter des Hundes vor dem Kauf kennen.

▷ Golden Doodle
Pudel sind zur Zucht von Hybridhunden gefragt – in diesem Fall gekreuzt mit dem Golden Retriever. Golden Doodles, auch als Groodles bezeichnet, gibt es in unterschiedlichen Größen und Fellfarben, je nach Größe und Farbe des Pudel-Elternteils. Sie ähneln in manchen Merkmalen Labradoodles.

▽ Cockapoo
Wegen ihres liebenswerten Äußeren und der kompakten Größe sind Cockapoos äußerst beliebt. Die intelligenten, lebhaften Hunde blühen in menschlicher Gesellschaft auf, können aber anstrengend sein. Am besten eignen sie sich für Alleinstehende und Familien, die sich gern und viel körperlich betätigen und in Hundeerziehung erfahren sind.

△ Shorkie
Der Shorkie ist ein Hybridhund aus einem Shih Tzu und einem Yorkshire Terrier. Ihrer geringen Größe wegen sind diese Hunde für kleine Wohnungen ideal. Sie sind charaktervoll, neigen aber – wie viele kleine Hunderassen – zum Bellen.

△ Labradoodle
Labradoodle nennt man die Kreuzung aus Labrador und Pudel, die als Assistenzhunde speziell für Menschen mit Hundehaarallergie gezüchtet wurden. Auch als Haushunde werden sie inzwischen immer beliebter. Durch die Kreuzung der Gene entstanden verschiedene Körperformen und Haartypen.

△ Cavapoo
Die Hybride aus Cavalier King Charles Spaniel und Pudel sind freundliche und treue Gefährten, die gut zu Einzelhaushalten und Familien passen. Fellfarbe, -länge und -typ können variieren. Eine zeitaufwendige regelmäßige Fellpflege und Schur sind unumgänglich.

DIE QUAL DER WAHL

2

Die Beziehung aufbauen

Hundesprache

Was ein Hund braucht

Verschiedene Lebensstadien

Hundesprache

Hunde sind keine Menschen im Fellmantel, sondern eine eigene Spezies. Wer also ein guter Hundehalter sein möchte, muss sich der Unterschiede bewusst sein und lernen, wie die Welt aus der Sicht des Hundes aussieht. Dieses Kapitel möchte Ihnen verstehen helfen, wie Ihr Hund denkt und wo seine Grenzen dabei liegen. Entdecken Sie, wie Hunde miteinander und mit uns Menschen »sprechen« und wie wir in ihrer Sprache mit ihnen kommunizieren können. Hier erfahren Sie, wie Sie sich den Respekt Ihres Hundes verdienen und eine Vertrauensbeziehung mit ihm aufbauen. Das ist wichtige Voraussetzung für eine gute und liebevolle Erziehung.

EINE GUTE BEZIEHUNG
Wenn Kinder gemeinsam mit dem Hund gegenseitiges Vertrauen erlernen, ist das gut für ihre Entwicklung und steigert das Wohlbefinden des Hundes.

Wie Hunde denken

Hunde sind äußerst soziale Wesen, ihr logisches Denken und Schlussfolgern ist aber weniger ausgeprägt als beim Menschen. Wer versteht, wie sie denken, weiß, was er tatsächlich von seinem Hund erwarten kann.

Soziale Bindungen

Die soziale Interaktion von Hunden ähnelt der des Menschen. Beispielsweise begrüßen sie heimkehrende Rudelmitglieder begeistert, trauern um ein geliebtes Wesen und arbeiten intensiv am Erhalt ihrer Beziehungen. Betrachten wir unser eigenes Familienleben, lassen sich leicht die Parallelen erkennen.

Ähnliche Gefühle

Hunde scheinen viele unserer Gefühle zu teilen. Sie freuen sich, wenn sie Spaß haben, sind einsam, wenn sie vom Rudel getrennt sind, haben Angst, wenn sie sich bedroht fühlen, und sind ärgerlich, wenn man ständig mit ihnen schimpft. Wir können nicht absolut sicher sein, was sie fühlen, da wir sie ja nicht fragen können, doch ihr Verhalten in vielen Situationen ähnelt unserem so sehr, dass die Annahme ähnlicher Gefühle begründet ist. Aufgrund dieser ähnlichen sozia-

◁ **Liebevolle Begrüßung**
Nach einem harten Arbeitstag liebevoll vom eigenen Hund begrüßt zu werden, ist mit das Schönste im Leben eines Hundehalters. Der Hund sollte sich dabei aber nicht angewöhnen, Menschen anzuspringen (siehe S. 188–189).

len Fähigkeiten und Gefühlswelt nehmen wir Hunde gerne in unsere Familien auf und das macht sie letztendlich auch zu so erfolgreichen Haustieren. Aus demselben Grund machen wir häufig aber den Fehler, sie wie kleine Menschen zu behandeln und zu erwarten, dass sie sich entsprechend verhalten.

In Wahrheit ist das Hundehirn nicht so differenziert wie das menschliche, und da ihre Vorfahren andere Überlebensstrategien entwickelten, ist ihre Motivation auch eine ganz andere.

◁ **Ansteckend**
Hunde spiegeln oft die Stimmung ihres Halters – ist er glücklich, sind sie es auch.

▽ **Keine Logik**
Sieht der Hund das Leckerchen fallen, wird er es auf dem Boden suchen, auch wenn es auf dem Tisch landet.

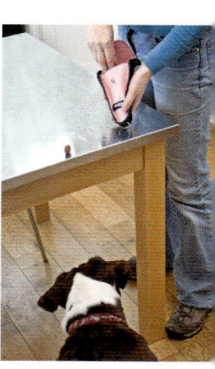

▷ **Scharfsinnig**
Mit ihren feinen Sinnen können Hunde oftmals erahnen, wann ihr Halter aufstehen will – teils noch vor ihm selbst. Daher meinen viele Menschen, ihr Hund wüsste, was sie denken und würde sie perfekt verstehen.

Was fühlen Hunde?

Fühlen Hunde Schuld, Reue oder Hass? Leider können wir sie das nicht fragen und es gibt dazu auch keine wissenschaftlichen Untersuchungen. Dennoch können wir relativ sicher annehmen, dass sie zwar grundlegende Gefühle mit uns teilen, diese aber nicht verarbeiten wie wir Menschen. Sie können also keinen Groll hegen und eine Rache planen. Sie täuschen auch keine Gefühle vor, um etwas zu erreichen. Wenn ein Hund sich über Sie zu freuen scheint, dann freut er sich auch. Genau diese Unfähigkeit zur Täuschung schätzen wir an ihnen in dieser trügerischen modernen Welt.

»Hunde sind **keine** kleinen **Menschen mit Fell** – ihr **logisches Denken** ist wesentlich **weniger ausgeprägt** als beim Menschen.«

Unterschiedliche Gehirne

Das Gehirn von Hunden ähnelt zwar dem menschlichen, ist aber in Relation zu ihm kleiner und ihm fehlt der Neokortex, also der Bereich, der für logisches Denken, Sprache und alle höheren, den Menschen auszeichnende Funktionen zuständig ist. Hunde haben ein gutes Gedächtnis, können aber weniger gut Schlüsse ziehen als Menschen. Sie erkennen unsere Bewegungen, unsere Körpersprache und unsere Stimmungen und sie können unseren Gesichtsausdruck deuten. Die Bedeutung von Worten zu lernen fällt ihnen aber schwer. Das liegt daran, dass ein großer Teil ihres Gehirns hauptsächlich physische Sinneseindrücke, wie Gerüche und Geräusche, verarbeitet (*siehe S. 54–57*). Diese Informationen ermöglichten ihren Vorfahren, den Wölfen, die erfolgreiche Jagd und damit das Überleben.

Hunde sind also alles andere als kleine Menschen, denn ihr logisches Denken ist weniger ausgeprägt als unseres und sie haben eine ganz andere Sichtweise der sie umgebenden Welt. Wer das weiß, kann die Fähigkeiten seines Hundes viel besser einschätzen und überfordert ihn nicht. Der Hund braucht unsere Hilfe, wenn er nicht versteht, was wir von ihm wollen. Wenn er also mal wieder »stur« zu sein scheint, sollten wir besser erst einmal davon ausgehen, dass er uns nicht versteht.

▷ **Bei logischen Schlüssen langsam**
In dieser Situation wird jeder Hund zunächst versuchen, den Ball durch den Zaun zu ziehen. Ein Mensch würde hingegen sofort erkennen, dass es viel einfacher ist, durch das Tor zu gehen.

HUNDESPRACHE

Die Sinne: Riechen und Sehen

Hunde nehmen ihre Umwelt ganz anders wahr als Menschen. Wenn wir verstehen, wie sie die Welt sehen, begreifen wir ihr Verhalten besser und können sie einfacher erziehen.

Riechen

Hunde leben in einer Welt voller Gerüche, während die der Menschen von Bildern beherrscht wird. Wir sehen die Welt, Hunde riechen sie. Beobachtet man einen Menschen mit Hund beim Betreten eines unbekannten Raums, sieht der Mensch sich um, um die Lage einschätzen zu können. Der Hund hingegen sammelt seine Informationen über die Situation mit der Nase am Boden.

Hunde schnüffeln ständig, sei es im Gras, an einem neuen Gegenstand, am Kopf oder am Hinterteil eines anderen Hundes. Das liegt daran, dass sie Gerüche viel besser wahrnehmen können als wir Menschen. Der Geruch eines Grasbüschels verrät ihnen, welche anderen Hunde in der Gegend wohnen, wie alt sie sind, welchen Geschlechts, wie gesund sie sind und wann sie zuletzt dort waren. Ermöglicht wird dies durch ihre große Nasenschleimhaut mit extrem vielen Riechzellen, mit denen sie Geruchsmoleküle aufnehmen und im Gehirn auswerten können. Zudem ist das Riechhirn bei Hunden vier Mal so groß wie beim Menschen und viel komplexer.

Darüber hinaus besitzen Hunde an der Oberseite der Mundhöhle das Jacobson'sche Organ. Mithilfe dieses Organs können sie beson-

> »Wir **sehen** die Welt, Hunde **riechen** sie.«

△ **Informationen sammeln**
Dieser Basset Hound findet mithilfe seiner Nase heraus, ob andere Hunde in der Gegend sind, ob sie Freund oder Feind oder potenzielle Partner sind.

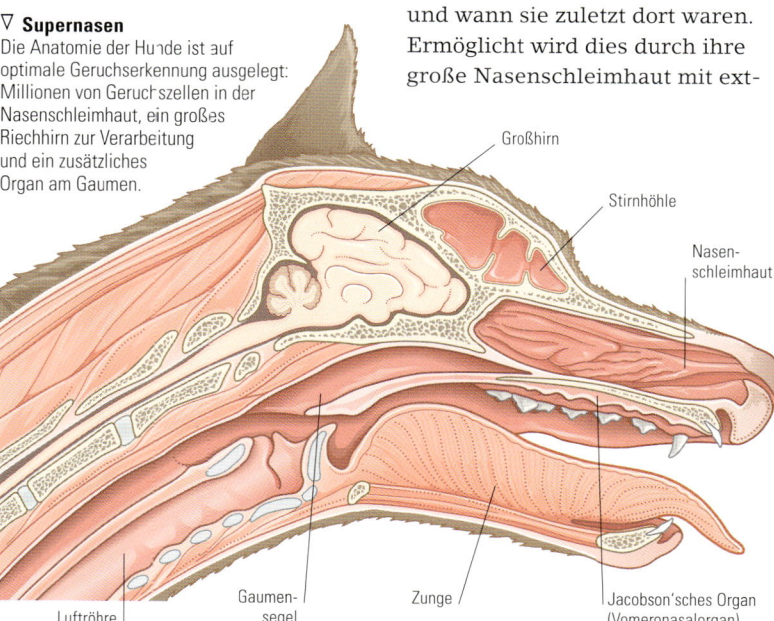
▽ **Supernasen**
Die Anatomie der Hunde ist auf optimale Geruchserkennung ausgelegt: Millionen von Geruchszellen in der Nasenschleimhaut, ein großes Riechhirn zur Verarbeitung und ein zusätzliches Organ am Gaumen.

Großhirn · Stirnhöhle · Nasenschleimhaut · Luftröhre · Gaumensegel · Zunge · Jacobson'sches Organ (Vomeronasalorgan)

△ **Verbrechensbekämpfung**
Menschen nutzen den hervorragenden Geruchssinn der Hunde. Dieser Spürhund überprüft beispielsweise Pakete auf illegale Substanzen.

ders angenehme Gerüchte schmecken und so einen paarungswilligen Partner finden.

Bei Hunden, die für ihre Aufgabe einen besonders guten Geruchssinn benötigen, wie etwa Jagd- und Spürhunde, hat der Mensch diese Fähigkeit durch selektive Zucht sogar noch weiter verstärkt. Der Bloodhound ist wahrscheinlich die Rasse mit dem besten Geruchssinn. Hunde können den Spuren von Menschen und Tieren anhand abgestreifter Hautzellen und Gerüchen am Boden folgen. Man nutzt ihren guten Geruchssinn aber auch zum Aufspüren von Sprengstoff, Drogen, Lebensmitteln, Leichen und Krebszellen, was sie besser können als jede menschliche Erfindung.

Sehen

Hunde können nicht so gut sehen wie Menschen. Sie erkennen zwar Farben, aber hauptsächlich Blau- und Gelbtöne. Rot- und Grüntöne können sie nicht sehen. Deshalb können sie einen roten Ball im grünen Gras kaum erkennen und

Verblüffender Spürsinn

Wissenschaftler haben errechnet, dass Hunde auf einer Fläche von etwa einem Taschentuch bis zu 220 Millionen Geruchszellen in der Nase haben. Menschen haben nur etwa fünf Millionen Geruchszellen, was der Größe einer Briefmarke entspräche. In Experimenten konnten Hunde menschlichen Geruch auf einem Objektträger noch erkennen, nachdem dieser zwei Wochen im Freien oder einen Monat in einem Raum gelegen hatte. Sie können buchstäblich einzelne Moleküle riechen und Spuren folgen, die älter als 300 Stunden sind. Man hat schon von Bloodhounds gehört, die einer Spur über 210 Kilometer weit gefolgt sind.

△ **Das sieht der Mensch**
Menschen können Strukturen und Details besser erkennen als Hunde und sie können mehr Farben unterscheiden.

spüren ihn daher lieber mit ihrem Geruchssinn auf.

Auch Oberflächenstrukturen und Details können Hunde schlechter erkennen als wir. Dafür haben sie eine lichtreflektierende Schicht hinter der Netzhaut ihrer Augen, das *Tapetum lucidum*, das ihre Sicht bei schwachem Licht verbessert und auch erklärt, warum die Augen

△ **Das sieht der Hund**
Hunde sehen weniger Farben, Strukturen und Details. Ihre Nachtsicht ist hingegen besser und sie erfassen Bewegungen schnell.

im Dunkeln »leuchten«. Zudem können Hunde Bewegungen besser wahrnehmen und die Fernsicht vieler Rassen ist ebenfalls besser als die des Menschen.

▽ **Sichthunde**
Einige Hunde wurden zur Jagd auf Sicht gezüchtet. Sie können Bewegungen schnell erkennen und haben eine gute Weitsicht. Dieser Lurcher sucht z. B. das Feld nach potenzieller Beute ab.

Hören, Schmecken, Erleben

Hunde sehen und riechen nicht nur anders als Menschen, auch ihr Gehör- und ihr Geschmackssinn unterscheiden sich von unseren. Durch ihre geringere Körpergröße haben sie zudem eine andere Sicht auf die Welt.

Geräusche

Das Gehör von Hunden ist viel besser entwickelt als das menschliche, daher können sie Geräusche aus einer wesentlich größeren Entfernung wahrnehmen. Ein Geräusch, das wir gerade noch hören, erfassen Hunde auch, wenn sie viermal so weit entfernt sind. Zudem nehmen sie höhere Frequenzen wahr, wie etwa die Ultraschallgeräusche einiger Beutetiere. Der für Hunde hörbare Frequenzbereich liegt bei 40–60 000 Hz, während der des Menschen von 20–20 000 Hz reicht. Deshalb können Hunde auch auf die für uns »geräuschlosen« Hundepfeifen reagieren. Sie liegen nur außerhalb des Frequenzbereichs des Menschen, nicht aber der des Hundes. Das gute Gehör war besonders für die Hunde von Vorteil, die speziell als Hütehunde gezüchtet wurden. So konnten sie gerufene und gepfiffene Befehle über sehr weite Distanzen wahrnehmen. Daher haben die Nachfahren alter Hütehundrassen bis heute ein sehr empfindliches Gehör, was im schlimmsten Fall zu Geräuschphobien führt, wenn sie lautem Krach, wie etwa Feuerwerk, ausgesetzt sind.

◁ **»Lautloses« Geräusch**
Eine »lautlose« Hundepfeife hört sich für Hunde ganz normal an. Nur unsere menschlichen Ohren nehmen die hohen Frequenzen schlicht nicht wahr.

Geschmäcker

Menschen haben ungefähr 9000 Geschmacksknospen im Mund, bei

> »Für **Welpen** und kleine **Hunde** müssen **Menschen** wie **Riesen wirken.**«

Hunden sind es weniger als 2000, ihr Geschmackssinn ist also weniger ausgeprägt. Geruch ist für Hunde wesentlich wichtiger. Ihr Geschmack ist zudem eher auf Fleisch und Fett ausgerichtet, wohingegen Menschen Süßes und Salziges bevorzugen.

Hunde-Perspektive

Da Hunde kleiner sind als Menschen, sehen sie die Welt aus einer anderen Perspektive. Wenn Sie sich Ihr Zuhause einmal auf allen Vieren ansehen, werden Sie feststellen, dass es vollkommen anders wirkt. Das gilt genauso für die geschäftigen Straßen unserer Dörfer und Städte. Für Hunde sind Autos riesig und Lastwagen sind brüllende Monster, die direkt in Nasenhöhe stinkende Gase ausstoßen. Häufig übersehen wir Hunde, wenn wir eine volle Straße entlanghetzen. Wie schwierig muss es für sie sein, sich ihren Weg durch diesen Wald von Beinen zu bahnen? Für Welpen und kleine Hunde sind Menschen Riesen. Besonders wenn der Hund Ihre Absichten nicht kennt, wirken von oben kommende Hände einfach bedrohlich.

Maul statt Pfoten

Hunde haben weder feingliedrige Finger noch gegengreifende Daumen. Da sie alle vier Pfoten zum Stehen brauchen, müssen sie Objekte mit dem Maul handhaben. Deshalb nehmen Welpen alles ins Maul und kauen darauf herum.

▽ **Im Land der Riesen**
Für Welpen und kleine Hunde sind Menschen so riesig wie ein Doppeldecker-Bus. Manchmal wirkt dieses »Land der Riesen« beängstigend auf sie.

▽ **Bedrohliche Hand**
Bedenken Sie immer, wie ein Hund Sie sieht. Für ihn kann eine große, von oben kommende Hand bedrohlich wirken, auch wenn sie streicheln will.

Das ist ihre Art, die Welt zu erkunden. Hunde können ihre Kiefer nur auf- und abbewegen und nicht wie wir Menschen auch seitlich.

Der sechste Sinn

Manche Fähigkeiten von Hunden lassen Menschen glauben, Hunde haben einen »sechsten Sinn«. Es gibt viele Berichte von Hunden, die über Tausende von Kilometern nach Hause gefunden haben oder ihrem Besitzer nach einem Umzug ins neue Heim gefolgt sind, ohne es zu kennen. Noch erstaunlicher ist die Fähigkeit einiger Hunde vorherzusehen, wann ihre Halter nach Hause kommen: Sie begeben sich genau in dem Moment zur Eingangstür, in dem sich ihr Herrchen auf den Heimweg macht. Wahrscheinlich haben Hunde sensorische Fähigkeiten, die wir nicht kennen.

HUNDESPRACHE

Von Hund zu Hund

Da Hunde nicht über ein Sprachzentrum im Gehirn verfügen, kommunizieren sie mit Signalen. Wollen wir erfahren, was sie sich zu sagen haben, müssen wir uns ihre Körpersprache genauer ansehen.

Obwohl sie sich manchmal anbellen, verläuft der Großteil der Kommunikation zwischen Hunden nonverbal und besteht vor allem aus Signalen von Ohren, Rute und Körper. Kleinste Änderungen in deren Position geben Stimmung und Gefühle an und zeigen anderen, wie sich der Hund verhalten wird. Wer die Körpersprache von Hunden bei der Begrüßung beobachtet, lernt schnell, verschiedene Persönlichkeiten zu erkennen und vorherzusagen, was passieren wird.

»Die **Körpersprache** zeigt **Stimmungen** an.«

△ »**Starr nicht!**«
Dieser English Setter möchte gerne näher kommen, um zu schnüffeln, aber der bestimmte Blick des Golden Retrievers lässt ihn erst einmal höflich in die Ferne schauen.

▷ »**Geh weg!**«
Das wilde Spiel des Weimaraners ist dem Labrador zu viel. Um nicht weiter bedrängt zu werden, legt er sich flach und still auf den Boden und schließt die Augen — so schottet er sich deutlich ab.

DIE BEZIEHUNG AUFBAUEN

Reiner Schaukampf
Diese Hunde kennen sich gut und spielen miteinander. Sie sind zwar wild, ihre Gesichter und Körper zeigen aber keinerlei Anzeichen für Anspannung oder Stress und sie fixieren sich auch nicht mit den Augen, was in einem echten Kampf der Fall wäre.

◁ **Geruchsinspektion**
Der Geruch anderer ist eine wichtige Informationsquelle für Hunde. Das Riechen am Hinterteil mag uns unschön erscheinen, aber dadurch erfahren Hunde viel über ihre neuen Freunde.

▷ **»Komm, spiel mit mir!«**
Der jüngere Hund ist lebhaft, verspielt und steckt voller Energie. Der ältere möchte aber nicht mitmachen. Verzweifelt versucht der jüngere Hund, ihn zu animieren, indem er seine Pfoten auf den Rücken des anderen legt.

Von Hund zu Mensch

Hunde versuchen, über Körpersprache mit uns zu kommunizieren, wie sie es untereinander tun. Manche Signale verstehen wir, weil wir ähnlich reagieren. Andere sind für uns nicht eindeutig und teils missverständlich.

Durch ihre Körperhaltung teilen Hunde sich ständig mit. Wenn wir ihre Signale verstehen lernen, können wir entsprechend reagieren und den Hund, falls nötig, unterstützen. Bedenken Sie, dass Hunde in der Beziehung zum Menschen immer der schwächere Part sind, da wir Menschen ihr Leben kontrollieren. Halter sollten daher lernen, worauf ihr Hund empfindlich reagiert, und die Signale, die er gibt, richtig deuten lernen.

◁ **Die Nase lecken**
Fühlen sie sich unter Druck gesetzt, lecken sich Hunde die Nase. Dieser Hund sieht beunruhigt aus, lehnt sich zur Seite und leckt seine Nase, wenn Frauchen sein Halsband greift.

▽ **Gähnen**
Gähnen kann ein Anzeichen dafür sein, dass ein Hund beunruhigt ist und versucht, Spannung abzubauen. Dieser Hund gähnt, wenn sein Halter ihn anstarrt.

▽ **Selbstsicherheit**
Ein entspannter Körper und ein aufwärts gebogener Schwanz sind Zeichen von Selbstsicherheit. Die Haltung dieses jungen Hundes zeigt, er ist selbstbewusst, seine Welt ist in Ordnung.

△ **Ausweichen**
Hier hält die Halterin ihren Hund fest und nah an ihr Gesicht. Er fühlt sich dadurch bedrängt und versucht ihr auszuweichen, indem er seinen Kopf zur Seite dreht.

»Schön, dich zu sehen!«
Dieser Hund hat ein gutes Verhältnis zu seinem Frauchen und weiß, dass sie keine Bedrohung für ihn ist. Er wedelt vor Freude mit dem Schwanz, legt die Ohren zur Begrüßung an und sieht entspannt zu ihr hoch.

Lecken über die Nase
Wenn Hunde sich beunruhigt, gestresst oder vom Halter unter Druck gesetzt fühlen, lecken sie sich die Nase. Wer solche Signale richtig deuten kann, wird seinem Hund ein besserer Halter sein.

Von Mensch zu Hund

Hunde können unsere Gesten und Körpersignale wesentlich besser verstehen als Worte. Bei der Erziehung lernt der Hund schneller, wenn man zunächst Handzeichen einführt und diese später mit Worten verknüpft.

DIE BEZIEHUNG AUFBAUEN

Hunde beobachten uns mehr, als dass sie uns zuhören, da sie selbst kaum über Laute kommunizieren. Sie achten genau auf Hinweise in unseren Gesten. Daher verstehen Hunde anhand von Gesten eher, was wir von ihnen wollen, als mit Kommandos. Wenn wir unsere Kommandos oft genug wiederholen, lernen sie auch deren Bedeutung. Bestimmte Gesten, die zu unseren Aufforderungen gehören, lernen sie aber viel schneller und reagieren daher auch vorwiegend auf diese Gesten.

△ *Winken*
Diese Halterin gibt ein deutliches Handzeichen und ihr Hund reagiert darauf. Wird kurz vor dem Handzeichen ein Kommando gegeben, wird der Hund mit der Zeit auch lernen, allein auf das Kommando zu reagieren.

◁ *»Sitz!«*
»Sitz!« ist häufig das einzige Stimmkommando, das Hunde wirklich erlernen. Gibt diese Halterin das Kommando »Sitz!«, reagiert ihr Hund darauf, auch wenn er von ihr keinerlei körperliches Signal dazu erhält.

△ **Zeigen**
Mit gründlichem Training lernen Hunde verstehen, dass sie dort hingehen sollen, wo man hinzeigt. Dieser Hund ist noch unsicher und wirkt beunruhigt.

▽ **Und was kommt jetzt?**
Positives Training sorgt dafür, dass Ihr Hund auf Ihre Zeichen achtet und auf das nächste wartet, das ihm sagt, was von ihm erwartet wird. Mit einem Hund, der unsere Zeichen versteht, ist das Leben viel einfacher und macht mehr Spaß.

»Hunde **beobachten** uns mehr als dass sie uns **zuhören**, da sie selbst kaum über **Laute kommunizieren**.«

△ **Körperliche Signale**
Diese Halterin signalisiert ihrem Hund mit ihrer Körpersprache ganz eindeutig »Komm her!« und ihr Hund reagiert freudig darauf. Oftmals haben wir aber nur das Gefühl, eindeutig zu sein, und der Hund versteht nicht. Dann müssen wir ihm mit Geduld beibringen, was wir meinen.

Eine bereichernde Beziehung

Eine gute, harmonische Beziehung zwischen Mensch und Hund basiert auf Liebe, Vertrauen und Respekt. Nur so kann der Hund erzogen werden und in allen Lebenslagen zeigen, was wirklich in ihm steckt.

Wichtige Grundlagen

Hunde sind Rudeltiere. Sie suchen und brauchen soziale Kontakte und sind von ihnen abhängig. Daher ist aber auch eine besonders enge Bindung zu mindestens einem Mitglied ihrer menschlichen Familie für ihr Wohlergehen und ihr gutes Verhalten notwendig. Ist diese Beziehung stabil, ist der Hund entspannt, unempfindlicher gegen Veränderungen und kann ruhig auf das reagieren, was man von ihm möchte.

Um eine solche Beziehung aufzubauen, müssen Sie zunächst ein liebevoller, vertrauenswürdiger Partner sein. Hunde haben ein starkes Unrechtsbewusstsein. Man muss ihnen gegenüber immer absolut fair sein. Die Methoden des positiven Trainings helfen Ihnen, eine gute Beziehung zu Ihrem Hund aufzubauen, denn sie setzen nicht auf Zwang, sondern darauf, dass

△ **Eine starke Bindung**
Eine starke Bindung ist wichtig für das Wohlbefinden des Hundes und schenkt beiden Seiten Zufriedenheit und Freude. Man muss aber bereit sein, Zeit und Mühe in die Beziehung zu investieren.

△ **Vertrauen aufbauen**
Wenn die Beziehung zu Ihrem Hund auf gegenseitigem Vertrauen basiert, wird auch seine tägliche Pflege für beide zu einer leichten Übung.

◁ **Miteinander arbeiten**
In erfolgreichen Beziehungen helfen Partner sich gegenseitig. Wenn Ihr Hund Ihnen vertraut, brauchen Sie nicht mehr so viele Leckerchen, damit er Ihnen gehorcht, sondern er wird Ihren Anweisungen bereitwillig folgen.

Positive Erziehungsmethoden

Die positiven Trainingsmethoden in diesem Buch möchten Ihnen helfen, die Beziehung zu Ihrem Hund zu verbessern und Sie einander näherzubringen. Beim gemeinsamen Training werden beide Seiten mehr über den anderen erfahren. Sie und Ihr Hund werden lernen, wo Ihre Stärken liegen, was Sie frustriert, was Sie gerne haben und wie Sie sich gegenseitig Freude bereiten können. Je mehr Sie trainieren, desto stärker wird Ihre Beziehung werden. Ihr Hund wird sich mehr anstrengen, Ihnen zu gefallen, und sich enger an Sie binden. Bei regelmäßigem, mit Spielpausen abwechselndem Training wird Ihr Hund zu einem gut erzogenen und trainierten Freund und Partner, der bereitwillig auf ihre Aufforderungen reagiert.

der Hund kooperieren möchte. Es ist wichtig, regelmäßig viel Zeit mit dem Hund zu verbringen, damit er sich geliebt und gut aufgehoben fühlt. Bei zu wenig Zuwendung kann er sich zurückziehen oder unerwünschtes Verhalten zeigen, um Aufmerksamkeit zu bekommen.

> »Ein **Anführer**, den sie **respektieren** und dem sie **folgen können**, tut Hunden gut.«

Schlechte Vorbilder

Manchmal ist es schwer, ausschließlich positive Methoden einzusetzen, ganz besonders dann, wenn man selber mit vielen Strafen erzogen wurde. Aber auch in Zeiten, in denen man selbst wütend oder gestresst ist, fällt das Training nicht leicht. Hunde verzeihen gelegentliche Ausrutscher zwar, aber dennoch sollte man in negativer Stimmung lieber auf das Training verzichten, um die Beziehung nicht zu belasten. Eine negative Stimmung beim Training führt nur zu Ärger und ruft beim Hund Angst hervor.

Führung übernehmen

Durch selektive Zucht haben Menschen Hunde gesellig und folgsam gemacht. Da ihre Vorfahren aber in Rudeln lebten, genießen sie es, wenn jemand die Führung übernimmt, den sie respektieren und dem sie folgen können. Genau wie Kinder können sie ohne Führung ungezogen und schwierig werden. Hunde müssen lernen, wie sie sich verhalten sollen, und benötigen klare Verhaltensregeln.

Um ein guter Rudelführer zu sein, muss man meist liebevolle Unterstützung bieten, manchmal, wenn es nötig ist, aber auch hart und kompromisslos sein. Zu den wichtigsten Führungsqualitäten zählt für einen Hund die Fähigkeit, kluge Entscheidungen zu treffen, mit denen Sie die Mitglieder ihres Rudels schützen und aus Gefahren oder schwierigen Situatio-

▷ **Respekt**
Damit Ihr Hund Sie als guten Rudelführer anerkennt und Ihren Aufforderungen folgt, müssen Sie sich seinen Respekt verdienen.

nen herausführen. Natürlich kann man einem Hund seinen Willen aufzwingen, doch er wird Sie dann niemals als guten Anführer achten, sondern nur fürchten. Sie müssen sich den Respekt Ihres Hundes durch konsequentes Verhalten verdienen. Das ist das beste Rezept für eine gute Beziehung.

Hunde und Kinder

Hunde und Kinder sind gleich ausgelassen, lieben das Leben und können viel Spaß miteinander haben, wenn man ihnen zeigt, wie sie miteinander richtig umgehen und eine gute Beziehung aufbauen können.

Mit gutem Beispiel voran

Hunde sind tolle Spielkameraden, wenn man beiden Seiten sorgfältig beibringt, wie sie richtig miteinander umgehen. Werden sie sich selbst überlassen, kommt es schnell zu Fehlverhalten und Kind und Hund entwickeln schlechte Gewohnheiten. Aber Kinder lernen schnell und es ist relativ einfach, ihnen beizubringen, wie sie sich dem Hund gegenüber verhalten müssen und wie sie eine gute Beziehung zu ihm aufbauen können.

Kinder lernen durch Zusehen. Sie beobachten genau, wie die Eltern mit dem Hund umgehen und ahmen ihr Verhalten nach. Daher sollten Sie noch deutlicher darauf achten, wie Sie mit Ihrem Hund umgehen, wenn Ihre Kinder dabei sind. Sie halten Ihnen später den Spiegel vor.

Kinder sind voller Energie und Lebensfreude und ein gut sozialisierter Hund reagiert freudig darauf. Dadurch sind Kinder sehr gute Trainer, wenn sie wissen, wie sie mit dem Hund umgehen müssen. Normalerweise sind sie eifrig bei der Sache, was den Hund ebenso

△ **Kleine Hundetrainer**
Kinder sind gute und begeisterte Hundetrainer, wenn man ihnen genau erklärt und beibringt, wie sie mit einem Hund umgehen können.

◁ **Familienmitglied**
Kinder, die mit Hunden aufwachsen und dabei gute Erfahrungen machen, halten sich auch als Erwachsene eher einen Hund als Haustier.

▽ **Freudige Begrüßung**
Gute frühe Sozialisierung ist notwendig, wenn der Welpe freundlich und ohne Angst vor Kindern heranwachsen soll. Dieser genießt den Kontakt.

△ **Einfach da sein**
Indem man ein Auge auf Hund und Kinder hat, kann man sicherstellen, dass beide Seiten Spaß am Spiel haben und lernen, wie sie miteinander umgehen müssen.

◁ **Ein neues Rudelmitglied**
Normalerweise akzeptieren Hunde Babys einfach als neue Rudelmitglieder. Es ist aber wichtig, den Hund rechtzeitig auf die neue Situation vorzubereiten. Ist das Kind da, zeigen Sie Ihrem Hund, dass er immer noch dazugehört und geliebt wird.

begeistert mitmachen lässt. Erfolgserlebnisse sind aber wichtig, denn Kinder werden leicht ungeduldig, wenn ihr Vorhaben nicht funktioniert. Daher sollten Sie deren Trainingseinheiten überwachen und falls nötig helfend eingreifen.

Sicheres Spiel

Beim Spielen können Kinder dem Hund unabsichtlich wehtun oder auch bewusst gemein zu ihm sein, wenn sie selbst schlecht behandelt werden. Grundsätzlich sollten Kinder also nicht allein mit einem Hund spielen, sondern nur in Anwesenheit eines Erwachsenen. So kann er einschreiten, sollte der Hund sich in die Enge getrieben fühlen, damit es nicht zu Abwehrhandlungen, wie Beißen, kommt.

Hunde akzeptieren Kinder schnell, wenn sie bereits als Welpe Kinder kennengelernt haben (*siehe S. 92–93*) und gute Erfahrungen gemacht haben.

Sollen Hunde Kindern freudig und ohne Angst begegnen, sollten sie schon vor der 12. Lebenswoche an Kinder aller Altersstufen gewöhnt werden. Besonders vor Kleinkindern haben Hunde leicht Angst, da sie sich völlig anders als Erwachsene benehmen.

Hunde und Babys

Normalerweise akzeptieren Hunde Babys einfach als neue Rudelmitglieder. Es ist aber ratsam, die Gewohnheiten des Hundes schon während der Schwangerschaft anzupassen, damit er sich auf die Zeit nach der Geburt einstellen kann. Die Gewöhnung an Babystimmen und -gerüche hilft dem Hund dabei. Üben Sie auch, dass der Hund auf Kommando in seinem Körbchen bleibt (*siehe S. 182–183*), damit Sie sich später ungestört um Ihr Baby kümmern können.

Kleinkinder

Wenn das Kind anfängt, sich allein zu bewegen und laufen lernt, kann es zu Problemen kommen. Kleine Kinder fallen auf Hunde oder halten sich an ihnen fest. Ein Hund kann ein Kind nicht davon abhalten, sich ihm zu nähern, und benötigt daher einen sicheren Rückzugsort. Die großen Kinderaugen in Augenhöhe des Hundes, der unsichere Gang, das laute Quieken und die zwickenden Finger wirken auf ihn bedrohlich. Daher muss man Kind und Hund erst einmal aneinander gewöhnen.

»**Kinder** sind **gute Hundetrainer,** wenn man ihnen **zeigt,** wie man mit **Hunden umgeht.**«

Hunde und andere Tiere

Hunde, die von klein auf mit anderen Tieren sozialisiert werden, kommen meist gut mit ihnen aus. Bei kleinen Tieren muss man aber vorsichtig sein, da der angeborene Jagdtrieb mancher Hunde sehr stark ist.

Andere Tiere treffen

Erwachsene Hunde sind normalerweise zu allen Tierarten freundlich, die sie in der wichtigen Sozialisierungsphase bis zur zwölften Lebenswoche kennengelernt haben. Später lässt diese Unbedarftheit langsam nach und sie sind Tierarten gegenüber vorsichtig und ängstlich, denen sie als Welpen nicht begegnet sind.

Soll ein Hund mit anderen Tieren leben oder mit ihnen Kontakt haben, ist es wichtig, dass er diese Tierart so früh wie möglich kennenlernt, damit er in ihrer Gegenwart entspannt und ruhig bleibt. Bei diesen ersten Treffen sollte der Welpe positive Erfahrungen machen, da ein Zusammentreffen mit einem aggressiven Tier beim Hund schnell Angst auslöst und er ebenfalls mit Aggression reagiert.

Der Jagdinstinkt

Auch nach einer frühen Gewöhnung an andere Tiere müssen Hunde in der Gegenwart von kleinen Tieren immer überwacht werden, damit aus Spiel nicht Jagdverhalten wird.

Hunde stammen vom Wolf ab und haben viele seiner für die Jagd wichtigen Eigenschaften bewahrt (*siehe S. 18–19*). Bei einigen Rassen ist dies ausgeprägter als bei

△ **Natürlicher Jagdtrieb**
Bei Kleintieren, wie diesem Kaninchen, gilt immer besondere Vorsicht. Aufgrund ihres starken Jagdinstinkts kann man Hunden in deren Gegenwart nie vollkommen vertrauen.

»Die **Instinkte** eines Hundes sind **stark** und sollten besonders in Gegenwart von **Kleintieren** niemals **unterschätzt** werden.«

△ **Von oben herab**
Katzen fühlen sich wohler, wenn sie einen sicheren, erhöhten Rückzugsort haben. So verläuft das Kennenlernen des Hundes entspannter.

▷ **Kontrollierte Begegnung**
Stellen Sie Ihrem Hund Nutztiere, wie Hühner, mit viel Zeit und Ruhe vor und bleiben Sie dabei. Das nimmt auch späteren Begegnungen die Spannung.

△ **Begegnung in Begleitung**
Auf Weiden ist es wichtig, den Hund zu kontrollieren und deutlich Führung zu übernehmen, damit er nicht anfängt, die Weidetiere zu jagen oder von ihnen gejagt und womöglich verletzt wird.

anderen. Rassen, die noch bis vor Kurzem hauptsächlich zur Jagd auf Nager (Terrier), zum Hüten von Herden (Hütehunde) oder als Jagdhunde gezüchtet wurden, haben einen stärkeren Jagd- und Hetzdrang als Rassen, die schon seit Generationen Begleithunde sind.

Bei kleinen Haustieren, wie Hamstern, Mäusen, Kaninchen und Vögeln, muss man besonders vorsichtig sein. Es ist erstaunlich, wie schnell ein Hund vom ruhigen Haustier zum konzentrierten Jäger werden kann, wenn kleine Wesen um ihn herumwuseln. Man darf nie unterschätzen, wie stark die Instinkte des Hundes sind.

Jagen und Hetzen

Bestimmte Tierarten werden von Hunden gerne gehetzt und verfolgt, sind aber keine potenzielle Beute. Dennoch kann dies für Hund und Halter problematisch sein. Pferde stellen für manche Hunde aufgrund ihrer Größe eine Bedrohung dar, die sie gerne verjagen möchten. Generell sind alle Nutzviecharten für unerfahrene Hunde tolle Ziele, die man herumjagen und hetzen kann.

Wenn schlecht erzogene Hunde plötzlich unkontrolliert losjagen, stellen sie besonders im Straßenverkehr eine große Gefahr für sich und ihre Umgebung dar. Der Halter sollte dieses Verhalten daher so früh wie möglich abstellen.

Am besten gewöhnt man den Welpen schon ganz früh an Nutzvieh, Pferde, Katzen und Kleintiere. Hat der Welpe in geschützter Umgebung unter Aufsicht die Gelegenheit, andere Arten in Ruhe kennenzulernen, wird er auch später in ihrer Gegenwart ruhig und entspannt bleiben.

Wenn man sich genügend Zeit nimmt, sie aneinander zu gewöhnen, können aber auch erwachsene Hunde den entspannten Umgang mit anderen Tieren lernen.

Hunde und Katzen

Wenn Hunde und Katzen miteinander aufwachsen, lernen sie einander tolerieren, wenn nicht sogar lieben. Ist der Hund aber nie zuvor einer Katze begegnet, wird er schnell aggressiv (vor allem Terrier) und versucht, sie aus dem Haus zu jagen. Die Gewöhnung braucht Zeit. Sorgen Sie dafür, dass beide Tiere sich so wohl und sicher wie möglich fühlen, geben Sie ihnen Zeit, ihren Platz zu finden, und lassen Sie die Tiere entscheiden, wann sie bereit sind.

Was ein Hund braucht

Um ein guter Hundehalter zu sein, muss man lernen, was ein Hund für ein glückliches Leben braucht. Wenn man diese Bedürfnisse erfüllt, erhält man einen zufriedenen und umgänglichen Hund. Wenn man dafür sorgt, dass der Hund sich sicher fühlt, kann er sich entspannen und wird nicht aggressiv. Ausreichend Bewegung, Spiel und Training sowie eine gesunde Ernährung machen ihn zu einem ausgeglichenen Gefährten. In diesem Kapitel lernen Sie, wie sie Ihren Hund richtig pflegen und Sie erfahren Wissenswertes über Zucht und Kastration.

FELLPFLEGE
Regelmäßiges Kämmen und Bürsten verhindern, dass das Fell verfilzt, was zu Parasitenbefall und Hautkrankheiten führen kann.

Sicherheit

Hunde benötigen unsere Hilfe, wenn sie sich in unserer Welt sicher fühlen sollen. Ansonsten kann der Hund unerwünscht aggressives Verhalten entwickeln. Dieses rührt schlicht daher, dass er sich bedroht fühlt.

Sicherheitsbedürfnis

In unserer Welt gibt der Mensch immer den Ton an und der Hund muss ihm folgen. Da Hunde aber nicht sprechen können, können sie uns nicht sagen, wann sie Hilfe brauchen oder Angst haben. Sie können uns auch keinen Brief schreiben, wenn sie etwas bedrückt.

▽ **Flucht**
Wenn möglich, bewegen sch Hunde immer von der Bedrohung fort. Dieser Hund wirkt angespannt und geht mit zurückgelegten Ohren weg.

Wenn ein Hund sich bedroht fühlt oder Angst hat, zeigt er dies in seiner Körperhaltung. Erkennt der Halter diese Signale nicht oder kann er sie nicht interpretieren, wird der Hund weiter ängstlich sein und wenn er sich ernsthaft bedroht fühlt, wird er keine andere Wahl sehen und sich selbst verteidigen. Viele Halter halten jedes Knurren und Schnappen für unangebrachtes Verhalten und bestrafen ihren Hund, um dies zu stoppen. Damit verschlimmern sie die Situation aber nur, da es den Hund verunsichert, was zu noch mehr Angst führt.

Für Hunde ist Sicherheit, wie für alle Tiere, von höchster Wichtig-

» **Ein Hund in Angst** hat nur **einen Gedanken:** sich in **Sicherheit** zu bringen. «

keit. Hat ein Hund Angst, kennt er nur den einen Gedanken, sich in Sicherheit zu bringen. Dann kann er weder spielen noch fressen, sondern nimmt alles nur kurz ins Maul und spuckt es dann wieder aus.

Wie reagiert der Hund?
Ein Hund, der sich bedroht fühlt, kennt nur vier Möglichkeiten:
■ Erstarren – Er hält still und hofft, dass man ihn in Ruhe lässt.
■ Beschwichtigen – Er versucht zu zeigen, dass er keine Bedrohung ist.
■ Fliehen – Er läuft davon.
■ Kämpfen – Er versucht die Bedrohung mit Aggression zu vertreiben.

Sicherheit bieten
Damit Ihr Hund sich sicher fühlen kann, muss er sich wohlfühlen und mit allem vertraut sein, das ihm in seiner Welt begegnen kann. Gute Sozialisierung im Welpenalter (siehe S. 92–93) sorgt dafür, dass der Hund auf seine Umwelt vorbereitet ist und sich sicher fühlt.

Eine wichtige Voraussetzung für das Sicherheitsempfinden des Hundes ist eine gute Beziehung zu seinem Halter. Traut er ihm, wird er auch anderen Menschen gegenüber offen sein. Positive Trainingsmethoden helfen, diese Beziehung zu stärken. Der Halter sollte auch versuchen, seinen Hund vor schlechten Erfahrungen zu schützen. Der Hund sollte sich immer und überall sicher fühlen können.

Hat ein Hund keine frühe Sozialisierung durchlaufen oder bereits schlechte Erfahrungen gemacht, muss der Halter die Angstsignale des Hundes erkennen lernen (siehe S. 60–61) und ihn von Dingen fernhalten, die ihn beängstigen. Dann sollte er den Hund gegen all diese beängstigenden Dinge desensibilisieren, indem er Negatives mithilfe von Spielzeug und Leckerchen in gute Erfahrungen verwandelt.

Zeigt ein Hund aggressives Verhalten, sollte man die Hilfe eines guten Trainers oder Therapeuten suchen (siehe S. 254). Er kann eine Diagnose stellen und einen Therapieplan festlegen, um das Verhalten des Hundes zu ändern. Rechtzeitiges Training kann auch verhindern, dass ein Hund aggressiv wird.

Aggression
Hunde agieren nur dann aggressiv, wenn sie keine andere Wahl haben. Werden sie bedrängt oder sind an der Leine, können sie nicht fliehen. Wenn auch Erstarren nicht hilft, bleibt ihnen nur noch Aggressivität. Normalerweise knurren sie, um die Bedrohung zu verjagen. Manche Hunde bellen, schnappen in die Luft oder stürzen sich geräuschvoll nach vorn, um den Gegner in die Flucht zu schlagen. Tritt die Bedrohung ohne Vorwarnung auf, können Hunde auch beißen. Das ist normalerweise ihr letztes Mittel, wenn alle anderen versagt haben. Danach sind die meisten Hunde sehr verstört und froh, wenn ihr Halter ihnen eine unaggressive Lösung aufzeigt.

▷ **Beschwichtigen**
Dieser Hund nimmt Fremden gegenüber eine unterwürfige Haltung ein. Welpen und sanftmütige Hunde nutzen diese Strategie häufig.

▽ **Kampf**
Augen aufgerissen, Ohren nach hinten, Zähne gefletscht: Dieser Hund droht, um einen Fremden zu vertreiben.

◁ **Schutz bieten**
Führen Sie Welpen an neue Erfahrungen heran, solange sie jung und aufgeschlossen sind. Diese Halterin hilft ihrem Welpen, sich an den Straßenverkehr zu gewöhnen, indem sie ihn ermuntert und ihm Schutz bietet.

WAS EIN HUND BRAUCHT

Bewegungsbedarf

Ein Hund, der sich viel bewegt, ist ein ausgeglichener, zufriedener Hausgenosse. Bekommt er aber zu wenig Auslauf, wird er übermütig und aufgeregt und entwickelt sich schnell zur unerträglichen Nervensäge.

Die Energie nutzen

Hunde haben einen angeborenen Drang, zu rennen und zu jagen und sich viel zu bewegen. Dies ist ein Erbe ihrer wilden Vorfahren, der Wölfe, die fit bleiben müssen, um Jagderfolg zu haben. Diese Agilität wurde durch selektive Zucht weiter verstärkt, um besonders energiegeladene und ausdauernde Hunderassen für bestimmte Aufgaben zu erhalten.

In der heutigen Zeit haben die meisten Menschen nur noch wenig Zeit für ihren Hund. Zudem werden die meisten Hunde nicht mehr als Arbeitshunde eingesetzt. Dadurch

△ **Apportieren**
Welpen sollten früh lernen, ein Spielzeug zu apportieren, dann hat man es leicht, dem erwachsenen Hund Bewegung zu verschaffen.

▷ **Spaziergänge**
Spaziergänge bieten dem Hund Bewegung, geistige Anregung und sind abwechslungsreich für Hund und Mensch.

haben viele Hunde, vor allem die Nachfahren von Arbeitshunden, zu viel Energie für ihre Halter.

Bei solchen unterforderten Tieren treten häufig Verhaltensprobleme auf. Sie suchen nach einem Ventil für ihre überschüssige mentale und körperliche Energie. Sie fangen an,

> »Wenn Sie täglich nur **wenig Zeit** für Ihren **Hund** haben, **nutzen** Sie diese **so gut wie möglich.**«

an allen möglichen Dingen herumzukauen, vertreiben beim kleinsten Geräusch imaginäre Eindringlinge, verschleppen Gegenstände, suchen wie besessen nach Futter, bellen, heulen oder laufen auf der Suche nach Unterhaltung davon. Sie springen auf, sind wild und unbedacht, können sich nicht mehr auf das Training und ihren Halter konzentrieren. Wenn Sie täglich nur wenig Zeit für Ihren Hund haben,

nutzen Sie diese so gut wie möglich. Hunde brauchen sowohl körperliche Bewegung als auch geistige Anregung. Körperliches Training sollte aerob sein, wie etwa Laufen und Spielen, und die Ausdauer stärken, wie lange Spaziergänge. Trainieren Sie den Hund darauf, auf Zuruf zu kommen (siehe S. 124–125) und zu apportieren (siehe S. 136–141), damit er sicher ohne Leine laufen und sich verausgaben kann. Kurze ausgelassene Spielphasen, die mit Gehen und Freilauf abwechseln, bieten ausreichend Bewegung.

Wie viel ist genug?

Der Bewegungsbedarf hängt immer vom Hund ab. Täglich zwei einstündige Spaziergänge sind für einen gesunden, jungen Arbeitshund ausreichend, ältere Hunde benötigen meist weniger. Neben reiner körperlicher Arbeit brauchen Hunde aber auch geistige Anregung in Form von Spielen und Aufgaben. Nehmen Sie sich Zeit, ihrem Hund verschiedene Spiele und Tricks beizubringen. So können Sie ihm auch im Haus geistige Abwechslung bieten. Ein tolles mentales Training ist z.B. die Suche nach versteckten Gegenständen

△ **Energie verbrennen**
Freilauf ist enorm wichtig. Es gibt Hunden nicht nur ein gutes Gefühl, sie sind auch ausgeglichener, wenn sie sich verausgaben können.

(siehe S. 172–173). Das Lernen neuer Tricks (siehe S. 160–185) und Übungen hält den Hund geistig fit, er hat Ansprache und wird zudem müde sein, wenn Sie sich ausruhen wollen oder zur Arbeit müssen.

Welpen

Man darf Welpen nicht überfordern, da ihre Knochen und Gelenke noch weich sind. Wenn sie sich für kurze Zeit regelmäßig austoben und frei laufen können, sind sie ausgeglichen und einfacher zu erziehen. Welpen und junge Hunde haben immer wieder ihre »wilden fünf Minuten«, in denen sie wie verrückt hin- und herrasen.

△ **Regelmäßig lernen**
Das Erlernen neuer Übungen und Tricks fordert den Hund geistig und gibt Ihnen die Möglichkeit, ihn sinnvoll in Ihren Alltag einzubinden.

Ernährung

Die Ernährung kann sich nicht nur auf Gesundheit und Immunsystem des Hundes positiv auswirken, sondern auch auf sein Wohlbefinden.

Die richtige Ernährung

Wie der Mensch braucht auch der Hund Energie und Nährstoffe aus seiner Nahrung. Eine ausgewogene Ernährung enthält:

- Fette
- Proteine
- Kohlehydrate
- Mineralien
- Vitamine
- Wasser

Hunde benötigen ein ausgewogenes Verhältnis von Fetten zu Proteinen, sowie zehn essenzielle Aminosäuren, essenzielle Fettsäuren, Mineralien und Vitamine. Die meisten Besitzer nutzen die speziellen Hunde-Fertigfutter, die auf die Bedürfnisse der Hunde ausgerichtet sind, doch auch selbst gemachtes Hundefutter kann ausgewogen sein.

Fertigfutter enthält teilweise künstliche Konservierungsstoffe sowie künstliche Aromen und Farbstoffe. Zudem wird all dieses Futter vorgekocht verpackt, wodurch wichtige Nährstoffe verloren gehen können. Der Vorteil ist natürlich, dass abgepackte Nahrung wenig Aufwand bedeutet und, sofern sie von einem renommierten Hersteller stammt, aus hochwertigen Zutaten besteht, die alles enthalten, was ein Hund für eine ausgewogene Ernährung braucht.

Manche Halter bevorzugen »naturnahes« Futter aus rohem Fleisch und Knochen, gemischt mit püriertem Gemüse und andern Zusätzen. Hier braucht man natürlich keine künstlichen Konservierungsstoffe.

▷ **Gesunde Ernährung**
Eine ausgewogene Ernährung kann dem Hund ein langes Leben bescheren, sein Wohlbefinden steigern und sein Verhalten beeinflussen.

> »Um **Probleme** zu vermeiden, sollte die **Ernährung** nur **langsam umgestellt** werden.«

◁ **Natürliche Fütterung**
Die Frage nach dem besten Futter wird viel diskutiert. Die meisten Hundehalter und Experten sind sich jedoch einig: Je weniger das Futter verarbeitet und bei hohen Temperaturen gekocht wurde und je weniger Kohlenhydrate es enthält, desto besser und nährstoffreicher ist es.

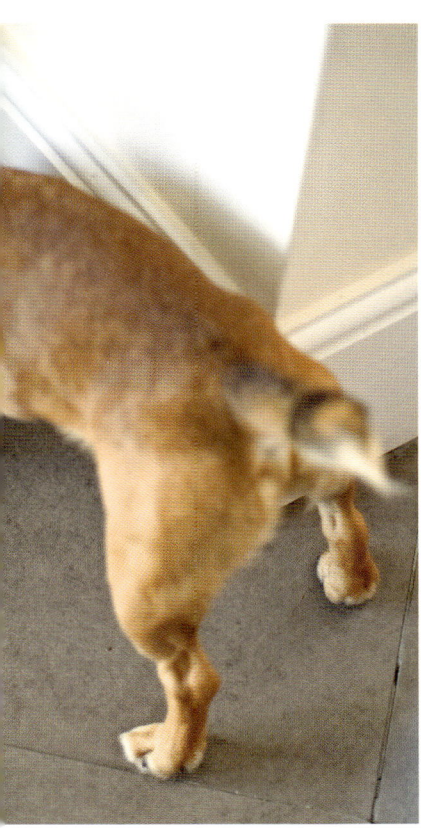

Knochen und Kauen

Welpen kauen, wenn sie zahnen. Aber auch erwachsene Hunde kauen, wenn sie die Möglichkeit haben. Das ist gut für Kiefer und Zähne. Kontroversen gibt es allerdings darüber, was Hunde kauen dürfen. Einige Tierärzte raten von Knochen ab, weil sie zu Darmproblemen führen können. Grundsätzlich darf man keine gekochten Knochen geben, da sie splittern können, und man sollte dem Hund den Knochen wegnehmen, bevor er zu viel davon herunterschluckt. Im Tierfutterhandel sind verschiedene gehärtete Knochen sowie anderes Kaufutter erhältlich (*siehe S. 94–95*).

Nachteilig ist der hohe Zeitaufwand und dass sich schwer kontrollieren lässt, ob die Ernährung auch wirklich ausgewogen ist.

Ernährung und Verhalten

Es ist kaum untersucht, wie sich Ernährung auf das Verhalten auswirkt. Futter, das für den einen Hund gut ist, kann einen anderen Hund gereizt machen. Dennoch kann es sinnvoll sein, im Rahmen einer Verhaltenstherapie auch die Ernährung umzustellen. Verhält sich der Hund jedes Mal eine halbe Stunde nach dem Fressen auffällig, hat er viel-

▷ **Idealgewicht**
Auch für Hunde gibt es ein optimales Gewicht, das sie weder über- noch unterschreiten sollten, da beides ungesund ist.

leicht eine Nahrungsallergie. Suchen Sie in diesem Fall den Rat Ihres Tierarztes. Um Verdauungsprobleme zu verhindern, sollte die Ernährung des Hundes nur langsam umgestellt werden.

Der Energiebedarf

Hunde haben unterschiedlichen Energiebedarf. Eine säugende Hündin benötigt mehr Energie für ihre Welpen, ein Arbeitshund benötigt mehr für seine tägliche Aufgabe, bei kalten Temperaturen braucht jeder Hund mehr Energie, damit er nicht friert. Ein kastrierter Hund benötigt meist weniger Energie als ein unkastrierter. Daher muss man die Futtermenge oftmals variieren, damit der Hund sein Idealgewicht (*siehe Abb. unten*) behält. Trainiert man viel, verkleinert man die Tagesration, sodass man Futter als Belohnung geben kann.

▷ **Überfressen**
Zu viel Futter kann sich negativ auf die Gesundheit des Hundes auswirken und ihn bewegungsunlustig machen. Passen Sie die Menge entsprechend an.

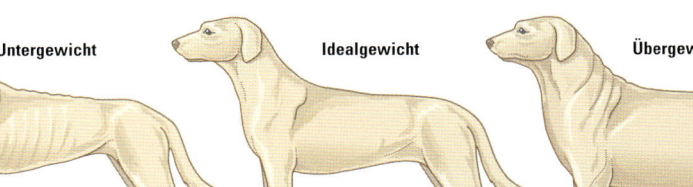

Untergewicht Idealgewicht Übergewicht

WAS EIN HUND BRAUCHT

Warum Hunde spielen

Wildhundwelpen üben spielerisch alle Fähigkeiten, die sie später zur Jagd benötigen. Haushunde spielen ihr Leben lang und zeigen dabei ebenfalls die einzelnen Phasen des Jagdverhaltens.

Natürliches Verhalten

Sobald sie über genügend Koordination verfügen, beginnen Wolf- und Hundewelpen damit, spielerisch zu jagen und zu raufen. Mithilfe dieser Spiele üben sie in einer Zeit, in der sie noch gesäugt werden, bereits alle Fähigkeiten, die sie später für die Jagd brauchen. Obwohl Haushunde ihr Futter nicht selbst jagen müssen, sind die mit der Jagd verbundenen Instinkte bei ihnen noch präsent. Vor allem Welpen benötigen eine Möglichkeit, dieses natürliche Verhalten auszuleben. Also üben sie, bewegliche Objekte zu verfolgen, sich anzuschleichen, etwas zu jagen und es anzuspringen. Je älter sie werden, desto besser werden sie darin.

◁ **Spannende Verfolgung**
Hütehunde lieben es, Dinge zu verfolgen, und können sich in Apportierspiele hineinsteigern. Daher sollte man häufig mit ihnen spielen, aber darauf achten, dass sie sich nicht völlig verausgaben.

Hundespiele

Hunde spielen mit uns drei Arten von Spielen: Verfolgen, Tauziehen und Spiele mit Quietschtieren.

Verfolgen Dies ist das am häufigsten gespielte Spiel. Wer seinem Hund früh beibringt, Spielzeug zu apportieren (*siehe S. 138–139*), kann ganz einfach für viel Bewegung sor-

> »**Spielen kräftigt** die Hunde und erlaubt ihnen, alle **Fertigkeiten** zu üben, die sie für die **Jagd** benötigen.«

◁ **Tauziehspiele**
Tauziehspiele sind für viele Hunde, aber besonders Terrier, ein großer Spaß. Sie brauchen dabei aber feste Regeln, die eingehalten werden müssen.

▽ **Kein Interesse**
Manche Hunderassen, wie viele Jagdhunde, sind nicht an Spielzeugen interessiert. Bewegen sie sich wie kleine Beutetiere, werden sie interessanter.

gen, ohne sich selbst verausgaben zu müssen. Einige Rassen lieben die Verfolgung mehr als andere, wie etwa Hütehunde oder Jagdhunde, die ja Beute aufnehmen und zurückbringen sollen. Beide Hundetypen sind geborene Apportierhunde.

Wenn Ihr Hund besonders begeistert spielt und rennt, sollten Sie an heißen Tagen darauf achten, dass er nicht überhitzt. Spielen Sie immer nur in kurzen Intervallen und geben Sie ihm zwischendurch genug Zeit, wieder abzukühlen.

Tauziehen Terrier und andere eigenwillige Hunde lieben Tauziehspiele. Einige sind so wild darauf, dass sie jede Gelegenheit nutzen, auch wenn es der Ärmel ihres Halters oder die Leine ist. Da Tauziehen ein sehr intensives Spiel ist, bei dem man nah an den Hund heran muss, sollten Sie ein paar wichtige Grundregeln festlegen:
■ Nur mit Spielzeug spielen – nicht an Ärmeln oder Hosen zerren.
■ Der Hund muss aufhören zu ziehen, sobald Sie es ihm sagen.

◁ **Spielrequisiten**
Bei Hunden, die gerne mit Spielzeugen spielen, kann man besonders einfach für viel Bewegung sorgen, wenn sie das Apportieren beherrschen.

△ **Tötungsinstinkt**
Quietschtiere sind für Hunde mit starkem Jagdinstinkt spannend, wenn sie die Pfeife »töten« können. Danach ist das Spielzeug uninteressant.

■ Der Halter muss beim Tauziehen häufiger gewinnen als der Hund.
■ Das Spiel wird sofort abgebrochen, wenn Hundezahn auf Menschenhaut trifft.
■ Das Spielzeug wird nach dem Spiel immer weggeräumt.

Quietschtiere Hunde mit starkem Jagdinstinkt, wie etwa Terrier, lieben Quietschtiere über alles. Das Quietschen des Spielzeugs ersetzt hier den Ruf des verletzen Tiers. Das mag uns grausam erscheinen, ist für den Hund aber nur ein Spiel. Bei manchen Hunden bleibt das Spielzeug ewig heil, andere arbeiten so lange daran herum, bis die Pfeife kaputt ist, und verlieren dann das Interesse.

Hunde, die nicht spielen
Nicht alle Hunde spielen gerne mit Spielzeug. Manche jagen lieber anderen Tieren hinterher, wenn sie die Möglichkeit dazu haben. Sie nach dem Welpenalter zum Spielen zu bringen, ist schwer. Meist gelingt es mit Geduld, wenn man das Spiel spannend gestaltet und das Spielzeug wie eine Beute bewegt.

Spielen beim Spaziergang

Wenn Ihr Hund gerne hetzt und jagt, sollten Sie auf Spaziergängen immer ein Spielzeug mitnehmen, damit Sie mit ihm spielen können. Wenn er sich auf das Spiel mit Ihnen konzentriert, ist die Gefahr geringer, dass er etwas anderem hinterherläuft, wie Joggern, Fahrradfahrern, Tieren oder Autos. Ein Spielzeug in der Tasche verhindert auch, dass Sie sich verleiten lassen, dem Hund Stöcke zu werfen, denn leider müssen Tierärzte sehr häufig Hunde behandeln, die sich beim begeisterten Spielen mit Stöcken verletzt haben.

Fit fürs Leben
Wenn Sie Ihren Hund gesund ernähren, ihm viel Bewegung und geistige Anregung geben und ihm emotionalen Halt und ein Rudel bieten, wird er ein zufriedenes Leben führen. Er wird zudem schneller lernen und einfacher erziehbar sein.

Kontrolliertes Spielen

Man kann auch einem erwachsenen Hund das Spielen beibringen, benötigt aber Geduld und Ausdauer. Beim Spiel mit Spielzeug sollten feste Regeln gelten, damit es im Eifer des Gefechts nicht zu Unfällen kommt.

So lernt der Hund spielen

Die meisten Hunde spielen gerne, doch manchmal wurde mit den Welpen nicht gespielt und sie wissen nicht, wie man mit Spielzeug umgeht. Andere durften nichts mit dem Maul aufnehmen und gehen Spielzeug lieber aus dem Weg.

Wählen Sie zum Üben einen Zeitpunkt, in dem der Hund aufmerksam ist. Beginnen Sie mit einem flauschigen Spielzeug und bewegen Sie es begeistert über den Boden. Halten Sie es in Bewegung, verstecken es teils hinter Möbeln, holen es plötzlich hervor und verstecken es wieder. Kommt der Hund interessiert näher, bewegen sie es schnell auf ihn zu und ziehen es dann weg, um ihn aufzufordern. Kommt er zum zweiten oder dritten Mal näher, lassen Sie ihn ein wenig damit spielen, bevor Sie wie gehabt fort-

△ **Mit Leckerchen locken**
Spielt ein Hund nicht gerne, kann man sein Interesse mit Futter im Spielzeug wecken. So lernt er, dass Spielzeuge gut sind und Spaß machen.

> »Sobald der Hund **begeistert spielt,** kann man ihm die **Regeln** beibringen.«

fahren. Üben Sie immer nur kurz, bis Ihr Hund anfängt, vor Vorfreude mit dem Schwanz zu wedeln, sobald er das Spielzeug sieht. Zeigt er kein Interesse, locken Sie ihn mit einem Spielzeug, in dem Leckerchen versteckt sind. Lassen Sie ihn daran riechen, bevor Sie es kurz außerhalb seiner Reichweite werfen. Wenn er hinterhergeht, animieren Sie ihn, das Spielzeug aufzunehmen und helfen Sie ihm falls nötig, an die Leckerchen zu kommen.

Kontrolliertes Spielen

Sobald der Hund begeistert spielt, können Sie ihm beibringen, wie man sich beim Spiel gut benimmt. Spielregeln helfen, bei Bedarf den Enthusiasmus zu bremsen. Daher sollten Sie damit warten, bis der Hund wirklich gerne spielt.

Die drei Regeln beim Spiel

Damit das Spiel geregelt abläuft, sollte Ihr Hund Folgendes lernen:
■ Ruhig sitzen und warten, bis Sie ihm sagen, dass das Spiel beginnt.
■ So spielen, dass seine Zähne nicht Ihre Hände berühren.

◁ **Welpenspiele**
Welpen sind sehr spielfreudig. Sie lieben weiches Spielzeug, vor allem während des Zahnens.

△ **Die Kontrolle behalten**
Hunde müssen lernen, Spielzeug auf Kommando sofort loszulassen. Das verhindert, dass der Hund überdreht und er lernt Selbstkontrolle.

er loslässt und entscheiden dann, ob Sie erneut spielen. Will er das Spielzeug nicht hergeben, sollten Sie so ruhig wie möglich bleiben und jegliche Aufregung vermeiden. Warten Sie, bis er das Spielzeug von allein loslässt. Loben Sie ihn dann besonders begeistert.

Spielen ist gesund

Spielen ist aus mehreren Gründen vorteilhaft. Es festigt die Beziehung zwischen Mensch und Hund, bietet die Möglichkeit, Energie abzubauen und hält fit. Spielen Sie häufig mit dem erklärten Lieblingsspielzeug, nutzen Sie aber auch andere, um Abwechslung zu bieten. Sorgen Sie dafür, dass Sie beide Spaß am Spiel haben, dann bleibt es interessant.

WAS EIN HUND BRAUCHT

■ Sofort aufhören, wenn Sie sagen, dass das Spiel vorbei ist.
Wenn Ihr Hund diese Regeln beherrscht, können Spiele kontrolliert und ohne das Risiko ablaufen, dass es zu Unfällen kommt. Damit der Hund lernt, dass er die Zähne nicht einsetzen darf, hören Sie einfach auf und gehen weg, wenn er Sie mit den Zähnen berührt. So lernt er

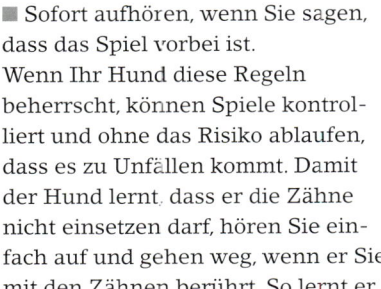

△ **Spielaufforderung**
Manche Hunde begeistern sich nur langsam für Spiele. Ist der Hund aber einmal auf den Geschmack gekommen, will er häufig spielen.

in Zukunft vorsichtig zu sein. Um ihm den sofortigen Spielabbruch beizubringen, sagen Sie »Stopp!«, beenden das Spiel und tauschen das Spielzeug in seinem Maul gegen ein Leckerchen. Loben Sie ihn, wenn

Körperpflege

Die Fell- und Körperpflege ist nicht nur wichtig für Hygiene, Gesundheit und Wohlbefinden des Hundes, sondern auch eine soziale Handlung, mit der Sie Ihre Beziehung festigen und ihm Zärtlichkeit geben.

Berührung ist wichtig

Hunde berühren sich hauptsächlich im Spiel und im Kampf oder zur Paarung. Menschen berühren Hunde aber nicht nur, um sie zu führen und zu pflegen, sondern um ihnen Zuneigung zu geben. Der Hund muss lernen, dass er uns Menschen dabei vertrauen kann.

Mit Berührung und Pflege sollte man schon beim Welpen beginnen. Aber auch ältere Hunde gewöhnen sich daran, wenn man ihnen genügend Zeit gibt, Vertrauen zu entwickeln. Halten Sie die Gewöhnungsphasen kurz und seien Sie dabei fröhlich, ruhig und sanft. Bewegen Sie sich langsam und bauen Sie den Umgang mit dem Hund gemächlich Schritt für Schritt aus, bis er sich daran gewöhnt.

Festhalten

Hunde müssen nicht nur lernen, dass wir ihnen nichts Böses wollen, sondern auch, dass sie nicht weg können, bevor wir loslassen. Dies ist besonders wichtig, um den Hund

▽ **Massage, bitte**
Die tägliche Körperpflege und Krauleinheiten helfen, das gegenseitige Vertrauen zu festigen und eine enge Bindung zum Hund aufzubauen.

△ **Gegenwehr vermeiden**
Lernt der Hund, sanftes Festhalten zu akzeptieren und sogar zu mögen, ist er einfacher zu behandeln, wenn er einmal krank oder verletzt ist.

behandeln zu können, wenn er krank oder verletzt ist. Gewöhnen Sie den Hund behutsam daran, dass Sie ihn festhalten. Bohren Sie nicht die Finger in ihn, sondern halten Sie ihn sanft, aber bestimmt fest. Lassen Sie los, sobald er ruhig und entspannt ist.

Pflege

Manche Rassen benötigen mehr Pflege als andere. Man sollte aber jeden Hund einmal am Tag abtasten und genau ansehen. Hundefell besteht normalerweise aus isolierender, weicher Unterwolle und gegen Wind und Regen schützendem Deckhaar. Durch selektive Zucht haben sich verschiedene Haartypen ausgebildet, die unterschiedliche Pflege benötigen. Teils fällt altes Haar von allein aus, anderes Haar muss regelmäßig geschnitten oder von Hand ausgezupft werden. Gewöhnen Sie den Hund an die Pflege und gehen Sie mit Kamm und Bürste vorsichtig um.

glatt / gepunktet / seidig

drahtig / gelockt / lang

◁ **Haartypen**
Der Haartyp ist je nach Rasse unterschiedlich und bedarf individueller Pflege, damit das Fell gesund und schön bleibt. Langes und gelocktes Fell braucht die meiste Pflege.

Krallen schneiden

In den Krallen der Hunde verlaufen Nerven und Blutgefäße. Um den Hund nicht zu verletzen, sollte man die Krallen im Hundesalon oder vom Tierarzt kürzen lassen oder es sich dort zeigen lassen. Gewöhnen Sie den Hund früh an die Krallenzange und daran, dass Sie seine Pfoten festhalten.

Baden

Das zum Schutz gegen Wind und Wetter ölige Fell des Hundes wird häufig dreckig oder riecht. Lebt der Hund gut geschützt im Haus, gibt es keinen Grund, warum Sie ihn nicht regelmäßig baden sollten. Sie sollten aber darauf achten, dass er es mag, und ihn hinterher gründlich abtrocknen.

△ **Gut gepflegt**
Langes, feines Haar muss täglich gebürstet werden, damit es nicht verfilzt, und regelmäßig vom Hundefriseur gepflegt werden.

Sanfte Fürsorge

Hat sich der Hund an die tägliche Pflege gewöhnt, wird er es wie eine Massage genießen. Nutzen Sie dies, um den Hund abzutasten und halten Sie nach Parasiten, Knoten, Rissen und anderem Ausschau, was der Tierarzt sehen sollte.

△ **Nicht das »Leben« verletzen**
Beim Schneiden der Krallen sollten Blut- und Nervenbahnen nicht verletzt werden. Lassen Sie die Krallen beim Tierarzt oder Hundefriseur schneiden oder lassen Sie sich zeigen, wie es geht.

Pflegebedarf

Es gibt unzählige Bürsten, Kämme und andere Pflegemittel für jeden Felltyp. Lassen Sie sich bei Bedarf von einem Hundefriseur beraten, was Sie benötigen, damit das Fell Ihres Hundes nicht verfilzt und wie oft es geschnitten werden muss.

Bürsten und Kämme
Bürsten und Kämme haben je nach Form eine andere Aufgabe und sind für andere Haartypen gedacht.

Zupfbürste / Naturhaar-Bürste / feiner Metallkamm

WAS EIN HUND BRAUCHT

Zucht und Kastration

Wann und mit wem sich Hunde paaren und fortpflanzen, wird weitgehend vom Menschen bestimmt. Der Halter sollte sich früh entscheiden, ob er mit einem kastrierten oder unkastrierten Hund leben möchte.

Große Verantwortung

Das Leben mit einem unkastrierten Hund, ob Rüde oder Hündin, ist komplizierter, da sie in Paarungsstimmung zu unkontrolliertem Verhalten neigen, wenn sie nicht gut trainiert sind. Wenn Sie Welpen haben möchten oder es ungewollt zu einem Wurf kommt, müssen Sie sich erst um die Welpen kümmern und dann ein gutes Zuhause für sie finden. Überlegen Sie gut, ob eine Kastration nicht besser wäre.

Unkastrierte Rüden

Unkastrierte Rüden sind an anderen Hunden in ihrer Umgebung immer stark interessiert und verbringen enorm viel Zeit mit deren Geruchsmarken, um herauszufinden, ob irgendwo eine paarungsbereite Hündin ist und wie es um die Konkurrenz im Revier bestellt ist.

Ist eine Hündin in der Umgebung in Hitze, wird ein unkastrierter Hund stärker markieren, anderen Rüden gegenüber aggressiver werden und die Spur der Hündin unbedingt aufnehmen wollen. Der Paarungsdrang ist sehr stark und daher gehorchen unkastrierte Rüden in Paarungsbereitschaft schlechter. Manche versuchen wegzulaufen, heulen, vergessen das Fressen und versuchen Menschenbeine, Kissen oder andere »Partner« zu begatten.

△ **Geruchsmarken**
Durch einen Testosteronschub im Mutterleib kommt es beim Rüden zur »Vermännlichung« des Gehirns. Dies führt dazu, dass er das Bein hebt, wodurch er gezielter markieren kann.

▽ **Streunen**
Nimmt ein unkastrierter Hund den Geruch einer Hündin in Hitze auf, kann es sein, dass er wegzulaufen versucht, um die Hündin zu finden.

▷ **Neues Leben**
Ein Wurf Welpen macht viel Arbeit. Sie brauchen Impfungen, hochwertiges Futter, viel Pflege, eine ausreichende Sozialisierung und letztendlich auch ein gutes neues Zuhause.

▽ **Rivalität unter Hündinnen**
Unkastrierte Hündinnen im gleichen Haushalt können in der Hitze eine starke Rivalität entwickeln, sodass es zu Raufereien kommt.

Unkastrierte Hündinnen

Unkastrierte Hündinnen kommen rund alle sechs Monate für zwei Wochen in Hitze (Östrus). Während dieser Zeit sind sie für Annäherungen unkastrierter Rüden bereit. Sie leiden an Stimmungsschwankungen, sind teils aggressiv gegen Hündinnen und einige versuchen, wegzulaufen. Manche Hündinnen entwickeln ohne Paarung nach zwei Monaten eine Scheinschwangerschaft mit allen Symptomen und suchen nach Welpenersatz.

Kastration

Die Kastration ist ein chirurgischer Eingriff, bei dem der Tierarzt dem Tier unter Narkose die Geschlechtsorgane entfernt. Damit verschwindet auch der Paarungsdrang und damit verbundenes Verhalten. Rüden kastriert man normalerweise in der Pubertät und Hündinnen nach der ersten Hitze, eine spätere oder frühere Behandlung ist aber möglich. Bei Hündinnen reduziert der Eingriff die Gefahr von Gebärmutterinfektionen und Milchleistentumoren. Dafür entwickeln kastrierte Hündinnen leichter eine Blasenschwäche. Bei beiden Geschlechtern kann es nach dem Eingriff zu Veränderungen des Fells und verstärktem Appetit mit Übergewicht kommen. Kastration betrifft übrigens nur paarungsbedingtes Verhalten, sie ist kein Allheilmittel für Verhaltensprobleme.

Erbkrankheiten

Durch die gezielte Zucht von »perfekten Schauhunden« ist es zu einer Verkleinerung des Genpools gekommen und viele Elterntiere sind eng miteinander verwandt. Dadurch steigt die Gefahr von Erbkrankheiten. Vor dem Kauf eines Welpen sollte man überprüfen, ob bei den Eltern Erbkrankheiten ausgeschlossen wurden. Solche Untersuchungen sowie der Ausschluss von erkrankten Tieren von der Zucht sind notwendig, um zu gewährleisten, dass die Welpen gesund sind.

▷ **Ohne Trieb**
Ein kastrierter Hund ist ruhiger und verspürt nicht mehr den Drang, wegzulaufen, um nach einem geeigneten Partner zu suchen.

»Das **Leben** mit einem **unkastrierten Hund** ist **komplizierter** als mit einem **kastrierten Hund.**«

Verschiedene Lebensstadien

Jede Lebensphase des Hundes bringt andere Herausforderungen mit sich. Die Welpenzeit ist der wichtigste und zeitaufwendigste Abschnitt. Gewohnheiten und Verhaltensmuster, die sich im ersten Jahr ausprägen, bleiben ein Leben lang. Dann folgt die schwierigste Phase, die Pubertät, in der man gründlich weiter erziehen muss. Ältere Hunde benötigen besondere Aufmerksamkeit, um mit den Problemen, die das Alter mit sich bringt, fertig zu werden. Dieses Kapitel möchte Ihnen alle wichtigen Hilfen und Informationen geben, damit Sie Ihrem Hund in jeder Phase helfen können.

ERSTE SCHRITTE
In der Welpenzeit erkundet der Hund die Welt, bildet Gewohnheiten aus und lernt, mit dem Menschen zusammenzuleben.

Welpenalter: Das erste Jahr

Im ersten Lebensjahr eines Hundes bilden sich sein Charakter und seine Gewohnheiten aus. Je nachdem, wie viel Mühe sich der Züchter und der neue Halter geben, können es gute oder schlechte Angewohnheiten sein.

Sozialisierung

Wie gut ein Welpe während der ersten zwölf Wochen seines Lebens sozialisiert wird, ist ausschlaggebend für seinen späteren Charakter. Gute Erfahrungen mit Menschen und anderen Tieren sind in dieser entscheidenden Zeit wichtig, denn Welpen schließen in ihr noch unbefangen Freundschaft.

Kommt es nicht zum Kontakt mit Menschen und anderen Tieren, kann es sein, dass der Hund später ist es besser, wenn der Welpe im Haus geboren und aufgezogen wird, statt draußen in einem Zwinger. Züchter und Halter müssen sich darum kümmern, dass er schon früh mit vielen Menschen, Tieren und Dingen in Kontakt kommt, mit ihnen gute Erfahrungen macht und in einer anregenden Umgebung voller unterschiedlicher Eindrücke aufwächst. Dieser Prozess der Sozialisierung sollte weitergeführt werden, bis der Hund erwachsen ist.

Gute Gewohnheiten

Sozialisierung ist aber nicht alles. Welpen benötigen in den ersten zwölf Monaten eine gute Erziehung, damit sie zu ausgeglichenen erwachsenen Hunden werden. Was der Hund jetzt lernt, ob gute oder schlechte Gewohnheit, behält er ein Leben lang bei.

Welpen müssen ständig beaufsichtigt werden, damit sie sich gut

△ **Sanfte Gewöhnung**
Gewöhnt man den Hund behutsam an Alltagsgegenstände, fühlt er sich sicher und geborgen und die Welt wirkt für ihn weniger bedrohlich.

entwickeln. Die Halter müssen in dieser Zeit für den Welpen da sein und ihn gut erziehen. Dieses Buch zeigt Ihnen eine Erziehung, die auf Belohnung setzt. Mit ihr können Sie sicherstellen, dass Ihr Hund verlässlich reagiert und Sie bauen eine Beziehung zu ihm auf, die auf Liebe und Vertrauen fußt.

△ **Charakterbildung**
Schöne Begegnungen mit verschiedensten Menschen und Tieren sind wichtig, damit der Welpe freundlich und ausgeglichen wird.

in ungewohnten Situationen, wie z. B. mit anderen Tieren oder Kindern, ängstlich ist. Aus der Angst kann beim erwachsenen Hund schnell Aggression werden.

Der junge Welpe muss aber auch seine Umgebung erkunden und an andere Dinge unseres täglichen Lebens, wie Staubsauger, Autos, Schritte, rutschige Böden und laute Geräusche, gewöhnt werden. Daher

▷ **Gutes Benehmen loben**
Es ist viel einfacher und netter, dem Hund beizubringen, was er darf, als ihn zu tadeln, wenn er etwas tut, das Sie nicht möchten.

> »**Welpen** sollten besser **im Haus geboren und aufgezogen** werden als **im Zwinger**.«

Grenzen setzen

Es ist wichtig, frühzeitig Grenzen zu setzen, damit der Hund lernt, was richtig und was falsch ist. Welpen möchten alles richtig machen, was beim erwachsenen Hund nachlässt. Nutzen Sie also die Welpenzeit, um dem Hund alles beizubringen, was er darf und was nicht. Lernt der Hund früh, dass nicht alles nach seinem Kopf geht, lernt er mit Frustrationen umzugehen, was für sein späteres Leben wichtig ist. Merkt der Hund, dass Sie nicht nachgeben, wenn Sie eine Entscheidung getroffen haben, erkennt er Sie als mental stärker an und stellt Ihre Entscheidungen nicht infrage. Wenn Sie kleine Rangeleien jetzt häufiger gewinnen, ist es eher unwahrscheinlich, dass der Hund Sie ernsthaft herausfordert, wenn er größer und stärker ist.

VERSCHIEDENE LEBENSSTADIEN

△ **Schlechtes Benehmen ignorieren**
Tut der Hund etwas, was er nicht soll, sollten Sie ihn demonstrativ ignorieren. Wenn er begreift, dass er für ein Verhalten nicht belohnt wird, stellt er es irgendwann von allein ein.

▷ **Ablenkungsmanöver**
Bringt das unerwünschte Verhalten die Belohnung, wie etwa beim Stehlen vom Tisch, halten Sie ihn mit der Leine davon ab und zeigen ihm mit dem Spielzeug, dass es Besseres gibt.

Welpenprobleme

Welpen sind noch nicht erzogen, wenn wir sie übernehmen. Wir müssen ihnen beibringen, welches Verhalten wir mögen und welches nicht, damit daraus keine schlechten Gewohnheiten werden.

Spielbeißen

Dies ist eines der häufigsten Welpenprobleme. Verspielte Welpen beißen uns in die Hand und teils in den Arm, ins Gesicht oder den Fuß, um uns zum Spielen aufzufordern. Unter Welpen ist Beißen und Ringen normales Spielverhalten. Tun sie dies aber mit uns, können ihre scharfen Zähne uns verletzen, und daher ist dieses Verhalten nicht akzeptabel. Daher müssen sie lernen, dass sie nur Spielzeuge beißen dürfen, nicht aber uns.

Haben Sie während der ersten Tage daher immer ein weiches Spielzeug zur Hand, wenn Sie mit dem Welpen spielen. Halten Sie Ihren Körper ruhig und wackeln Sie auffordernd mit dem Spielzeug, damit der Hund es interessant findet. Spielen Sie sanft damit und lassen Sie es ihn manchmal nehmen. Wenn Sie Kinder haben, sollten sie dies auch üben. Hat sich der Welpe erst einmal an Spielzeug gewöhnt, wird er mit dem Spielbeißen aufhören.

Kauen

Sobald Welpen zahnen, ist auch Kauen ganz normales Welpenverhalten. Der Trick, diese Phase ohne zu viel Schaden an Kleidung und Möbeln zu überstehen, ist, dem Welpen viel Kauspielzeug zu geben. Beaufsichtigen Sie ihren Hund in

△ **Mit Spielzeug spielen**
Lernt der Hund, mit Spielzeug zu spielen, wird er nicht mehr in Hände beißen und das Spielbeißen hört auf. Zudem gibt es ihm eine weitere Möglichkeit, seinen Spieltrieb auszuleben.

◁ **Spielbeißen**
Welpen fordern uns wie ihre Geschwister durch Spielbeißen zum Spielen auf. Geschieht dies, beenden Sie sofort das Spiel.

Kauartikel

Es gibt verschiedenste Kauprodukte auf dem Markt, von getrockneten Schweineohren über Trockenfleisch bis hin zu gefüllten oder geräucherten Knochen. Füllt man ein stabiles Spielzeug oder einen hohlen Kauknochen mit Leckerchen, ist er eine tolle Beschäftigung. So knabbert der Welpe keine anderen Gegenstände im Haus an und kann trotzdem seinen starken Kautrieb ausleben.

geräucherter Knochen
gefüllter Knochen
weißer Kauknochen
getrocknete Rinderluftröhre
gefüllter Spielball
getrocknete Schweineohren

Abwechslung
Wenn Sie das Interesse des Welpen durch wechselnde Kauartikel wachhalten, kaut er nicht an anderen Dingen.

Bereichen, wo Gegenstände herumliegen könnten und stellen Sie ihm viele leckere Dinge zur Verfügung, die er kauen kann.

Welpen langweilen sich aber schnell und werden gerade von Dingen, an denen sie nicht kauen dürfen, magisch angezogen. Dagegen hilft, Kauspielzeug öfter auszutauschen, einen Teil einzusammeln und hin und wieder für Neues zu sorgen. So hat der Welpe immer etwas zu erkunden. Eine zweite Kauphase lauert, wenn mit sieben bis zehn Monaten die Pubertät beginnt.

Stubenreinheit

Es ist recht einfach, Hunde stubenrein zu erziehen, denn die Mutter hält auch das Welpenlager sauber. Der Welpe lernt am schnellsten, dass Ihre Wohnung sein »Lager« ist, wenn Sie immer zu folgenden Zeiten mit ihm hinausgehen:
- kurz nach dem Fressen
- nach dem Spielen, Bewegung und Aufregung
- nach dem Aufwachen
- morgens nach dem Aufstehen und abends vor dem Schlafen
- mindestens ein Mal die Stunde
Begleiten Sie den Welpen, sonst kann er sich vor Einsamkeit nicht konzentrieren, und lassen Sie ihn herumlaufen und schnüffeln.

△ **Die richtige Stelle finden**
Bleiben Sie bei ihrem Welpen, wenn er hinaus muss. In Ihrer Gegenwart ist er entspannter und kann sein Geschäft schneller erledigen.

Wenn Sie Ihren Hund die ersten zwei Wochen immer begleiten und hinausgehen, sobald er aussieht, als müsse er hinaus, werden ihm weniger Unglücke passieren und er wird schnell stubenrein.

Welpenunterricht

Beim Welpenunterricht lernen Sie noch besser mit dem Hund umzugehen und er lernt andere Welpen und Menschen kennen. Stellen Sie sicher, dass im Unterricht nur positive Methoden verwendet werden und meiden Sie Trainer, die Hunde oder Menschen schlecht behandeln. Nutzen Sie spezielle Klassen für

▷ **Qualifizierte Anleitung**
Ein erfahrener Trainer kann Ihnen gute Ratschläge geben, wie Sie mögliche Erziehungsprobleme mit Ihrem Welpen meistern können.

» Hat sich der **Welpe** erst einmal an **Spielzeug** gewöhnt, wird er mit dem **Spielbeißen aufhören**. «

Welpen unter 20 Wochen. In einer kleinen Gruppe kann der Trainer auf den Einzelnen besser eingehen und ein guter Trainer wird Ihnen helfen, Fehler zu vermeiden.

VERSCHIEDENE LEBENSSTADIEN

Die Pubertät überstehen

Die Pubertät ist auch bei Hunden eine schwierige Zeit und Hundebesitzer sollten sich darauf einstellen. Aber keine Sorge – mit der richtigen Einstellung und etwas Ausdauer ist sie schnell vorbei und heraus kommt ein toller Hund.

△ **Kein Interesse mehr**
Für Hunde in der Pubertät zählt nicht mehr der Mensch, sondern nur noch die große weite Welt. Ihr Halter ist nur noch ab und zu interessant.

Die Welt erkunden

Junge Welpen wollen umsorgt werden und mit ihrem einnehmenden, freundlichen Wesen fordern sie unsere ganze Aufmerksamkeit. Wir genießen diese Phase oft so sehr, dass wir die deutliche Änderung in ihrem Verhalten zu Beginn der Pubertät mit etwa sechs Monaten leicht übersehen oder nur schwer akzeptieren können. Waren wir Menschen bisher sein liebstes Spielzeug und der Welpe wollte uns um jeden Preis gefallen, übernehmen nun die Geschlechtshormone und sein vornehmliches Interesse gilt der Außenwelt. Jetzt, wo Ihr Welpe größer und stärker ist, wird er unabhängiger. Sie als Halter sind nun weniger wichtig für ihn und er wird Sie wahrscheinlich öfter bewusst ignorieren. Schließlich gilt es jetzt, die große weite Welt zu erforschen.

Eine schwierige Zeit

Dieser Lebensabschnitt kann für Halter, die nicht darauf vorbereitet sind, frustrierend sein. All die Mühe der letzten Monate scheint umsonst, da ihr Hund plötzlich aufmüpfig, uninteressiert und ungehorsam ist. Glücklicherweise geht die Phase der Pubertät von ganz allein vorbei. Mit etwa einem Jahr werden die Hunde langsam erwachsen, obwohl manche größere Rassen erst mit etwa drei Jahren volle soziale Reife erlangen. Wenn Sie die Probleme der Pubertät heil überstehen, ist Ihr Hund von ganz allein wieder der freundliche und aufmerksame Freund, der er vorher war.

Keine Reaktion

Eines der häufigsten Probleme während der Pubertät ist, dass die Hunde nicht mehr auf Rückruf reagieren. Ein pubertierender Hund hat Wichtigeres im Sinn. Er muss erkunden, erschnüffeln, wer wann wo im

◁ **Unwiderstehlich**
Mit ihren großen Augen, kleinen Gesichtern und einnehmenden Wesen sind Welpen schlicht hinreißend und man muss sie einfach umsorgen.

△ **Die Teenagerzeit**
Wie beim Menschen ist die Pubertät auch beim Hund eine natürliche Phase voller Extreme, die sich beim erwachsenen Hund später verlieren.

Nur nicht aufgeben

Viele Halter verzweifeln, da ihre Hunde während der Pubertät ungehorsam werden und nicht mehr auf Kommandos reagieren. Manche geben sogar auf und bringen den Hund deswegen ins Tierheim. Die Pubertät ist aber nur eine Phase. Der Hund reift heran und wird wieder ruhiger und umgänglich. Stellen Sie keine zu hohen Anforderungen, aber beharren Sie sanft darauf, dass er Ihnen gehorcht.

▽ **Die Kontrolle behalten**
Während der Pubertät sollte man bei Spaziergängen eine lange Leine verwenden, damit der Hund nicht wegläuft oder sich in Gefahr bringt.

Revier unterwegs war, seine Duftmarken verteilen und andere Hunde kennenlernen. Er ist nun schon so kräftig und agil wie ein erwachsener Hund, ihm fehlt aber noch dessen Wissen und Erfahrung, wie man Schwierigkeiten aus dem Weg geht. Auch wenn der Rückruf vorher perfekt war, sollten Sie den Hund dort, wo die Verlockung wegzulaufen groß ist, an einer langen Leine führen, um Probleme zu vermeiden.

Ärger mit Artgenossen

Hunde in der Pubertät wollen die Rangordnung klären, wenn sie andere Hunde kennenlernen. Sollte es dabei zu aggressiven Begegnungen kommen, halten Sie ihn vorerst von unbekannten Hunden fern und fördern freundliche Kontakte.

VERSCHIEDENE LEBENSSTADIEN

Ältere Hunde

Genau wie Menschen werden auch Hunde mit zunehmendem Alter langsamer und ihre Körper werden schwächer. Wenn wir uns seinen veränderten Bedürfnissen anpassen, kann der Hund glücklich alt werden.

Auch Hunde altern

Wie lange Hunde leben, ist ganz unterschiedlich. Große Rassen, wie die Deutsche Dogge, werden häufig nicht einmal neun Jahre alt, Jack Russell Terrier leben dagegen teilweise bis zu 20 Jahre. Grundsätzlich kann man aber sagen, dass Hunde über zehn Jahre zu den »Senioren« gehören. Ab dann können sie sich nicht mehr so lebhaft bewegen und ihre Körper verfallen langsam. Mit den körperlichen Veränderungen kommen auch mentale. Ihr Geist wird langsamer und die Müdigkeit wächst. Sie verbringen immer mehr Zeit mit Schlafen. Zudem schwinden auch ihre Sinne. Augen und Ohren lassen normalerweise zuerst nach, der Geruchssinn bleibt am längsten erhalten. Linsentrübungen im Auge können die Sicht behindern, bestimmte Frequenzen werden vom Ohr nicht mehr wahrgenommen und Geräusche klingen dumpf und unvertraut. Weil sie sich in ihrer Umgebung nicht mehr so sicher fühlen, kann es bei älteren Hunden zu ungewohnten Reaktionen kommen. Manche schnappen bei überraschender Berührung, da sie uns nicht mehr kommen hören. Verhindern Sie dies, indem Sie den Hund sanft wecken und ihm Zeit geben, Sie zu beschnüffeln, bevor Sie ihn anfassen. Aber nicht nur die Sinne versagen. Schmerzende Gelenke machen steif und schränken die Mobilität ein. Der Hund bewegt sich dann nicht mehr gerne und mancher wehrt sich mit Beißen gegen schmerzhafte Bewegungen, besonders gegenüber Kindern, die seinen Zustand nicht verstehen.

◁ **Bitte nicht stören**
Ältere Hunde brauchen mehr Ruhe und einen warmen, gemütlichen und sicheren Schlafplatz, an dem sie nicht gestört werden.

◁ **Glücklicher Senior**
Hunde können zufrieden alt werden, wenn der Halter sich ihren Bedürfnissen anpasst.

Alles wird gemächlicher

Damit Ihr Hund zufrieden alt werden kann, müssen Sie ihn aktiv halten und ihn beschäftigen. Er braucht mehr Schlaf als früher, aber wenn er wach ist, ist es wichtig, ihn zum Spielen zu ermuntern und ihn an Ihrem Leben teilhaben zu lassen. Lassen Sie ihn nicht links liegen, nur weil er jetzt häufiger schläft. Stellen Sie sich auf sein Tempo ein, damit er sich wohl und beachtet fühlt.

△ **Schwindende Sinne**
Ältere Hunde erschrecken und beißen manchmal sogar bei unerwarteter Berührung, da sie nicht mehr hören, wenn sich jemand nähert.

▷ **Alte Gelenke**
Steife, schmerzende Gelenke schränken die Beweglichkeit ein. Ärztlicher Rat, Medikamente und sanfte Bewegung können helfen.

VERSCHIEDENE LEBENSSTADIEN

Probleme mit älteren Hunden

Das Leben mit einem alten Hund wird einfacher, wenn man sich auf die damit verbundenen Probleme einstellt. Mit Verständnis und Hilfe lassen sich viele Schwierigkeiten meistern.

Autofahrten

Die schwindenden Kräfte von Körper und Geist machen älteren Hunden Probleme, aber wir können ihnen helfen, sich auch im hohen Alter sicher zu fühlen. Fahrten mit dem Auto können für den alternden, schon wackligen Hund bedrohlich sein. Mit einer Rampe oder durch Hochheben können wir ihm das Einsteigen erleichtern und verhindern, dass er sich wehtut. Im Auto braucht der Hund einen gepolsterten Liegeplatz. Fahren Sie vorsichtig, damit er in Kurven nicht das Gleichgewicht verliert.

△ **Den Hund hochheben**
Wenn Sie einen älteren Hund ins Auto heben oder ihn tragen müssen, sollten Sie immer darauf achten, ihn nicht zu stark zu drücken, da ihm dies Schmerzen bereiten könnte.

▷ **Autorampe**
Für große Hunde, die nicht mehr springen können und zu schwer zum Heben sind, gibt es spezielle Autorampen. So kann der Hund ohne große Schmerzen langsam und bequem ins Auto einsteigen.

Phobien und Ängste

Wenn die Sinne und die Selbstsicherheit schwinden, kann ein älterer Hund Phobien und Ängste entwickeln. Geräusche wie Donner oder Feuerwerk, die ihm früher egal waren, wirken plötzlich bedrohlich auf den alten Hund. Sie benötigen viel Verständnis und Geduld, um Situationen zu vermeiden, in denen er sich bedroht fühlen könnte.

Neben spezifischen Ängsten entwickeln ältere Hunde aber auch generelle Ängste. Mancher fürchtet sich z. B. davor, im Dunkeln allein gelassen zu werden. Dann sollten Sie seinen Schlafplatz in Ihre Nähe verlegen, damit er sich sicher fühlt. Wenn das nicht hilft, kann der Tierarzt Ihnen mit Verhaltenstherapie und/oder Medikamenten helfen.

Kontrollbesuche

Viele Veränderungen, die wir bei alternden Hunden beobachten, gehen auf körperliche Beschwerden zurück, wie etwa durch Arthritis ausgelöste schmerzbedingte Verhaltensänderungen. Daher sind regelmäßige Kontrollbesuche beim Arzt wichtig. Er kann die Symptome

» **Wenn Sinne** und **Selbstsicherheit schwinden,** kann ein **älterer Hund Phobien** und **Ängste** entwickeln. «

△ **Wenig verändern**
Wenn die Sehkraft Ihres Hundes nachlässt, sollten Sie die Wohnung nicht mehr umräumen oder Änderungen nur nach und nach einführen, damit er sich weiterhin zurechtfindet.

frühzeitig erkennen und mit gezielter Behandlung helfen.

Alzheimer beim Hund

Kognitive Dysfunktion, auch CDS genannt, ähnelt Alzheimer und betrifft alternde Hunde. Zu den Symptomen zählen:
- Orientierungslosigkeit/Verwirrung; z.B. wird eine Ecke zur Falle
- nächtliches Umherwandern und verändertes Schlafmuster
- Inkontinenzprobleme
- kurze Aufmerksamkeitsspanne und zielloses Starren
- Ruhelosigkeit oder Apathie.
- Nichterkennen und schwindende

△ **Verwirrtheit**
Alte Hunde können verwirrt werden. Sie verlaufen sich oder versuchen auf der falschen Seite durch die Tür zu gehen. Fragen Sie Ihren Tierarzt um Rat.

Beziehung zum Menschen.

Einige dieser Symptome gehören ganz einfach zum Altern, andere gehen auf Veränderungen im Gehirn zurück und lassen sich durch Medikamente lindern.

Gewohnheit ist wichtig

Für alte, gebrechliche Hunde ist Routine besonders wichtig. Geregelte Essenszeiten und Spaziergänge mit Gelegenheit, sich zu erleichtern, sowie gleichbleibende Ernährung erhalten den Körper länger funktionsfähig. Alte Hunde schlafen viel und wir übersehen sie dann schnell. Die Routine hilft auch uns, sie nicht aus den Augen zu verlieren und ihnen die nötige Aufmerksamkeit zu schenken.

▽ **Viel Liebe und Aufmerksamkeit**
Wenn Sie Ihren Hund mit Liebe und Aufmerksamkeit unterstützen, kann er auch die späten Lebensjahre beruhigt und zufrieden erleben.

VERSCHIEDENE LEBENSSTADIEN

Grundlagen-Training

3

Wie Hunde lernen

Grundkommandos

Wie Hunde lernen

Um den Hund erfolgreich erziehen zu können, muss man erst einmal verstehen, wie seine Lernprozesse ablaufen. Dann werden alle praktischen Übungen für Sie als Halter und für Ihren Hund einfacher. In diesem Kapitel wird erklärt, wie man seinen Hund erfolgreich erzieht, wie man ihm beibringt zu tun, was man möchte, und warum man belohnt. Sie erhalten Tipps, welche Belohnungen man einsetzen kann, wann man die Belohnungen verringern sollte und wodurch man sie ersetzt. Sie erfahren, warum Timing so wichtig ist, wie Hunde lernen Verknüpfungen zu bilden und wie man seinem Hund schlechte Angewohnheiten am schnellsten wieder abtrainieren kann.

POSITIVES TRAINING
Hunde lernen schneller, wenn sie selbst einen Vorteil davon haben. Training mit Belohnung macht Hund und Halter gleich viel Spaß.

Versuch, Irrtum und Erfolg

Wer versteht, wie sein Hund lernt, kann ihm viel einfacher und ohne den Hund zu verwirren beibringen, auf Kommandos zu hören. Zudem begreift der Hund seine Übungen so auch schneller.

Der Lernprozess

Hunde lernen wie Menschen durch Ausprobieren und Fehler. Sie wiederholen erfolgreiche Handlungen und vermeiden Dinge mit unbefriedigenden oder unangenehmen Folgen. Verbrennt ein Hund sich z.B. die Nase am heißen Herd, wird er ihn meiden. Bellt ein Welpe, um Aufmerksamkeit zu bekommen, hört er damit auf, wenn er ignoriert wird.

◁ **Lernen** Da der Mülleimer nach Essbarem riecht, versucht der Hund herauszufinden, wie er herankommt. Gelingt ihm dies einmal, wird er diese Aktion leicht wiederholen können.

Springt ein Hund zur Begrüßung hoch und wird mit Freude belohnt, wird er es immer wieder tun. Daraus wird schnell eine schlechte Angewohnheit, die wieder abtrainiert werden muss (S. 188–189).

Gehorchen lernen

Die Art, wie Hunde lernen, können wir uns zunutze machen, indem wir erwünschte Handlungen belohnen

△ **Zur gewünschten Aktion verleiten**
Um dem Welpen ein Kommando beizubringen, müssen Sie ihn erst geschickt zur gewünschten Aktion verleiten.

△ **Auf Kommando gehorchen**
Hat der Hund begriffen, was Sie wollen, kann die Aktion mit dem Kommando verbunden werden, sodass er lernt, darauf zu reagieren.

Die Drei-Minuten-Regel

Unsere Hunde liegen die meiste Zeit mit dem Gehirn im Leerlauf herum. Denken und üben, was wir ihnen beibringen möchten, ist anstrengend für sie. Daher sollte das Training nie länger als drei Minuten dauern. Stellen Sie sich einen Wecker, damit sie die Zeit nicht vergessen, sonst wird das Üben für Sie beide frustrierend. Halten Sie die Übungszeiten kurz und enden Sie immer mit einem Erfolg. Wiederholen Sie zur Not etwas Einfaches, damit der Hund und Sie sich auf das nächste Mal freuen können.

◁ **Versuch und Irrtum**
Da Hunde nicht die Fähigkeit haben, komplexe Probleme zu durchdenken, müssen sie Verschiedenes ausprobieren, bis etwas funktioniert.

△ **Erfolg!**
Dieser Hund hatte zwar Erfolg, muss die Aktion aber mehrfach wiederholen, bis er gelernt hat, wie er einen langen Stock durch das Tor bekommt.

und unerwünschtes Verhalten ignorieren. So können wir Hunden auch Kommandos, wie etwa »Hier!« (S. 124–125) oder »Platz!« (S. 126–127) beibringen. Um einem Hund etwas beizubringen, müssen wir ihn zuerst geschickt zu einer bestimmten Aktion verleiten und diese dann belohnen, damit er sie wiederholen möchte. Da Hunde nicht verstehen, was wir sagen (auch wenn es oft so scheint, weil sie unsere Körpersprache lesen), können wir ihnen nicht erklären, was wir von ihnen wollen. Deshalb müssen wir sie zunächst durch Belohnung bestärken (S. 110). Wenn sie erst einmal wissen, was sie in einer bestimmten Situation für die Belohnung tun sollen, können wir die Handlung mit einem Signal wie einem Kommando oder Handzeichen verbinden. Das Signal geben wir kurz bevor wir den Hund wie vorher dazu verleiten, die gewünschte Aktion zu zeigen.

Ein Übungsbeispiel

Wenn Sie möchten, dass Ihr Hund sich auf Kommando hinlegt, locken Sie ihn zunächst mit einem Leckerchen in diese Position (S. 110). Sobald die Ellenbogen den Boden berühren, belohnen Sie ihn. Wiederholen Sie dies, bis er weiß, was er für die Belohnung tun soll. Dann verbinden Sie die Übung mit einem Handsignal oder dem Kommando »Platz!« kurz bevor Sie ihn wieder zum Hinlegen verleiten. Nach vielen Wiederholungen wird er verstehen, auf welches Signal oder Kommando er sich hinlegen soll, um belohnt zu werden, und es jedes Mal tun. Üben Sie mit dem Hund in wechselnder Umgebung (S. 114–115). Beherrscht der Hund das Kommando, können Sie die Menge der Belohnungsleckerchen verringern.

Belohnung

Belohnung ist das wichtigste Mittel der positiven Verstärkung. Wenn man weiß, wie man sie einsetzt und was der Hund am meisten schätzt, wird die Erziehung leichter und beide Seiten haben mehr Spaß daran.

Arten der Belohnung

Wenn Sie dem Hund etwas beibringen, müssen Sie ihn, sobald er die erwünschte Aktion ausführt, mit etwas belohnen, das er wirklich mag. Was das ist, hängt ganz vom Hund ab. Hier ist eine Auswahl:

Leckerchen Sie können schnell gegeben und gefressen werden. Trainings-Leckerchen sollten für den Hund so beschaffen sein:
- lecker – Hunde lieben Fleisch über alles.
- wohlriechend – Hunde können besser riechen als schmecken.
- feucht – feuchtes Futter spricht Hunde meist mehr an.
- weich – es sollte sich leicht in kleine Stückchen teilen lassen.
- schnell fressbar – damit Sie nicht lange warten müssen, bis Ihr Hund aufgefressen hat.
- nicht zu groß – kleine Bröckchen (wie kleine Erbsen für kleine Hunde und wie große Erbsen für große Hunde) sind für einfache Aufgaben ausreichend. Bei schwierigeren nutzt man größere Stücke oder ein wertvolleres Leckerchen (*unten*).

Spielen Eine beliebte Belohnung bei verspielten Hunden, die nicht so gerne fressen. Es dauert länger als die Belohnung mit Leckerchen, da der Hund Zeit zum Spielen braucht und dann das Spielzeug auch zurückgeben muss. Für besonders verspielte Hunde ist Spielen aber eine sehr starke Motivation, die

△ **Kleine Belohnungen**
Schon für ein kleines Leckerchen strengen sich Hunde enorm an, wenn es schmackhaft genug ist. Leckerchen-Beutel erleichtern den Transport.

Leckerchen-Rangliste

Finden Sie heraus, was Ihr Hund mag und erstellen Sie eine Rangliste nach Beliebtheit. Nutzen Sie ein einfaches Leckerchen für einfache Aufgaben, wie »Sitz!« (S. 122–123), und das begehrteste Leckerchen für Schwieriges, wie den Rückruf aus dem Spiel mit einem anderen Hund (S. 148–149). Die Vorliebe Ihres Hundes für Leckerchen kann sich ändern, daher werden Sie das Angebot ab und an variieren müssen, damit er sich immer wieder gerne dafür anstrengt.

feuchte Leckerchen

kleine Leckerchen

Fleischstreifen

Käsewürfel

Hundewurst

gekochtes Hühnerfleisch

Brühwurststücke

△ **Bestätigung**
Stellen Sie Blickkontakt mit dem Hund her und loben Sie ihn intensiv. Das ist für ihn eine stärkere Bestätigung als ein kurzes Tätscheln des Kopfes.

man auch alternativ zu Leckerchen als Belohnung für sehr schwere Aufgaben nutzen kann.

Bestätigung

Bestätigung in Form von Lob, Zuneigung und Berührung ist ebenfalls eine sehr starke Belohnung für Hunde, besonders wenn Sie bereits eine sehr enge Beziehung zu Ihrem Hund aufgebaut haben (S. 66–67). Da wir unseren Haustieren meist viel Zuneigung schenken, wirkt diese Belohnung allein nicht so stark, ist aber neben Leckerchen und Spielen eine gute Ergänzung. Lob wird besonders wichtig, wenn Sie die Menge der Leckerchen zur Belohnung langsam verringern.

△ **Mit Spielzeug spielen**
Spielen eignet sich als Belohnung für Hunde, die das besonders gerne tun, und für Hunde, die nur wenig Appetit oder Interesse an den üblichen Leckerchen haben.

» **Finden Sie heraus, was Ihr Hund mag, und erstellen Sie eine Rangliste nach Beliebtheit.«**

Belohnung nach Wunsch

Ein Schlüssel zum Erfolg ist, immer zu ahnen, welche Art von Belohnung Ihr Hund sich gerade am stärksten wünscht. Genau wie wir haben auch Hunde mal auf dieses und mal auf jenes Lust. Wenn Sie mit Leckerchen belohnen, sollte der Hund hungrig sein. Wenn Sie Spiele nutzen, sollte er aktiv und spielbereit sein. Bei wenig Interesse sollten Sie etwas finden, was ihn stärker interessiert und motiviert.

Motivation

Da wir unseren Hunden nicht erklären können, was wir von ihnen wollen, müssen wir andere Wege finden, sie zu den gewünschten Aktionen zu motivieren. Es gibt verschiedene Methoden, wie wir dies tun können.

Anreize schaffen

Als Anreize für Aktionen gibt es folgende Methoden:

Locken Sie können den Hund in eine bestimmte Position bringen, indem Sie ein Leckerchen vor seine Nase halten und es langsam in die gewünschte Richtung bewegen. Es muss groß genug sein, dass der Hund zwischendurch daran lecken und knabbern kann, damit es interessant bleibt. Der Körper des Hundes folgt immer seiner Nase.

Hat er die gewünschte Position erreicht, geben Sie ihm das Leckerchen als Belohnung. So lernt er, dass die Aktion positive Folgen hat. Die Chancen stehen gut, dass er sie beim nächsten Mal schon bereitwilliger ausführt. Locken wirkt besonders bei Welpen und unerfahrenen Hunden.

Formen (Shaping) Macht der Hund zufällig eine Bewegung in die gewünschte Richtung und wird dafür belohnt, lernt er mit der Zeit, wohin er gehen muss, um die Belohnung zu bekommen. Sein Verhalten wird „geformt", indem er anfangs schon für kleine Schritte in die richtige Richtung belohnt wird, später aber erst dann die Belohnung erhält, wenn er das Ziel erreicht hat.

Diese Methode eignet sich für erfahrene Hunde, die schon wissen, dass sie Verschiedenes ausprobieren müssen, um herauszufinden, was ihr Halter von ihnen will.

△ **Von anderen lernen**
Hunde übernehmen natürliches Verhalten, wie das Anbellen von Fremden, komplexe Verhaltensweisen lernen sie durch Nachahmung nur schwer.

◁ **Immer dem Leckerchen nach**
Mit einem Leckerchen lässt sich der junge Hund gut locken und zu Aktionen bringen, die dann belohnt werden.

Target-Training Bringt man dem Hund bei, ein Zielobjekt (Target) mit Nase oder Pfote zu berühren, kann man ihn an bestimmte Stellen führen. Mit dieser Methode kann man dem Hund Aktionen beibringen, die nicht seinem natürlichem Verhalten entsprechen, wie z. B. den Lichtschalter zu drücken.

Mimikry Hunde können das Verhalten anderer Tiere nur schwer nachahmen. Daher ist diese Methode nicht effektiv. Hunde lernen, indem sie in natürliches Hundeverhalten, wie das Anbellen von Fremden, mit einfallen, können aber komplexe Handlungen auf diese Weise kaum von anderen erlernen.

Zwang Viele Leute drücken ihren Hund herunter, wenn er »Sitz!« lernen soll. Das ist aber nicht nur für die empfindlichen Knochen von Welpen und zarten Hunden gefährlich, sondern bringt den Hund dazu, gegenzuhalten. Jeglicher Zwang sorgt dafür, dass der Hund eine Aktion langsamer erlernt.

△ **Target-Training**
Mit Target-Training erlernen Hunde Verhalten, das nicht natürlich für sie ist. Dieser Hund lernt z. B. eine Schranktür zu schließen.

Handsignale

Hat der Hund eine Aktion erlernt, können Sie sie mit einem Signal verbinden. Handsignale sollten direkt vor der Aktion erfolgen (S. 112–113), damit der Hund die Verknüpfung versteht. Nach ausreichend Wiederholung führt der Hund die Aktion auf Handzeichen aus.

»SITZ!«
Die Hand wird flach von unten nach oben geführt. Beginnen Sie mit einer übertriebenen Bewegung vom Oberschenkel bis zur Schulter. Die Handfläche zeigt dabei nach oben. Kennt der Hund die Bewegung, kann man sie langsam kleiner gestalten.
›› 122–123

»HIER!«
Das Signal für »Hier!« ist das Ausbreiten der Arme, um den Hund freudig in Empfang zu nehmen. Die Bewegung beginnt mit den Armen an der Seite des Körpers. Begeben Sie sich anfangs für das Signal in die Hocke, legen Sie die Hände vor dem Körper zusammen und breiten sie dann weit aus.
›› 124–125

»WARTE!«
Die Hand wird flach gehalten, langsam in Richtung Gesicht des Hundes herabgeführt und dann gehalten. Der Hund sollte Sie aber an der Hand vorbei ansehen können, sonst bewegt er sich, um Blickkontakt zu bekommen.
›› 128–129

»PLATZ!«
Die flache Hand wird abwärtsgeführt. Beginnen Sie mit einer übertriebenen Bewegung von der Schulter hinab zum Oberschenkel. Die Handfläche zeigt nach unten. Kennt der Hund die Bewegung, kann man sie langsam kleiner gestalten.
›› 126–127

»BEI FUSS!«
Als Handsignal legt man die Hand an die Hüfte. Da Bewegungen deutlicher sind als Positionen, können Sie anfangs auf die Hüfte klopfen, damit der Hund näher kommt und schnüffelt. Dafür wird er belohnt. Mit etwas Übung müssen Sie die Hand nicht mehr bewegen, sondern können sie ruhig halten.
›› 132–133

»STEH!«
Die Hand wird vor die Nase des Hundes gehalten und dann nach hinten geführt. Die Bewegung ähnelt dem Locken und wird daher meist schnell gelernt. Weiß der Hund, was er tun soll, kann die Bewegung verringert werden.
›› 130–131

WIE HUNDE LERNEN

Timing

Timing ist ausschlaggebend für den Trainingserfolg. Gutes Timing beschleunigt den Lernprozess und fördert die Kommunikation mit dem Hund. So versteht er schnell, was Sie wollen.

Schnelle Reaktion

Sie können Ihrem Hund nur mitteilen, dass er etwas richtig gemacht hat, indem Sie ihn sofort im Anschluss daran loben. Denken Sie immer daran, dass er eine Handlung, die belohnt wird, mit hoher Wahrscheinlichkeit wiederholt. Da er aber nur bestimmte Aktionen, wie etwa das »Sitz!«, wiederholen soll und nicht das danach folgende Aufstehen, müssen Sie schnell reagieren und genau im richtigen Moment belohnen, in diesem Fall wenn der Hund noch sitzt, nicht erst, wenn er wieder aufsteht.

Sofort belohnen

Beobachten Sie ihren Hund genau, wenn Sie ihn zu einer Aktion motivieren. Lernen Sie vorherzusehen, wann er die gewünschte Position

△ **Sofort im Anschluss belohnen**
Soll der Hund »Sitz!« lernen, beobachten Sie ihn genau und belohnen ihn, sobald sein Hinterteil den Boden berührt. Dann weiß er beim nächsten Mal, was Sie von ihm wollen.

▷ **Seien Sie bereit**
Dauert es bis zur Belohnung länger als zwei Sekunden, denkt der Hund schon wieder an etwas ganz anderes und nicht an das, was Sie belohnen wollten.

Handsignal und Kommando — **Aktion** — **positive Verstärkung**

einnehmen oder die richtige Aktion ausführen wird und halten Sie die Belohnung bereit, um ihn unmittelbar danach belohnen zu können. Haben Sie Leckerchen oder Spielzeug griffbereit und beginnen Sie danach zu greifen, wenn der Hund die gewünschte Aktion einleitet. Aber Vorsicht: Kann der Hund die Belohnung sehen, lenkt ihn das schnell von seiner Aufgabe ab. Halten Sie sie also versteckt, wenn Sie sie nicht als Lockmittel benutzen.

Sobald der Hund die gewünschte Aktion ausführt, muss er sofort belohnt werden. Seien Sie darauf vorbereitet. Halten Sie etwa ein Leckerchen versteckt in der Hand, aber weit genug von der Nase des Hundes entfernt, sonst riecht er es und ist vom Training abgelenkt. Wenn Sie zu spät belohnen und Ihr Hund schon wieder mit etwas ganz anderem beschäftigt ist, wird er die Belohnung mit dieser anderen Aktion in Verbindung bringen und nicht das lernen, was Sie möchten. Er wird verwirrt reagieren oder etwas anderes tun als Sie von ihm erwarten und die Trainingseinheit wird für Sie und den Hund zur frustrierenden Erfahrung.

Signaleinführung

Damit der Hund eine Aktion mit einem bestimmten Signal verknüpfen kann, also beispielsweise mit dem Kommando »Platz!« oder mit dem passenden Handsignal (s. o.), geben Sie ihm das Signal kurz bevor Sie die Aktion wie gewohnt einleiten. Je öfter Sie Aktion und Signal kombinieren, desto schneller wird der Hund beides miteinander

△ **Das Timing ist entscheidend**
Erst werden Kommando und Handsignal gegeben. Dann wird der Hund wie gehabt in die gewünschte Position gelockt. Hat er das Gewünschte ausgeführt, wird er sofort belohnt. Lassen Sie später zwischen Signal/Kommando und der Aktion eine kleine Pause, um zu prüfen, ob der Hund das Signal inzwischen versteht.

verknüpfen. Bald wird er auf das Signal (Handsignal oder Kommando) allein reagieren und muss nicht länger in die gewünschte Position gelockt werden.

Signale erlernen

Wenn Sie eine neue Aktion einüben, motivieren Sie den Hund zunächst mit Leckerchen oder anderen Mitteln, bis er die Aktion beherrscht. Erst dann führen Sie Handsignal und Kommando ein, damit er beides verknüpfen kann. Lassen Sie später eine kleine Pause zwischen Signal und der Motivation zur Aktion, damit der Hund Zeit hat nachzudenken, was Sie wollen. Belohnen Sie anfangs schon jede kleine Bewegung in die richtige Richtung und später dann nur noch die komplette Aktion.

> »Lernen Sie **vorauszusehen,** wann er die **richtige Aktion** ausführen wird und halten Sie die **Belohnung** bereit.«

Verknüpfungen

Hunde lernen eine Reihe von Verknüpfungen, wenn wir ihnen ein Kommando wie »Sitz!« beibringen. Damit das Kommando später immer funktioniert, müssen wir es in unterschiedlicher Umgebungen trainieren.

Reaktion auf Signal

Lernt der Hund auf ein Signal zu reagieren, verknüpft er ein Handsignal oder Kommando mit einer ganz bestimmten Aktion. Durch mehrfache Wiederholung lernt er, diese bestimmte Aktion immer auszuführen, sobald er das Signal sieht oder hört.

Der Hund verknüpft die Aktion aber nicht nur mit dem Zeichen, sondern mit vielen anderen Umständen. Üben Sie mit Ihrem Welpen z.B. vor dem Fressen »Sitz!«, meinen Sie vielleicht, er habe das Wort »Sitz!« gelernt. Eigentlich hat er aber gelernt, dass er in der Küche, wenn Sie seinen Napf in der Hand halten und »Sitz!« sagen, nur das Hinterteil absenken muss, um an sein Futter zu kommen. Lassen Sie einen dieser

▽ **Erlernte Verknüpfungen**
Dieser Welpe hat gelernt, dass er sich hinsetzen muss, wenn Frauchen mit dem Napf in der Küche steht und er sein Futter haben will.

Faktoren weg und er wird Sie erst einmal nicht mehr verstehen.

Damit das Signal immer funktioniert, muss man dieselbe Lektion in verschiedenen Situationen üben. Da das Signal dann das Einzige ist, was gleich bleibt, verknüpft der Hund irgendwann nur noch das Signal mit der bestimmten Aktion.

Zudem ist es wichtig, dass Sie beim Geben des Signals unterschiedliche Haltungen einnehmen. Wenn Sie Ihren Hund immer nur vor sich »Sitz!« haben machen lassen und er nun plötzlich neben Ihnen »Sitz!« machen soll, wird er sich erst vor Sie hinstellen und sich dann setzen. Indem Sie Ihre Position im Training öfter verändern, wird er lernen, dass er belohnt wird, wo auch immer er sich auf Kommando hinsetzt.

All das braucht viel Zeit und Geduld. Bestrafen Sie Ihren Hund nie, wenn er nicht gehorcht – er versteht Sie schlicht nicht. Zeigen Sie ihm ganz ruhig was zu tun ist und belohnen Sie ihn hinterher dafür.

Kommandos lernen

Das einzige Kommando, das die meisten Hunde wirklich beherrschen, ist das Kommando »Sitz!«. Häufig ist es nämlich das einzige Kommando, das ihre Halter in allen möglichen Situationen wiederholen, bis es klappt. Hunde können aber Hunderte Kommandos erlernen, wenn man sie ihnen sorgfältig beibringt. Soll Ihr Hund die wichtigsten Kommandos, wie »Hier!«, »Platz!«, »Bleib!« und »Bei Fuß!« beherrschen, müssen Sie konsequent mit ihm üben und jedes einzelne in unterschiedlichsten Situationen und Umgebungen trainieren.

△ **An verschiedenen Orten üben**
Dieser Welpe lernt, sich auf Kommando zu setzen, wenn er vor seiner Halterin im Garten steht – er lernt »Sitz!« an einem anderen Ort auszuführen als bisher.

▷ **Auf Kommando sitzen**
Hier lernt derselbe Welpe, dass er für »Sitz!« auch belohnt wird, wenn seine Halterin das Kommando im Sitzen gibt. Nach viel Training wird er verstehen, was das Kommando bedeutet.

WIE HUNDE LERNEN

Böser Hund?
Erziehungsprobleme lassen sich viel einfacher aus dem Weg räumen, wenn man sich einmal in die Lage des Hundes versetzt, um herauszufinden, was er für eine gute Belohnung hält. Gestalten Sie das Training so, dass er eine echte Belohnung erhält, wenn er das tut, was Sie von ihm möchten.

Unarten abtrainieren

Durch schlechtes Timing oder falsche Belohnung entwickeln Hunde ungewollt schlechte Angewohnheiten. Solche Unarten lassen sich aber auch wieder abtrainieren, wenn man geduldig mit dem Hund übt.

Umlernen

Hunde können umlernen und »schlechte« Gewohnheiten ablegen. Dazu muss man herausfinden, welche »Belohnung« sie für sich daraus ziehen. So belohnen viele Halter ihre Hunde unwissentlich dafür, dass sie an ihnen hochspringen (S. 188–189), oder sie belohnen ungewollte Aktionen mit Aufmerksamkeit. Soll der Hund aber erfolgreich umlernen, muss man zunächst sicherstellen, dass er sich wirklich wohlfühlt. Dies mag banal erscheinen, aber häufig versuchen Hunde, durch »schlechtes« Verhalten auf sich aufmerksam zu machen. Um dies herauszufinden, kann es helfen, sich in ihre Lage zu versetzen.

Damit der Hund sich eine »Unart« abgewöhnt, muss die gesamte Familie zusammenarbeiten und dieses Verhalten ignorieren. Das kann schwierig sein, besonders wenn der Hund heftig bellt. Warnen Sie in diesem Fall am besten die Nachbarn vor. Sie müssen solches Bellen wirklich komplett ignorieren, den Hund also weder ansehen, noch ansprechen oder berühren. Wenden Sie sich ab und tun Sie so, als würde es Sie nicht interessieren. Schimpfen Sie nicht mit dem Hund, denn für manche Hunde ist selbst das besser als ignoriert zu werden. Bringt die Handlung die Belohnung mit sich, wie etwa das Schlafen auf dem Sofa, müssen Sie es dem Hund abgewöhnen, indem Sie dem Hund stattdessen etwas anderes, ebenso Lohnenswertes anbieten.

Schlimmere Unarten

Seien Sie darauf gefasst, dass sich das Verhalten Ihres Hundes für kurze Zeit eher verschlechtert als verbessert. Wenn seine bisher so erfolgreiche Taktik nicht mehr funktioniert, wird er noch heftiger versuchen, zu bekommen, was er will. Er wird frustriert sein und

△ **»Ich mach's mir gemütlich.«**
Für manche Halter ist es normal, dass der Hund es sich auf dem Sofa gemütlich macht, andere möchten, dass er auf dem Boden schläft.

△ **»Komm runter!«**
Wenn der Hund sich auf dem Sofa hingelegt hat, hat er es gemütlich und das ist seine Belohnung. Er wird also versuchen, es wieder zu tun.

△ **Keine Belohnung**
Legen Sie dem Hund eine lange Leine an, mit der Sie verhindern, dass er sich auf dem Sofa niederlässt. So wird seine Handlung nicht belohnt.

△ **Reagieren Sie schnell**
Sie müssen schnell reagieren, damit er es sich nicht bequem macht. Sie müssen also ständig auf der Hut sein, bis er das Verhalten ablegt.

△ **Eine gute Alternative**
Wenn Sie dem Hund einen anderen gemütlichen Platz anbieten, an dem er sich ebenfalls wohlfühlt, wird er sich schnell umgewöhnen.

genau deswegen verschlimmert sich sein Verhalten. Wenn Sie seine Unart aber weiter ignorieren, wird er begreifen, dass dieses Verhalten nicht mehr funktioniert. Man muss sich merken, dass jedes Verhalten, das nicht belohnt wird, irgendwann eingestellt wird, auch wenn es länger dauert.

Beschleunigen Sie den Prozess, indem Sie ein anderes Verhalten stattdessen belohnen, wie etwa nicht bellen. Sobald der Hund begreift, welches »gute« Verhalten belohnt wird, stellt er das »schlechte«, nicht mehr belohnte Verhalten ein.

Kleine Ausrutscher

Auch bei noch so gutem Training müssen Sie gelegentlich mit Ausrutschern rechnen, denn ein Hund

»**Für kurze Zeit** kann sein **Verhalten schlechter statt besser** werden.«

vergisst ein Verhalten nicht, das einmal belohnt wurde, besonders wenn dies über lange Zeit geschah. Ignorieren Sie das Verhalten und er wird es wieder einstellen.

Achten Sie darauf, unerwünschtes Verhalten nicht ungewollt zu belohnen, z.B. indem Sie schimpfen, wenn der Hund an Ihnen hochspringt.

Besser vorbeugen

Da der Hund sich gut merkt, welches Verhalten belohnt wird, besonders wenn er es als Welpe im ersten Lebensjahr erlernt hat, ist es besser, man hindert ihn von Anfang an daran, unerwünschte Gewohnheiten anzunehmen. Wenn er als Welpe nie auf Bett oder Sofa springen darf, wird er nur auf seinem Platz schlafen. Wenn sich alle zur Begrüßung zu ihm herunterbeugen und ihn davon abhalten, an Besuchern hochzuspringen, wird er brav auf seinen vier Pfoten bleiben.

Grundkommandos

Ein gut erzogener Hund bereitet viel Freude und kann an allen Aktivitäten teilhaben, statt immer zu Hause bleiben zu müssen. Er ist problemloser zu handhaben und es bleibt mehr Zeit für Spiel und Spaß. Dieses Kapitel stellt erste einfache Übungen vor, mit denen Sie Ihrem Hund mitteilen können, was Sie von ihm wollen, und mit denen Sie seine Handlungen kontrollieren können. Damit legt man die Grundlagen für die später vorgestellten schwierigeren Übungen, mit denen wir seine Erziehung ausbauen und ihm nützliche Fertigkeiten, Tricks und Sportliches beibringen.

FREUDIGER BEGLEITER
Bei positiven Anreizen, wie Lob, Belohnung und Leckerchen, arbeitet der Hund begeistert mit und will unbedingt gefallen.

»Sitz!«

»Sitz!« ist eine der einfachsten Übungen und ein guter Anfang für die Erziehung des Hundes. Mit dieser Lektion beginnen die meisten Halter die Erziehung und es ist das am häufigsten genutzte Kommando.

Ein sitzender Hund springt nicht auf, rennt nicht weg, drängelt sich nicht durch Türen oder benimmt sich auf andere Weise daneben. Bringt man ihm »Sitz!« bei, hat man Kontrolle und kann ihn an einer Stelle halten. Zudem nehmen die meisten Hunde diese Position nach kurzer Zeit von selbst ein, wenn ihr Halter etwas hat, das sie haben möchten, da sie in dieser Haltung am häufigsten gelobt werden.

1. ▲ »Aufgepasst!«
Halten Sie dem Hund ein Leckerchen hin und lassen Sie ihn kurz daran lecken. Heben Sie die Hand mit dem Leckerchen langsam höher, sodass er ihr mit der Nase folgt.

2. ▷ Weiter anheben
Führen Sie das Leckerchen langsam über seinen Kopf nach hinten, bis er in seinen Bemühungen, ihm mit der Nase zu folgen, von selbst das Hinterteil absenkt.

Praxistipps

Sobald sich der Hund leicht in die Sitzposition locken lässt, geben Sie direkt davor das Kommando »Sitz!«. Fahren Sie damit fort, während Sie ihm das Handsignal beibringen (rechts). Sobald Ihr Hund gut auf das Handsignal reagiert, können Sie beginnen, die Bewegung des Handsignals kleiner zu gestalten. Wenn Sie das Kommando »Sitz!« immer vor dem Handsignal und dem Locken geben, reagiert der Hund irgendwann allein auf das Kommando.

Vergessen Sie nicht, »Sitz!« an verschiedenen Orten und in unterschiedlichen Haltungen (S. 114–115), sowie in immer stärker ablenkenden Umgebungen zu trainieren.

Handsignal
Lässt sich der Hund gut in die Sitzposition locken, kann er das Handsignal lernen. Ist er aufmerksam, geben Sie deutlich das Handsignal, warten kurz und locken ihn dann wie gewohnt.

Konzentriert sich der Hund während der Trainingseinheiten nicht genügend, versuchen Sie seine Aufmerksamkeit mit einem für ihn schmackhafteren Leckerchen (*S. 206–207*) zu steigern.

Für diese Übung ist die richtige Position des Leckerchens wichtig. Halten Sie es nicht zu weit vor seine Nase und nicht zu weit hinter seinen Kopf.

Hochspringen
Muss der Hund springen, um an das Leckerchen zu kommen, halten Sie die Hand tiefer, damit er sie während des Lockens immer erreichen kann.

3 △

Belohnung
Sobald sein Hinterteil den Boden berührt, geben Sie ihm das Leckerchen und loben ihn begeistert. Geben Sie ihm ruhig zwei bis drei weitere Leckerchen, wenn er sitzen bleibt.

GRUNDKOMMANDOS

»Hier!«

Das Kommen auf Zuruf ist ein wichtiger Schritt, der es Ihnen ermöglicht, den Hund sicher von der Leine zu lassen, weil Sie ihn jederzeit zurückrufen und ihm deshalb mehr Freiheit und Auslauf geben können.

Die hier gezeigten ersten Schritte der Übung »Hier!« sind recht einfach. Sobald der Hund sie beherrscht, kann man auch außer Haus beginnen, das Rückrufen zu üben (S. 146–147). Ein Hund, der auf Zuruf kommt, ist einfacher zu handhaben. Kommt er auch aus großer Entfernung zuverlässig zurück, sobald man ihn ruft, sind Spaziergänge für Hund und Halter viel sicherer und entspannter.

1 ▵

Anreiz bieten
Beginnen Sie in einer für den Hund vertrauten Umgebung. Eine zweite Person hält den Hund fest, während Sie ihm ein Leckerchen zeigen und ihn daran schnüffeln lassen.

2 ▷

»Hier!«
Treten Sie leicht zurück (etwa 2 m), hocken Sie sich hin und breiten Sie die Arme weit aus. Fordern Sie ihn dann mit »Hier!« und aufmunternder Stimme auf, zu Ihnen zu kommen.

3.

Anlocken
Kommt der Hund auf Ihren Zuruf näher, halten Sie ihm das Leckerchen entgegen und locken Sie ihn zu sich heran.

4.

Das Halsband ergreifen
Locken Sie ihn mit dem Leckerchen noch näher. Greifen Sie mit der anderen Hand unter seinem Kinn sanft das Halsband.

> »Die Belohnung muss sich immer lohnen.«

5.

»Fein gemacht!«
Ist der Hund ganz nah, halten Sie das Halsband fest und geben ihm das Leckerchen. Loben Sie ihn, damit er an der Übung Spaß hat und beim nächsten Mal gerne kommt.

GRUNDKOMMANDOS

Praxistipps

Beim Üben sollten Sie den Hund nur rufen, wenn die Chancen gut stehen, dass er sofort reagiert. Das unterstützt den Lernerfolg. Kommt der Hund nicht, probieren Sie es mit einem interessanteren Leckerchen.

Ist der Hund schüchtern, drehen Sie sich beim Rufen seitlich und vermeiden Sie den direkten Blickkontakt mit ihm.

Rufen Sie nicht zu häufig, wenn der Hund weiß, was er tun soll, und auch nur, wenn Sie ihm etwas Lohnendes bieten können.

Schimpfen Sie nie mit dem Hund, wenn er auf Zuruf zu Ihnen kommt, auch wenn er nicht sofort nach dem Ruf kommt.

Lautstärke und Tonfall sollten beim Ruf immer gleich sein, auch wenn Sie bei Gefahr rufen, sonst erkennt der Hund den Ruf vielleicht nicht.

Körpersignal für »Hier!«
Körpersignale lernt der Hund schnell und sie helfen, wenn er Sie nicht hören kann. Gehen Sie von der Hocke (Foto links) langsam zum Stehen über.

»Platz!«

Ein Hund, der sich auf Kommando hinlegt, ist in vielen Situationen leichter zu kontrollieren. Zudem ist Liegen eine stabilere Position als Sitzen, wenn er längere Zeit an einem Fleck bleiben soll.

»Platz!« gehört zu den Grundkommandos, auf das man später für Ablegen (S. 192) und Platz in Entfernung (S. 152–153) aufbauen kann. Es ist einfach zu üben, aber es braucht Geduld, bis der Hund die Position einnimmt. Wird er für Hinlegen auf Kommando genauso oft gelobt wie für das Sitzen, wird er beides bald gut beherrschen.

1. △
»Aufgepasst!«
Üben Sie »Platz!« nur in vertrauter Umgebung. Lassen Sie den Hund sitzen (S. 122–123) und bringen Sie ihn mit einem Leckerchen dazu, den Kopf nach unten zu bewegen. Lassen Sie ihn daran lecken und schnüffeln, damit er dem Leckerchen folgt.

2. ▷
Locken Sie ihn
Führen Sie das Leckerchen langsam nach unten. Verfolgt der Hund es nicht mehr, fangen Sie wieder von vorn an und geben ihm das Leckerchen kurz vor dem Punkt, an dem er abgebrochen hatte. Üben Sie sofort mit einem neuen Leckerchen.

Praxistipps

Führen Sie das Handsignal (S. 110–111) anfangs stark übertrieben aus. Bewegen Sie die Hand mit dem Leckerchen bis zum Boden herab, damit der Hund ihr folgen kann.

Bedenken Sie, dass sich der Hund im Liegen angreifbar fühlt, besonders in Situationen, in denen er unsicher ist, wie etwa im Beisein anderer Hunde.

Handsignal
Sobald der Hund die Übung mit Leckerchen beherrscht, trainieren Sie das Handsignal. Geben Sie das Signal und locken ihn dann wie gewohnt mit dem Leckerchen.

Hat der Hund das Handsignal für »Platz!« gelernt, können Sie ihm das Kommando beibringen. Geben Sie das Kommando »Platz!« immer kurz vor dem Handsignal. So wird er sich bald hinlegen, wenn er das Wort »Platz!« hört.

Sobald der Hund die Übung beherrscht, können Sie mit ihm an verschiedenen Orten und in unterschiedlicher Haltung üben (S. 114–115). Irgendwann beherrscht er »Platz!« auch bei viel Ablenkung.

3.
Belohnung
Sobald der Hund den Boden mit den Ellenbogen berührt, belohnen Sie ihn. Loben Sie ihn intensiv und geben Sie ein zweites Leckerchen, solange er liegen bleibt, damit er wirklich versteht, worin die Aufgabe besteht.

»**Bitten** Sie den Hund nur an **solchen Orten, sich hinzulegen,** an denen er sich **sicher fühlt.**«

GRUNDKOMMANDOS

»Versuch's noch mal.«
Lassen Sie den Hund erst »Sitz!« machen und halten Sie das Leckerchen etwas weiter weg, damit er genügend Platz hat, sich hinzulegen.

Unter der Brücke durch
Hat der Hund Probleme mit dieser Position, locken Sie den Hund unter Ihren Beinen hindurch. Will er das Leckerchen, muss er sich hinlegen.

Unbehagen vermeiden
Hunde mit tiefer, schmaler Brust oder wenig Bauchfell liegen häufig ungern auf harten Böden. Üben Sie auf einer weichen Unterlage.

»Warte!«

»Warte!« ist eine einfache Übung, die Ihnen das Leben erleichtert, da der Hund ruhig wartet, während Sie etwas anderes tun, wie etwa sein Futter auf den Boden stellen oder eine Tür öffnen.

Bringen Sie dem Hund »Warte!« erst bei, wenn er »Sitz!« (S. 122–123) verlässlich beherrscht. Diese Übung ist für den Hund nicht sonderlich interessant, da er nichts tun darf. Üben Sie anfangs daher am besten, wenn der Hund müde ist und gerne sitzen bleibt. Sobald er gelernt hat, dass er nur sitzen bleiben muss, um sein Leckerchen zu bekommen, können Sie anfangen, sich dabei zu bewegen.

1.
»Sitz!«, dann »Warte!«
Lassen Sie den Hund sitzen. Ist er aufmerksam, sagen Sie »Warte!« und geben ihm das Handsignal. Bewegt er sich, beginnen Sie von vorn, geben das Handsignal aber langsamer, da schnelle Bewegungen ihn animieren können.

2.
Belohnung
Bleibt er sitzen, belohnen Sie ihn mit zwei oder drei Leckerchen. Üben Sie dies, bis er zuverlässig wartet, dann verzögern Sie die Belohnung ein wenig. Verlängern Sie diese Pause langsam, bis er etwa zwei Minuten wartet.

> »Lassen Sie Ihren Hund an **unsicheren** Stellen **nie** in Warte-Position **allein**.«

3. Langsam rückwärts gehen

Geben Sie Kommando und Handsignal, setzen einen Fuß zurück, verlagern das Gewicht zurück, dann wieder vor und belohnen den Hund. Bewegt er sich, wiederholen Sie, bewegen sich dabei aber langsamer.

4. Den Hund umkreisen

Entfernen Sie sich bei den nächsten Übungseinheiten weiter vom Hund und umkreisen Sie ihn. Aber Achtung: Viele Hunde stehen auf, wenn man hinter sie tritt, da sie einen nicht mehr sehen.

5. Üben aus der Entfernung

Wenn der Hund nach viel Training versteht, was er tun soll, können Sie den Abstand weiter vergrößern. Gehen Sie zum Belohnen aber immer zum Hund zurück, damit er weiß, dass er bleiben muss, um belohnt zu werden.

Praxistipps

Hat der Hund verstanden, was er tun soll, können Sie »Warte!« in verschiedenen Situationen üben, wie etwa an einer Tür (S. 194–195). Wird das Kommando aufgehoben, darf er etwas Spannendes tun, wie durch die Tür laufen. Belohnen Sie ihn immer erst gut für »Warte!«, bevor Sie das Kommando wieder aufheben. Sonst verknüpft er die Belohnung mit dem Aufheben des Kommandos.

Handsignal
»Warte!« gehört zu den Übungen, bei der das Handzeichen von Anfang an benutzt wird. Handzeichen immer langsam und ruhig geben.

»Bleib liegen!«
Sie können diese Übung auch mit dem liegenden Hund durchführen (S. 126–127). Im Liegen sind Hunde oftmals entspannter.

»Steh!«

»Steh!« kann ein sehr nützliches Kommando sein, wenn der Hund z. B. im Stehen abgetrocknet werden soll. Auch beim Tierarztbesuch ist dieses Kommando oft sehr hilfreich.

Die Standposition ist besonders wichtig, wenn Sie mit Ihrem Hund an Hundeschauen teilnehmen möchten, sie kann aber auch im Alltag nützlich sein, z.B. wenn Sie dem Hund das Geschirr anlegen oder seine Pfoten abwaschen wollen. Bevor Sie »Steh!« üben, sollte der Hund »Sitz!« (S. 122–123) beherrschen.

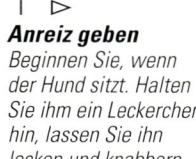

1 ▷
Anreiz geben
Beginnen Sie, wenn der Hund sitzt. Halten Sie ihm ein Leckerchen hin, lassen Sie ihn lecken und knabbern und führen Sie es dann langsam von ihm weg.

2 △
Locken Sie ihn zu sich
Schiebt der Hund den Kopf vor, um an das Leckerchen zu kommen, bewegen Sie es weiter von ihm weg, bis er aufstehen muss, um es zu erreichen.

Praxistipps

Bewegen Sie das Leckerchen nur so weit, dass der Hund aufstehen muss. Geben Sie es ihm, sobald er steht, damit er nicht auf Sie zugehen muss.

Geben Sie das Kommando »Steh!«, kurz bevor Sie den Hund mit Leckerchen locken. Beherrscht der Hund das Handsignal, machen Sie eine Pause zwischen Handsignal und Kommando, damit er Zeit hat, darauf zu reagieren.

Handsignal
Beherrscht der Hund »Steh!«, wandeln Sie das Locken mit einer übertriebenen Bewegung zum Handsignal um. Verringern Sie die Handbewegung später langsam wieder (S. 110–111).

Vergessen Sie nicht, »Steh!« an unterschiedlichen Orten und in verschiedenen Haltungen zu üben (S. 144–145), bis der Hund darauf auch in ablenkender Umgebung reagiert.

Schauhunde müssen lange Zeit stillstehen können. Wenn Sie Ihren Hund ausstellen möchten, ist es sinnvoll, »Steh!« als Allzweck-Kommando einzusetzen, so wie andere Halter »Sitz!« verwenden. Verlängern Sie die Stehzeit langsam, indem Sie die Belohnung hinauszögern.

3
Loben Sie ihn
Geben Sie ihm das Leckerchen und loben Sie ihn, sobald er steht und bevor er einen Schritt nach vorn macht. Bauen Sie das Locken beim weiteren Üben langsam zum Handsignal mit flacher Hand (links unten) aus.

»Fuß!«

Dies ist eine der schwierigsten Lektionen für den Hund, aber viel Üben zahlt sich aus, denn er lernt, entspannt neben Ihnen zu laufen. Sie brauchen viel Geduld, um dies zu erreichen. Tipps finden Sie hier und auf S. 134–135.

Regelmäßige Spaziergänge sind wichtig für die körperliche und mentale Gesundheit Ihres Hundes. Wenn Sie Ihrem Hund so früh wie möglich beibringen, an der lockeren Leine neben Ihnen zu laufen, machen diese Spaziergänge viel Spaß und sind entspannend. Sobald er es beherrscht, üben Sie an verschiedenen Orten mit zunehmend starken Ablenkungen. Bringen Sie ihm dann bei, nicht an der Leine zu ziehen, sondern immer locker neben Ihnen herzulaufen.

> »**Erhöhen** Sie nach und nach die **Anzahl** Ihrer **Schritte**.«

1 △
In Position bringen
Halten Sie die Leine in der rechten Hand am Körper. Locken Sie den Hund mit einem Leckerchen in der linken Hand neben Ihr linkes Bein und belohnen Sie ihn, wenn er dort ankommt.

2 ▽
»Fuß!«
Halten Sie ein zweites Leckerchen so über seinen Kopf, dass er es sehen kann. Sprechen Sie ihn an, damit er aufpasst, und geben Sie das Kommando »Fuß!«.

Praxistipps

Zu Beginn jedes Trainings und wenn Sie an einem neuen Ort üben, wird der Hund wieder nach dem ersten Schritt belohnt, bis er die Übung beherrscht.

Hat der Hund die Übung gelernt, machen Sie das Handsignal (rechts), bevor Sie losgehen. Läuft er vorher los, locken Sie ihn in die Ausgangsposition zurück, bevor Sie erneut beginnen.

Handsignal
Bringen Sie Ihrem Hund das Handsignal bei (S. 110–111). Die Hand an der Hüfte ist ein gutes Signal, nahe bei Ihnen zu bleiben.

Lassen Sie den Hund immer auf derselben Seite neben sich laufen. Falls nötig, können Sie ihm später auch beibringen, auf der anderen Seite zu laufen, sobald er die Übung beherrscht.

Anfangs ist die Koordination von Hund, Leine und Leckerchen schwierig. Halten Sie ab und zu an, bringen Sie den Hund in Position und belohnen Sie ihn. Gehen Sie erst weiter, wenn er bereit ist und loben Sie ihn, wenn er nah bei Ihnen geht.

Schritt und Belohnung
Machen Sie sofort einen Schritt vor und belohnen Sie ihn mit Leckerchen und Lob, wenn er folgt. Belohnen Sie beim nächsten Mal nach zwei Schritten, dann nach drei usw.

4

Weiter üben
Üben Sie auf diese Weise weiter und erhöhen Sie nach und nach die Anzahl Ihrer Schritte, bevor Sie den Hund belohnen.

Länge der Leine
Halten Sie das Ende in der rechten Hand und der Hund steht neben Ihnen, sollte die Leine leicht durchhängen, aber nicht den Boden berühren.

»Nicht springen!«
Springt der Hund im Lauf, um an das Leckerchen zu kommen, halten Sie es höher und gehen Sie weiter, bis er aufhört. Dann belohnen Sie ihn.

Ganz ohne Zwang
Kontrollieren Sie den Hund nicht mit der Leine, sondern locken Sie ihn mit der linken Hand immer wieder in Position, wenn er vorlaufen will.

Leinenführigkeit

Der Hund muss lernen nicht zu ziehen, wenn er an der Leine läuft. Bevor Sie dies trainieren, sollte der Hund allerdings das Kommando »Fuß!« gut beherrschen (S. 132–133).

Wann immer Sie mit Ihrem Hund an einen neuen Ort kommen, wird er von unbekannten Gerüchen und Dingen magisch angezogen. Bevor er lernt, dass er in keiner Umgebung an der Leine ziehen darf, muss er an der lockeren Leine entspannt und dicht neben Ihnen laufen können (S. 132–133). Beginnen Sie zum Aufwärmen damit, die Übungen aus dem ersten Teil nochmals zu wiederholen.

1.
Normal gehen
Gehen Sie normal, bis der Hund zu ziehen beginnt. Halten Sie die Hand mit der Leine vor den Körper, so bleibt die Leine immer gleich lang.

2.
Abrupt anhalten
Sobald die Leine sich strafft, bleiben Sie abrupt stehen. Halten Sie die Hand weiter vor den Körper und geben Sie dem Zug des Hundes nicht nach.

3.
In Ausgangsposition locken
Bleiben Sie stehen, sprechen Sie den Hund an, damit er aufpasst, und locken Sie ihn wieder in Position. Steht er wieder richtig in Ausgangsposition, loben Sie ihn ausgiebig und belohnen ihn mit einem Leckerchen.

4 ▽
Wachsam sein
Achten Sie auf Ablenkungen, z. B. andere Hunde, und halten Sie falls nötig vorsorglich an. Wenn Sie immer anhalten, sobald er zieht, und ihn zurück in Position locken, lernt er, dass Ziehen nicht belohnt wird.

5 ▷
Entspannter Spaziergang
Üben Sie dies, bis Ihr Hund gelernt hat, nicht mehr zu ziehen. Sollte es dennoch wieder passieren, halten Sie an und locken ihn zurück. Loben Sie, wenn der Hund sich bemüht, die Leine durchhängen zu lassen und gewähren Sie ihm dann auch mehr Freiraum.

Praxistipps

Es braucht Geduld und viel Übung, bis der Hund entspannt an der lockeren Leine läuft, besonders, wenn er schon lange Zeit zieht. Bleiben Sie beim Training konsequent und rechnen Sie damit, bis zu 40 Mal stehen bleiben zu müssen. Je mehr der Hund begreift, dass Ziehen nicht lohnt, desto seltener wird es.

Zu viel Energie
Man übt Leinenführigkeit am besten, wenn der Hund sich ausgetobt hat. Lassen Sie ihn überschüssige Energie erst abarbeiten.

Viel üben
Wenn Sie mit der Leine üben, nehmen Sie sich für den Spaziergang extra viel Zeit. Sind Sie in Eile, verwenden Sie besser einen Kopfhalter (*Foto*).

Apportieren 1

Sobald Ihr Hund spielen gelernt hat, bringen Sie ihm das Apportieren bei, damit er Gegenstände zurückbringt und nicht Sie danach laufen müssen. Der Schlüssel zum Erfolg ist sein Lieblingsspielzeug.

Damit der Hund schnell apportieren lernt, ist es wichtig, ein Spielzeug zu finden, das er besonders gern mag. Sobald er ein Spielzeug jagen und aufnehmen kann, können Sie ihn bitten, es zu Ihnen zurückzubringen (S. 138–139). Üben Sie die folgenden Schritte mehrfach, bis Ihr Hund jedes Mal begeistert losrennt und sein Spielzeug aufnimmt, wenn Sie es für ihn werfen.

Spannung erzeugen
Spielen Sie zunächst mit dem Lieblingsspielzeug des Hundes. Seien Sie so begeistert wie möglich, um ihn anzustacheln. Halten Sie das Spielzeug in Bewegung und fordern Sie ihn immer wieder auf.

Das Spielzeug werfen
Ist der Hund ganz aufgeregt, werfen Sie das Spielzeug, damit er läuft und es fängt. Üben Sie zunächst nur in vertrauter, ruhiger Umgebung ohne Ablenkungen.

3 △
»Gut gemacht!«
Nimmt der Hund das Spielzeug auf, loben Sie ihn so lange, wie er es im Maul herumträgt. Fassen Sie es nicht an. Kommt der Hund zu Ihnen, loben Sie ihn und streicheln Rücken und Körper, aber nicht Hals und Kopf.

4 ▷
Runtergefallen
Lässt der Hund das Spielzeug fallen, hören Sie auf zu loben. Animieren Sie ihn entweder mit Zeigen und Aufmunterung, es wieder aufzunehmen oder wiederholen Sie Schritt 1 und 2.

GRUNDKOMMANDOS

Praxistipps

Einige Hunde halten das Spielzeug gerne fest, andere jagen es lieber. Wissen Sie, zu welcher Gruppe Ihr Hund gehört, können Sie das Spiel interessanter gestalten.

Das Spielzeug zum Apportieren soll etwas Besonderes sein und wird deshalb ansonsten versteckt aufbewahrt.

Kontrolle reduziert die Begeisterung. Veranlassen Sie den Hund keinesfalls erst »Sitz!« zu machen, sondern gestalten Sie das Spiel so aufregend und spannend wie möglich.

Ihre Begeisterung ist sehr wichtig. Sie müssen dem Hund zeigen, dass Sie Spaß haben. Üben Sie also nur, wenn Sie gute Laune haben und voller Energie sind!

Draußen ist es toll
Versuchen Sie, Ihren Hund jedes Mal zu begeistern, wenn Sie im Garten, im Park oder auf einem Spaziergang sind.

Apportieren 2

Spielt Ihr Hund begeistert mit einem Spielzeug und trägt es herum, können Sie ihn bitten, es zu Ihnen zu bringen. Diese Übung baut auf den Schritten von Apportieren 1 auf und führt das Kommando »Aus!« ein.

Apportieren bildet die Grundlage für fortgeschrittene Übungen, wie etwa eine Verfolgung abzubrechen (S. 154–155). Einige Hunde lernen schnell zu apportieren, andere müssen dafür lange üben.

Es ist wichtig, beim Training immer geduldig und ruhig zu bleiben. Nimmt man dem Hund das Spielzeug weg, bevor er bereit ist es abzugeben, wird er seinen Halter eher meiden lernen.

»Feiner Hund!«

1.
Den Hund ermuntern
Werfen Sie das Spielzeug und ermuntern Sie den Hund, es aufzunehmen. Gehen Sie dann freudig rückwärts und locken Sie den Hund zu sich.

2.
Stark loben
Halten Sie inne und lassen Sie ihn herankommen. Streicheln Sie ihn am Körper, aber nicht an Nacken und Kopf. Loben Sie ihn weiter, bis er das Interesse an seinem Spielzeug verliert.

3.
Heranholen
Weigert sich der Hund, mit dem Spielzeug näher zu kommen, holen Sie ihn mit einer langen Trainingsleine langsam zu sich heran.

> »Nie dem Hund **nachlaufen**, um das **Spielzeug zu bekommen**.«

»Aus!«

4 ◁ Loslassen
Kommt der Hund bereitwillig mit dem Spielzeug zu Ihnen, können Sie ihm das Loslass-Kommando beibringen. Locken Sie ihn mit einem anderen Spielzeug oder Leckerchen. Wenn Sie »Aus!« sagen, zeigen Sie zu Boden und warten, bis er loslässt.

5 △ Tauschen
Sobald er loslässt, loben Sie ihn herzlich und werfen das andere Spielzeug für ihn oder belohnen ihn unter weiterem Lob mit Leckerchen.

GRUNDKOMMANDOS

Praxistipps

Nehmen Sie dem Hund das Spielzeug nie weg, das er Ihnen bringt. Da Hunde unsere Körpersprache sehr gut lesen können, wird er instinktiv versuchen, sein Spielzeug zu schützen, besonders, wenn man ihm das Spielzeug früher schon weggenommen hat. Sie müssen sein Vertrauen gewinnen und ihn dazu bringen, es selbst abzugeben.

Laufen Sie niemals dem Hund nach, um das Spielzeug zu bekommen. Da die meisten Hunde schneller sind als ihre Halter, würden Sie ihn sowieso nicht einholen.

Ist der Hund bei dieser Übung an der langen Trainingsleine, holen Sie ihn nur sehr sanft zu sich und verheddern Sie sich nicht in der Leine. Üben Sie so nur, wenn keine Kinder, schwache Personen oder andere Hunde in der Nähe sind.

Niemals wegnehmen!
Apportieren üben braucht Zeit. Nehmen Sie dem Hund das Spielzeug nie aus dem Maul, das verlängert die Lernphase nur unnötig.

Apportieren ausbauen

Sobald Ihr Hund gut apportiert, können Sie die Übung weiter ausbauen. Bringen Sie ihm bei zu warten, während Sie werfen, ihnen das Spielzeug in die Hand zu legen oder etwas anderes als Spielzeug zu bringen.

Lernt der Hund zu warten, wenn Sie werfen, wird er in aufregenden Situationen leichter zu kontrollieren sein. Gibt er einem das Spielzeug in die Hand, wird das Spielen bequemer. Kann er liegende Dinge aufheben und verschiedene Objekte apportieren, lassen sich daraus andere Übungen, wie Einkaufstasche tragen (S. 176–177), Leine holen (S. 178–179) und Spielzeug wegräumen (S. 180–181), entwickeln.

1 △
»Warte!«
Ziehen Sie die Leine durch das Halsband und halten Sie beide Enden fest. Geben Sie das Handsignal und Kommando »Warte!« (S. 128–129) und werfen Sie das Spielzeug kurz. Will der Hund hinterher, halten Sie ihn fest.

2 ▽ ▷
Apportieren
Ist das Spielzeug gelandet, fordern Sie ihn mit »Hol's!« auf, es zu holen und lassen ein Ende der Leinenschlaufe los.

»Loben Sie immer, wenn der Hund Ihnen etwas bringt.«

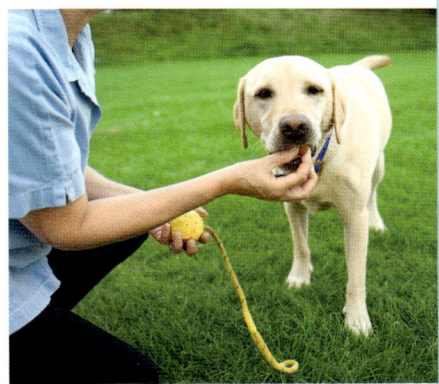

◁ **»Hol's!«**
Üben Sie auch mit liegenden Objekten. Zuerst wird damit geworfen, doch dann legen Sie sie vor dem Kommando einfach hin.

△ **Leckeres Tauschangebot**
Damit der Hund lernt, Ihnen das Spielzeug zu geben, rufen Sie ihn und loben ihn, wenn er kommt. Ist er in Reichweite, bieten Sie ihm ein Leckerchen an und halten Sie die andere Hand unter das Spielzeug.

◁ **Necken**
Um dem Hund beizubringen, etwas anderes als ein Spielzeug aufzunehmen, üben Sie spielerisch mit einem weichen Gegenstand.

GRUNDKOMMANDOS

Praxistipps

Lassen Sie den Hund anfangs nur warten, wenn er sich schon ausgetobt hat. Beginnen Sie mit einem für ihn uninteressanten Spielzeug und werfen Sie es ein kurzes Stück. Steigern Sie die Übung, bis er warten muss, obwohl er voller Energie steckt und im Jagdfieber ist.

Suchen und apportieren
Wenn Sie mit Ihrem Hund üben, alle möglichen Gegenstände zu suchen und zu finden, kann er später auch verlorene Schlüssel im Feld wiederfinden.

Lässt der Hund das Spielzeug fallen, ohne dass Sie es nehmen können, fordern Sie ihn erneut mit »Hol's!« auf. Hält er das Spielzeug fest, loben Sie ihn. Dann bieten Sie ihm im Tausch gegen das Spielzeug ein besonders wertvolles Leckerchen an. Bald lernt er, dass er das Leckerchen nur bekommt, wenn er Ihnen das Spielzeug direkt in die Hand gibt.

Aufbau-Training

Fähigkeiten ausbauen

Tricks

Hilfe im Haushalt

Gute Manieren

Fähigkeiten ausbauen

Mit gut erzogenen Hunden machen Spaziergang und Training Spaß. Es braucht Zeit, bis der Hund zuverlässig auf »Hier!« reagiert, aber es lohnt sich. Lernt der Hund sich kurz zu versichern, bevor er Fremde und andere Hunde begrüßt, können Sie kontrollieren, wen er begrüßt. Bricht er eine Verfolgung auf Kommando ab und reagiert auf »Sitz!« auch in Entfernung, ist das nicht nur bei starkem Jagdtrieb hilfreich, sondern kann auch sein Leben retten. Dieses Kapitel baut auf den bereits erlernten Grundlagen auf und gibt nützliche Erziehungstipps.

ALLTAGSTAUGLICH
Übungen, die alltägliche Situationen trainieren, helfen dem Hund, sich im Alltag entspannt zu bewegen und gut zu gehorchen.

»Hier!« für Fortgeschrittene 1

Hat der Hund die Grundübung »Hier!« erlernt (S. 124–125), ist es wichtig, ihn so zu trainieren, dass er in jeder Situation auf den Rückruf reagiert, egal ob er gerade spielt, eine Fährte verfolgt oder im Gebüsch stöbert.

»Hier!« ist ein sehr wichtiges und teils sogar Leben rettendes Kommando, das Ihr Hund in allen Situationen befolgen lernen sollte. Auf Spaziergängen gehen Hunde gerne auf Erkundung und begrüßen andere Hunde. Daher ist es wichtig, dass man sie, falls nötig, auch schnell zurückrufen kann. Belohnen Sie den Hund daher beim Training ausgiebig, damit er lernt, gerne zurückzukommen.

1. **Spielen**
Bitten Sie einen Freund, ein paar Meter entfernt ausgelassen mit dem Hund und seinem Lieblingsspielzeug zu spielen.

2. **Das Spiel unterbrechen**
Rufen Sie den Hund laut, um das Spiel zu unterbrechen. Erfolgt der Ruf, soll Ihr Bekannter sofort aufhören zu spielen und das Spielzeug außer Sicht verstecken.

3. **Rückruf und Belohnung**
Rufen Sie den Hund, bis er zu Ihnen kommt. Sie beide sollten ihn ignorieren, bis er es tut. Sobald der Hund Sie erreicht, belohnen Sie ihn mit Lob und Leckerchen.

> »**Trainieren** Sie diese Übung **zu Hause** und **unterwegs,** bis Ihr Hund **zuverlässig** auf den **Rückruf reagiert.**«

4 ▷
Kommando aufheben
Hat der Hund erfolgreich auf das Kommando reagiert, erlauben Sie ihm, wieder zum Spielen zu gehen, damit er lernt, dass der Rückruf nur eine nette kleine Unterbrechung ist, ihn aber nicht vom Spaß abhält.

5 ◁
Üben
Nach einiger Übung weiß Ihr Hund, dass das Spiel solange vorbei ist, bis er auf Ihren Rückruf zu Ihnen kommt. Er wird sein Spiel zukünftig unterbrechen, sobald Sie zu rufen beginnen.

FÄHIGKEITEN AUSBAUEN

Praxistipps

Rufen Sie bei den ersten Trainings nur, wenn Ihr Bekannter das Spielzeug hält und der Hund es nicht berührt. Erschweren Sie die Übung, indem Sie später auch rufen, wenn der Hund das Spielzeug im Maul hält.

Halten Sie das Training immer kurz, damit der Hund nicht die Lust verliert.

Verwenden Sie für diese Übung immer sehr interessante Leckerchen, denn wenn er freiwillig das Spiel verlässt, verdient Ihr Hund eine großzügige Belohnung.

Hat Ihr Hund Probleme mit dieser Übung, gestalten Sie das Spiel weniger aufregend und finden Sie begehrtere Leckerchen (S. 108). Manche Hunde nehmen als Belohnung auch lieber ein noch spannenderes Spiel an.

Heißer Feger
Da diese Übung ausgelassenes Spielen mit einschließt, sollten Sie sie immer kurz halten, damit der Hund sich nicht verausgabt und überhitzt.

»Hier!« für Fortgeschrittene 2

Hat der Hund gelernt, aus dem Spiel heraus auf Kommando zu kommen, können Sie das Kommando ausbauen und üben, dass er auch aus anderen Situationen, wie beim Spiel mit anderen Hunden, kommt.

So können Sie Ihren Hund später zuverlässig zurückrufen, egal womit er gerade beschäftigt ist. Das macht Spaziergänge sicherer und gibt dem Hund mehr Freiheit. Üben Sie zunächst, ihn von weniger interessanten Dingen, wie Schnüffeln, zurückzurufen. Dann erhöhen Sie den Schwierigkeitsgrad langsam, bis Sie ihn sogar aus dem Spiel mit anderen Hunden zurückrufen können.

△ **Ablenken**
Warten Sie, bis Ihr Hund ganz intensiv an etwas schnüffelt, dann rufen Sie ihn begeistert, bewegen sich von ihm fort und animieren ihn zu folgen. Folgt er Ihren Rufen, belohnen Sie ihn großzügig.

▷ **Sicherheit geht vor**
Ist die Übung noch neu oder trainieren Sie an einem ungeschützten Ort, üben Sie mit einer langen Leine, damit der Hund sicher ist. Achten Sie darauf, dass die Leine nicht verknotet.

Praxistipps

Für diese Übungen benötigen Sie die liebsten Leckerchen des Hundes, da Sie mit spannenden Dingen konkurrieren müssen.

Einige Hunde mögen Spiele lieber als Leckerchen. Nutzen Sie bei diesem Training also immer die beste Belohnung und vergessen Sie nie, den Hund ausgiebig zu loben, wenn er kommt.

Wenn Sie damit beginnen, den Hund aus spannenden Situationen zurückzurufen, rufen Sie aus kurzer Entfernung, das erhöht die Chance, dass er reagiert. Wenn er besser wird, rufen Sie ihn aus größerer Entfernung und rufen Sie ihn aus unterschiedlichen Situationen zurück.

Lange Trainingsleine
Bricht Ihr Hund das Spiel nicht ab, holen Sie ihn sanft mit der langen Leine heran, belohnen Sie ihn und lassen Sie ihn dann wieder spielen.

1. Zeit zum Spielen

Mit anderen Hunden spielen ist wahnsinnig spannend. Während der ersten paar Minuten ist es daher sehr schwer, den Hund zurückzurufen. Lassen Sie ihn toben und warten Sie, bis sich die Aufregung ein wenig gelegt hat.

2. Erfolgreicher Rückruf

Rufen Sie erst, wenn das Spiel abgeebbt ist. Rufen Sie laut, gehen Sie rückwärts und rascheln Sie mit dem Leckerchenbeutel oder lassen Sie das Spielzeug quietschen.

FÄHIGKEITEN AUSBAUEN

3. Reichlich belohnen

Belohnen und loben Sie Ihren Hund ausgiebig. Nutzen Sie sein Lieblingsleckerchen und -spiel und loben Sie ihn begeistert, damit er beim nächsten Mal gerne kommt. Schicken Sie ihn dann zurück zum Spielen.

Um Erlaubnis fragen

Lernt der Hund, kurz um Erlaubnis zu fragen, bevor er Fremde oder andere begrüßt, haben Sie mehr Kontrolle über ihn und können von vornherein unangenehme Situationen vermeiden.

Bevor Sie diese Übung mit Ihrem Hund trainieren, muss er den grundlegenden Rückruf mit »Hier!« beherrschen (S. 124–125). Ihm beizubringen, um Erlaubnis zu fragen, bevor er Menschen oder Tiere begrüßt, schützt ihn vor möglicherweise gefährlichen Hunden und vermeidet unnötigen Ärger mit Menschen, die Hunde nicht so unbedingt mögen oder sogar Angst vor ihnen haben.

»**Rufen** Sie den Hund, wenn sich **fremde Menschen** oder **Hunde nähern.**«

1. Sehr gesellig
Ein gut sozialisierter Hund wird bei Spaziergängen losrennen wollen, um andere Hunde und deren Halter zu begrüßen.

2. Rückruf
Bevor Ihr Hund einem fremden Hund oder Halter zu nahe kommt, rufen Sie ihn zurück. Kommt er nicht sofort zurück, trainieren Sie den Rückruf zunächst, indem Sie den Hund bereits zurückrufen, sobald jemand in der Ferne auftaucht.

3 ▷
»Feiner Hund!«
Kommt der Hund, belohnen Sie ihn mit viel Lob, seinen Lieblingsleckerchen oder mit einem Spiel und lassen Sie die Belohnung groß ausfallen.

4 ◁
Zurückhaltung
Scheint es erwünscht, können Sie dem Hund nun erlauben, Hund und Halter zu begrüßen. Hunde schließen am besten ohne Leine Bekanntschaft, damit sie sich frei beschnüffeln können.

FÄHIGKEITEN AUSBAUEN

Praxistipps

Dieses Vorgehen ist besonders bei großen oder sehr beeindruckend wirkenden Hunden sinnvoll, die zwar gesellig, aber auch stürmisch sind.

Trainieren Sie diese Übung, bis Ihr Hund automatisch nachfragt, wenn er jemanden näher kommen sieht.

Wenn möglich, ist es immer besser, dass Hunde ohne Leine Bekanntschaft schließen. Ist der andere Hund angeleint, leinen Sie Ihren Hund auch an und halten Sie ihn zurück, damit er den anderen nicht erschreckt. Leinen Sie Ihren Hund ebenfalls dann an, wenn er Leute oder Hunde gerne anspringt. So haben Sie mehr Kontrolle und können sein für andere irritierendes Springen verhindern.

Andere ignorieren
Wenn Sie ein Treffen nicht möchten, nehmen Sie den Hund an die Leine und halten Sie Blickkontakt, bis die Ablenkung vorbei ist.

»Sitz!« in der Entfernung

»Sitz!« in der Entfernung ist eine einfache Übung, sobald der Hund »Sitz!« beherrscht. Mit diesem Kommando können Sie ihn aus der Entfernung anhalten, was in gefährlichen Situationen sehr hilfreich ist.

Sobald Ihr Hund in verschiedenen Situationen und auch in ablenkender Umgebung (S. 114–115) zuverlässig auf das Kommando »Sitz!« reagiert (S. 122–123), können Sie mit dieser Übung beginnen. Der Hund wird wahrscheinlich zunächst verwirrt sein, da er früher dafür belohnt wurde, nahe bei Ihnen zu sitzen. Üben Sie also geduldig, damit er versteht, was Sie wollen.

1 ◁
Den Hund »Sitz!« machen lassen
Ein Bekannter hält die Leine. Stellen Sie sich vor den Hund, lassen Sie ihn, unterstützt vom Handsignal, »Sitz!« machen und belohnen Sie ihn, sobald er sitzt.

2 ▽
Zurück treten
Treten Sie zwei Schritte vom Hund zurück, wiederholen Sie Schritt 1, ebenfalls mit Handsignal, und belohnen Sie den Hund.

Praxistipps

»Sitz!« in Entfernung ist eine hilfreiche Übung, falls Sie Ihren Hund in einer gefährlichen Situation, wie bei einem sich schnell nähernden Auto oder einem Kind, das in Panik wegläuft, sofort stoppen müssen. Gehen Sie immer zu ihm, um ihn zu belohnen, damit er lernt, still sitzen zu bleiben.

Trainieren Sie auch diese Übung zunächst nur an ruhigen Orten ohne Ablenkungen. Sobald Ihr Hund beginnt, das Prinzip zu verstehen, können Sie an unruhigeren Orten üben, an denen es für ihn schwerer ist, sich zu konzentrieren.

Auf dieselbe Weise können Sie Ihrem Hund auch »Platz!« in Entfernung beibringen, was teils noch sicherer ist.

Unsichtbare Reißleine
Nähert der Hund sich einer potenziell gefährlichen Situation, muss man ihn stoppen können, wo er ist, falls der Rückruf zu gefährlich wäre.

> **»*Sitz!* in Entfernung** ist in gefährlichen Situationen **hilfreich.«**

5.
Üben
Erhöhen Sie die Distanz nur allmählich über mehrere Trainingseinheiten. Irgendwann werden Sie ohne Hilfe üben können, beginnen Sie vorerst aber immer mit Schritt 1, um sicher zu sein.

FÄHIGKEITEN AUSBAUEN

3.
Locken ohne Belohnung
Reagiert der Hund nicht, soll Ihr Bekannter ihn in die Sitzposition locken (S. 122–123), aber noch nicht mit dem Leckerchen belohnen.

4.
Jetzt belohnen
Treten Sie schnell näher, um ihn zu belohnen. So lernt er, dass Sie ihn belohnen, wo immer er sitzt.

Verfolgung abbrechen

Um den Hund sicher von der Leine lassen zu können, muss man ihn gut kontrollieren können. Er muss auch zurückkommen, wenn er jagt. Dies können Sie mit Spielzeug und später auch mit anderen Dingen trainieren.

Diese Übung ist wichtig, soll der Hund frei laufen, und ganz besonders bei Rassen mit starkem Jagdtrieb. Zunächst trainiert man mit Spielzeug, später dann aber auch in echten Situationen, wenn der Hund etwa einem anderen Hund oder einem Fahrradfahrer hinterherjagt. Beherrscht er diesen Rückruf erst einmal verlässlich, können Sie ihn jederzeit auch aus Gefahrensituationen zurückrufen.

1 △
Aufstellung
Bitten Sie einen Freund, sich in einiger Entfernung mit dem Gesicht zu Ihnen so aufzustellen, dass er einen von Ihnen geworfenen Ball leicht fangen kann.

2 ▷
Den Ball werfen
Animieren Sie Ihren Hund mit dem Ball und werfen Sie an Ihrem Bekannten vorbei, damit der Hund ihn holen kann. Werfen Sie aber bereits so hoch, dass der Ball auch gefangen werden könnte.

3. ▽
Fangen
Werfen Sie den Ball etwa alle fünf Würfe Ihrem Bekannten zu, der ihn dann einstecken soll. Rufen Sie bei diesen Würfen deutlich »Lass!«, wenn Sie werfen.

»Werfen Sie das Spielzeug und rufen Sie Lass!«

4. △
Einen zweiten Ball werfen
Schaut Ihr Hund Sie an, damit Sie ihm helfen, den Ball zu finden, lassen Sie ihn ein ihm lieberes Spielzeug in entgegengesetzter Richtung jagen und holen.

Praxistipps

Hindern Sie Ihren Hund nur etwa alle fünf Würfe am Jagen. Wenn Sie Ihn öfter stoppen, wird er den Spaß am Apportieren verlernen und nur noch zögerlich reagieren, wenn Sie mit ihm spielen möchten.

Üben Sie nicht, bis der Hund erschöpft ist. Je nach Fitness des Hundes, Tagestemperatur und Wetter sind 20 Mal Rennen pro Training genug. Da Sie bei 20 Läufen nur vier Mal die Verfolgung abbrechen können, braucht es etwas länger, bis der Hund diese Übung beherrscht. Üben Sie also geduldig weiter, bis er weiß, was er tun soll.

Hat der Hund erfolgreich gelernt, seinem Spielzeug auf Kommando nicht nachzulaufen, können Sie anfangen, ihn zurückzurufen, wenn er beispielsweise einem Jogger oder Fahrrad nachläuft. Verwenden Sie anfangs eine Trainingsleine.

»Stopp!«
Üben Sie das Anhalten, wenn er an Ihnen vorbei zum Spielzeug rennen will. Treten Sie mit »Stopp!« vor und werfen Sie ein anderes Spielzeug.

Lernen trotz Ablenkung

Reagiert der Hund zu Hause gut auf die Grundkommandos, beginnen Sie, an unterschiedlichen Orten und in verschieden ablenkenden Situationen zu üben. Steigern Sie das Maß der Ablenkungen langsam.

Zu Hause ist der beste Ort, um Neues zu lernen, da der Hund dort sicher ist. Üben Sie aber nur an einem Ort, wird der Hund auch nur dort gehorchen. Soll der Hund unter allen Umständen auf Ihre Kommandos reagieren, müssen Sie auch in ablenkenden Situationen mit ihm üben. Üben Sie später auch, wenn er eigentlich etwas anderes tun möchte und belohnen Sie ihn dann besonders reichlich.

◁ *»Bleib schön hier.«*
Die Aufmerksamkeit des Hundes zu erregen und zu halten, während andere Hunde spielen, braucht viel Übung. Trainieren Sie zunächst nur in einiger Entfernung zu anderen Hunden und mit sehr wertvollen Leckerchen.

▽ *Zurück zum Anfang*
Auch wenn Ihr Hund meist ohne zu ziehen an der Leine läuft, kann er das vergessen, wenn andere Hunde in der Nähe sind. Wiederholen Sie diese Übungen, bis er sich erinnert.

◁ *Mit der Begrüßung warten*
Bringen Sie Ihrem Hund Besuchern gegenüber gute Manieren bei. Leinen Sie ihn an und bringen Sie ihm bei zu warten, bis er begrüßt wird. Üben Sie mit Freunden, bis es klappt.

»Viele Halter **üben** mit ihrem Hund immer **am selben Ort**, sodass er in **Alltagssituationen nicht reagiert.**«

▷ **Sicherheit im Auto**
Bringen Sie dem Hund bei, dass er nicht gleich herausspringt, wenn die Tür aufgeht, sondern warten muss, bis Sie ihn herausspringen lassen. Üben Sie dies, bis er verlässlich wartet.

▽ **Tricks überall üben**
Wenn Sie Ihren Hund Tricks in ungewohnter Umgebung vor Fremden vorführen lassen, kann es sein, dass er alles vergisst. Lassen Sie ihn dann zunächst wieder ganz einfache Dinge tun.

Praxistipps

Wenn Sie für eine Übung eine neue Umgebung wählen, vergessen Sie nicht, wieder mit den Grundlagen anzufangen, als ob die Übung ganz neu wäre. Bleiben Sie geduldig, aber bestimmt, bis der Hund tut, was Sie möchten. Rücken Sie notfalls etwas von den Ablenkungen ab, damit der Hund sich besser konzentrieren kann.

Bedeutet das Training für Ihren Hund an manchen Orten Stress, müssen Sie ihn unter Umständen erst an die Umgebung gewöhnen, bis er sich sicher fühlt, ehe Sie weiter üben können.

Noch einmal
Bei Ihnen mag der Hund schon perfekt gehorchen, andere Familienmitglieder arbeiten dagegen noch an den Grundlagen.

FÄHIGKEITEN AUSBAUEN

Tricks

Hunde lieben es, wenn ihr Halter sich freut, und Sie beide können viel Spaß miteinander haben, wenn Sie die Tricks aus diesem Abschnitt trainieren. Die Übungen helfen, den Hund auch geistig zu fordern, und geben ihm das Gefühl, gebraucht zu werden. Man kann damit zudem Freunde beeindrucken, aber auch die täglichen Trainingseinheiten auflockern. Wenn Hunde einen Trick beherrschen, scheinen sie wirklich Freude daran zu haben und führen ihn meist begeistert vor. Tricks verbessern aber auch den allgemeinen Lernerfolg, da der Hund neue und praktische Fähigkeiten und Kommandos lernt.

TOLLE VORFÜHRUNG
Viele Hunde zeigen gern, was sie können, sobald sie einen neuen Trick gelernt haben, da sie wissen, dass sie dafür belohnt werden.

Winken

Winken ist eine einfache Übung und ein guter Einstieg, um mit dem Hund Tricks zu trainieren. Winkt ein Hund, wirkt er für Kinder und ängstliche Menschen freundlicher und Gäste freuen sich beim Abschied darüber.

Sie müssen Geduld haben, bis der Hund versteht, was Sie möchten, denn er braucht Zeit, darüber nachzudenken. Hetzen Sie ihn nicht, trainieren Sie immer nur kurz, hören Sie immer mit einem Erfolg auf und kehren Sie notfalls zu einem einfacheren Schritt zurück. Springt der Hund auf, um an sein Leckerchen zu kommen, beginnen Sie einfach noch einmal ganz von vorn.

1 ▷ Pfotenbewegung animieren
Umschließen Sie ein Leckerchen mit der Hand, lassen Sie den Hund daran schnüffeln und ermutigen Sie ihn, Ihre Hand mit der Pfote zu berühren, die Sie über den Boden bewegen. Belohnen Sie jede kleinste Pfotenbewegung und warten Sie geduldig, bis er Ihre Hand mit der Pfote berührt.

» **Üben** Sie **kurz** und fangen Sie notfalls **neu** an. «

2 ◁ Berührung belohnen
Hat der Hund verstanden, dass er Ihre Hand mit der Pfote berühren soll, um das Leckerchen zu bekommen, beginnen Sie ganz langsam damit, Ihre Hand höher zu halten.

3 ▷ Noch etwas höher
Wenn Sie das Leckerchen oberhalb seiner Reichweite halten, müssen Sie geduldig warten, bis er die Pfote hebt. Belohnen Sie zunächst wieder jede Bewegung, die er mit der Pfote macht.

4 ▷ Und jetzt winken
Versuchen Sie, die Hand noch höher zu heben und belohnen Sie »Winken« sofort. Später können Sie ein Handsignal und ein Kommando einführen. Üben Sie an verschiedenen Orten, in unterschiedlicher Haltung und mit Ablenkungen.

Kreisel

Der Kreisel ist einfach zu lernen und eine gute Aufwärmübung für Wettkämpfe in verschiedenen Hundesportarten (S. 232–233). Die meisten Hunde vollführen den Kreisel gerne, wenn man sie dazu auffordert.

Bringen Sie Ihrem Hund den Kreisel in beide Richtungen bei, damit ihm nicht schwindelig wird und er nicht nur einseitig Muskeln aufbaut. Vorsicht bei jungen, sehr aktiven Hunden: Sie neigen dazu, diese Übung zu übertreiben und sich endlos zu drehen.

1. ▲ Dem Leckerchen folgen
Bringen Sie den Hund mit einem Leckerchen dazu, im Kreis zu gehen. Bewegen Sie die Hand langsam, damit er folgen kann.

2. ▷ Auf halbem Weg belohnen
Geben Sie dem Hund das Leckerchen schon nach der Hälfte des Kreises, damit er versteht, dass es sich lohnt, Ihrer Hand zu folgen.

3. ▲ Den vollen Kreis belohnen
Locken Sie den Hund weiter, bis er den Kreis vollendet und die Ausgangsposition wieder erreicht hat. Belohnen Sie ihn großzügig.

4. ▷ »Kreisel!«
Üben Sie diese Schritte mehrere Trainingseinheiten lang und lassen Sie langsam die Belohnung auf halbem Weg wegfallen. Später können Sie die Lockbewegung dann in ein Handsignal abwandeln (S. 110–111).

Praxistipps

Üben Sie nach und nach, den Hund mehrfach kreisen zu lassen, bevor Sie ihn belohnen. Möchten Sie dem Hund ein Kommando beibringen, verwenden Sie für jede Richtung ein eigenes Kommando, wie etwa »Kreisel!« und »Drehen!«.

Mit der Uhr
Hat der Hund verstanden, was beim Kreisel von ihm erwartet wird und reagiert gut darauf, können Sie ihm auch die andere Drehrichtung beibringen.

Gegen die Uhr
Beim Üben der anderen Drehrichtung beginnen Sie wieder mit Schritt 1 und locken Sie den Hund so lange in diese Richtung, bis er versteht.

»Gib mir Fünf!«

»Gib mir Fünf!« ist bei vielen Hunden und Haltern ein beliebter Trick. Zudem ist diese Übung besser als Pfötchengeben, da es manche Hunde als bedrohlich empfinden, wenn man ihre Pfote festhält.

Beginnen Sie zunächst, dem Hund das Winken beizubringen (S. 160–161), denn die ersten Schritte des Trainings sind ähnlich. Sobald er winken kann, können Sie mit ihm »Gib mir Fünf!« üben.

2. ▽
Die andere Hand öffnen
Halten Sie die zweite Hand geöffnet unter die Leckerchenfaust, damit der Hund seine Pfote dorthin legt, statt auf Ihre Faust, und belohnen Sie ihn reichlich.

1. △
Leckerchen auf den Boden halten
Umfassen Sie ein Leckerchen und bewegen Sie es auf dem Boden umher, damit der Hund danach pfötelt. Belohnen Sie ihn, sobald er Ihre Hand berührt, und üben Sie dies geduldig.

3. △
Die Hand heben
Üben Sie diese Bewegung und halten Sie die Hand jedes Mal etwas höher. Heben Sie die Leckerchenfaust mit, um den Hund zu ermutigen, und belohnen Sie ihn nach jedem Pfotenkontakt.

Praxistipps

Hat der Hund erfolgreich gelernt, Ihnen bei »Gib mir Fünf!« die Pfote gegen die Hand zu drücken, halten Sie nur leicht gegen, fassen aber nicht zu, da manche Hunde das als bedrohlich empfinden.

Trainieren Sie die Übung an verschiedenen Orten mit unterschiedlich starken Ablenkungen um Sie herum. Vergisst der Hund in einer ungewohnten Umgebung oder vor Publikum, was er tun soll, gehen Sie mit ihm in Ruhe erneut alle Schritte durch.

Bringen Sie Ihrem Hund ein Kommando für »Gib mir Fünf!« bei, damit er es besser vom »Winken!« unterscheiden kann. Warten Sie nach dem Kommando kurz und heben Sie dann die Hand. Belohnen Sie den Hund stets reichlich.

In der Hocke üben
Anfangs sollten Sie für diese Übung in die Hocke gehen. Wenn Ihr Hund versierter wird, kann er sie auch ausführen, wenn Sie dabei stehen.

4 ▵
»Gib mir Fünf!«
Verändern Sie nach und nach die Position der geöffneten Hand, bis Sie sie wie zum Abschlagen senkrecht halten und der Hund seine Pfote gegen Ihre Hand hält, um sein Leckerchen zu bekommen.

5 ◁
Verzögerte Belohnung
Hat der Hund gelernt, seine Pfote gegen Ihre Hand zu halten, können Sie die Belohnung etwas verzögern. Verlängern Sie die Pause schrittweise, bis der Hund die Pfote länger an Ihre Hand drückt.

»Toter Hund«

»Toter Hund« kann ein sehr lustiges Spiel und mit einem Pistolen-Handsignal oder einem »Peng!«-Kommando kombiniert eine filmreife Vorstellung sein, wenn der Hund vollkommen still liegen bleibt.

Sobald der Hund »Platz!« (S. 126–127) beherrscht, kann man ihm normalerweise relativ leicht beibringen, ruhig auf der Seite zu liegen. Das plötzliche Umfallen aus dem Stehen erfordert da schon wesentlich mehr Zeit und Geduld. Er kann aber auch langsam »danieder sinken«. Zur stilvollen Wiederbelebung des Hundes können Sie dann »Medizin« in Form von Leckerchen verwenden.

> »**Lachen** Sie **nicht,** wenn der Hund den **Kopf** hebt. **Warten** Sie mit der **Belohnung,** bis er wieder **stillliegt.**«

1 △
Entspannen
Lassen Sie den Hund »Platz!« machen. Locken Sie seinen Kopf dann mit einem Leckerchen zur Seite. Lassen Sie ihn ruhig daran lecken, bis er sich entspannt und sich gemütlich auf die Seite rollt.

2 ▷
Kopfdrehung
Bringen Sie den Hund mit Leckerchen vor seiner Nase dazu, dass er seinen Kopf Richtung Schwanz dreht. Lassen Sie ihn daran lecken, bis sein Gewicht auf der Hüfte und den Vorderpfoten ruht.

3.
Sanft loben
Bewegen Sie das Leckerchen in einem Bogen vor dem Hund, bis er den Kopf hinlegt und stillliegt. Belohnen Sie ihn und loben Sie ihn sanft. Sagen Sie »Bleib!« und belohnen Sie direkt noch einmal. Trainieren Sie dies mehrfach, bis der Hund auch still liegen bleibt, wenn Sie sich langsam erheben.

4.

Toter Hund
Liegt der Hund im »Platz!«, sagen Sie »Peng!« und geben stehend das Handsignal. Locken Sie ihn dann in Position und belohnen Sie ihn gut. Nach mehreren Trainings lassen Sie nach dem Kommando eine Pause und locken nur noch, falls nötig.

Praxistipps

Lachen oder reagieren Sie nicht, wenn der Hund den Kopf hebt. Warten Sie mit der Belohnung, bis er wieder stillliegt.

Üben Sie zunächst in der Hocke und später auch im Stehen. Geben Sie wie gewohnt Ihr Handsignal und Kommando und warten Sie zwei Sekunden auf eine Reaktion. Bleibt sie aus, locken Sie den Hund wieder in Position (sprechen Sie aber nicht mit ihm). Sobald der Hund flach und still auf der Seite liegt, belohnen Sie ihn, stehen dann auf und belohnen ihn wieder. So lernt er, dass er liegen soll.

Wiederholen Sie die Schritte, bis der Hund die Übung beherrscht. Klappt sie zum ersten Mal ganz, belohnen Sie ihn besonders gut, loben ausgiebig und beenden das Training. Üben Sie später weiter.

Umfallen
Wenn der Hund aus der liegenden Position umfallen kann, können Sie dies auch aus dem Stehen üben. Mit viel Übung sollte auch das klappen.

»Spring!«

Springen ist sehr gutes Training für den Hund und erleichtert Ihnen das Leben, da Sie ihn nicht über Hindernisse heben müssen. Beginnen Sie langsam und steigern Sie die Schwierigkeit, je sicherer der Hund wird.

Welpen haben noch weiche Knochen und Gelenke. Beginnen Sie daher erst mit dieser Übung, wenn der Hund älter als zwölf Monate und ausgewachsen ist. Stellen Sie auch sicher, dass der Hund fit ist und keine gesundheitlichen Probleme hat. Bei einigen Rassen sind Gelenkerkrankungen verbreitet, werden oft aber erst spät entdeckt. Lassen Sie den Hund im Zweifel vom Tierarzt untersuchen.

1

»Aufgepasst!«
Für diese Übung brauchen Sie eine Stange und verstellbare Ständer. Legen Sie die Stange zunächst auf den Boden. Benutzen Sie eine leichte Leine und necken Sie den Hund so lange mit einem Ball oder Spielzeug, bis er es jagen will.

2

Den Ball werfen
Werfen Sie den Ball im flachen Bogen über die Stange und sagen Sie »Spring!«. Zeigen Sie dabei auf die Stange und treten Sie aufmunternd vor. Läuft der Hund los, lassen Sie die Leine fallen.

3

Den Sprung erhöhen
Legen Sie die Stange auf ca. 5 cm und wiederholen Sie Schritt 1 und 2. Erhöhen Sie die Stange erneut, wenn es gut klappt. Vergessen Sie nicht, die Leine loszulassen, wenn der Hund losläuft.

Nicht mogeln
Versucht der Hund, außen herum zu laufen oder unter der Stange durchzukrabbeln, bremsen Sie ihn mit der Leine und gehen Sie einen Schritt zurück. Üben Sie nie mehr als drei Sprünge und animieren Sie den Hund erst gut.

»Spring!«
Hat der Hund die Übung verstanden, lassen Sie ihn erst springen und werfen Sie den Ball dann als Belohnung. Versucht er nicht mehr zu mogeln, können Sie die Leine weglassen.

Praxistipps

Soll der Hund etwas höher springen, lassen Sie ihm ausreichend Platz für den Anlauf, damit es auch klappt.

Fällt der Hund beim Sprung, legen Sie die Stange beim nächsten Mal viel tiefer und belohnen jeden Sprung besonders intensiv, bevor Sie die Stange wieder ganz langsam höherlegen.

Beim Springen werden Hunde schnell müde und benutzen sonst kaum genutzte Muskeln. Üben Sie daher immer nur kurz. Beenden Sie das Training schon nach ein paar gelungenen Sprüngen.

In vielen Hundesportarten, wie Agility (S. 234–237), ist Springen eine wichtige Übung. Üben Sie langsam, um eine gute Grundlage für spätere Geschwindigkeit und Präzision zu legen.

Oh, wie praktisch!
Vorsicht: Hat der Hund das Springen erst einmal gelernt, kann er mühelos Hindernisse wie Zäune oder Tore überwinden.

Postbote

Bei diesem Trick bringen Sie Ihrem Hund bei, eine Nachricht oder einen Gegenstand zu jemand anderem zu tragen. Hunde, die apportieren und Spielzeug abgeben können (S. 136–139), lernen diese Übung schnell.

Trainieren Sie diese Übung zunächst nur im Haus und bitten Sie eine dem Hund vertraute Person um Hilfe. Üben Sie anfangs auch nur mit kurzem Abstand zwischen sich und der anderen Person.

Später können Sie den Abstand vergrößern und die andere Person sogar in einen anderen Raum schicken. Weiß der Hund am Anfang nicht, was Sie wollen, helfen Sie ihm, indem Sie mitgehen.

» **Lässt der Hund den Brief fallen, ermuntern** Sie ihn, diesen wieder **aufzuheben. Schimpfen** Sie deswegen aber **nie** mit ihm. «

3. Losschicken
Schicken Sie ihn aufmunternd, mit Zeigen und mit der animierenden Aufforderung »Bring's!« in Richtung Ihres Bekannten. Dieser sollte den Hund freundlich rufen und anlocken.

1. Apportierspiele
Gewöhnen Sie den Hund zunächst durch Apportierspiele (S. 136–139) daran, wie sich Papier anfühlt. Rechnen Sie damit, dass dies eine Weile dauert, doch irgendwann wird er bereitwillig einen »Brief« vom Boden aufheben und bringen.

2. Geben Sie ihm den Brief
Hat der Hund gelernt, den Brief selbstständig zu nehmen und umherzutragen, geben Sie ihm den Brief direkt ins Maul, damit er ihn hält.

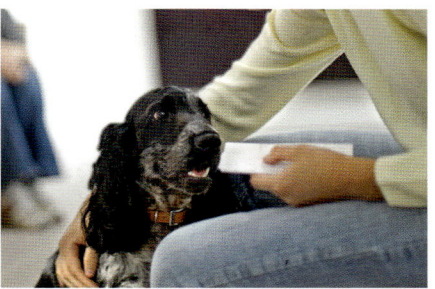

4
»Gut gemacht!«
Bitten Sie Ihren Bekannten, ein Leckerchen versteckt zu halten, bis der Hund eintrifft, und es dann sofort gegen den Brief einzutauschen. Er soll den Hund damit belohnen und ihn zudem heftig loben, damit er weiß, dass alles richtig war.

5
Noch etwas schwieriger
Üben Sie dies in mehreren Trainingseinheiten, bis Ihr Hund weiß, was verlangt ist. Erhöhen Sie dann langsam den Abstand zum Briefempfänger, bis dieser sich sogar um die Ecke oder am anderen Ende der Wohnung befinden kann.

Praxistipps

Lässt der Hund den »Brief« fallen, ermuntern Sie ihn, ihn wieder aufzuheben, indem Sie den Brief über den Boden schieben, um ihn interessanter zu machen. Nimmt der Hund ihn wieder auf, loben Sie ihn, sobald er nach dem Papier greift, damit er weiß, dass er das Richtige tut. Schimpfen Sie nie mit ihm, wenn ihm der Brief herunterfällt.

Sie können die Übung noch schwieriger gestalten, indem Sie dem Hund die Namen verschiedener Familienmitglieder beibringen. Üben Sie zunächst die Namen, indem Sie mit allen Personen in einem Raum gleichzeitig üben und den Hund mit Ansage des Namens zu den einzelnen Personen schicken. Kann er die Namen erst einmal unterscheiden, ist es für ihn später relativ einfach, eine Person selbstständig im Haus suchen und ihr den Brief zu überbringen.

»Such das Spielzeug!«

Versteckspiele sind für Hunde einfach zu lernen, da sie einen guten Geruchssinn erfordern. Die meisten Hunde suchen begeistert nach Dingen und können dabei gut überschüssige Energie abbauen.

Dieses Spiel lässt sich hervorragend in der Wohnung spielen. Hat Ihr Hund begriffen, wie es geht, können Sie Dinge verstecken und ihn entspannt danach suchen lassen. Lassen Sie ihn aber nie vergeblich nach etwas suchen und helfen Sie ihm, falls nötig, damit er nicht frustriert ist.

1 ▷
»Hol's!«
Üben Sie mit Ihrem Hund zunächst mit einem neuen Spielzeug mehrere Tage lang Apportieren (S. 136–141), bis es sein neues Lieblingsspielzeug ist, dem er bei jedem Wurf begeistert hinterherjagt.

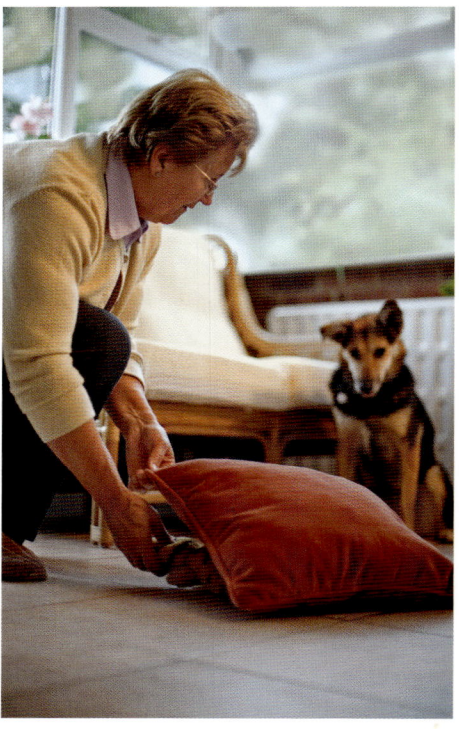

> »Helfen Sie immer weniger, bis er das Spielzeug überall findet.«

2 △
Das Spielzeug verstecken
Lassen Sie den Hund sitzen und warten, zeigen Sie ihm kurz das Spielzeug und verstecken Sie es ganz in der Nähe, wo er es einfach wieder finden kann.

Praxistipps

Ist das Spielzeug zum ersten Mal in einem anderen Raum versteckt, benötigt der Hund auf jeden Fall Hilfe. Locken Sie ihn mit »Such's!« in den Raum und zeigen Sie auf das Versteck, damit er an der richtigen Stelle suchen kann. Reduzieren Sie die Hilfe langsam, bis er praktisch jedes Versteck in diesem Raum selbstständig finden kann.

Mit viel Übung können Sie das Spielzeug in allen Ecken des Hauses verstecken. Weiß Ihr Hund, was er tun muss, können Sie langsam den Schwierigkeitsgrad der Verstecke erhöhen. So wird er zum begeisterten Suchhund.

Handsignal
Schicken Sie den Hund mit Handsignal in die richtige Richtung. Sobald er das Kommando »Such's!« kennt, müssen Sie nicht mehr zeigen.

AUFBAU-TRAINING

3.
»Such's!«
Fordern Sie ihn mit Kommando »Such's!« auf und zeigen Sie auf das Versteck, um ihm zu helfen. Animieren Sie ihn weiterzusuchen, bis er das Spielzeug gefunden hat und loben Sie ihn sofort danach ausgiebig und begeistert.

4.
Heftig loben
Bitten Sie den Hund, Ihnen das Spielzeug zu bringen, und loben Sie ihn erneut heftig, wenn er es tut. Gibt er das Spielzeug ab, belohnen Sie ihn mit einem Leckerchen und noch mehr Lob, bevor Sie das Spielzeug erneut verstecken.

5.
Noch etwas schwieriger
So können Sie nach und nach viele Verstecke im ganzen Haus ausprobieren. Denken Sie aber daran, dass der Hund ab und zu Hilfe braucht.

TRICKS

Hilfe im Haushalt

Hunde genießen unsere Aufmerksamkeit und gemeinsame Aktivitäten. Da wir viel Zeit in den eigenen vier Wänden verbringen, hilft es dem Hund sich zugehörig zu fühlen, wenn wir ihn kleine Aufgaben erledigen lassen. Dieser Abschnitt zeigt Ihnen, wie Sie dem Hund ein paar einfache Übungen beibringen können, mit denen er Ihnen sogar hilft, wie etwa beim Aufräumen seiner Spielsachen. Aber nicht nur der Hund lernt, sondern Sie verfeinern Ihre Fähigkeiten als Trainer. Sie können darauf weiter aufbauen und dem Hund weitere Aufgaben geben, die er dann mit Begeisterung erledigt.

BEREITWILLIGER HELFER
Hunde übernehmen ganz viele Aufgaben, wenn man sie dafür belohnt. Das festigt die Bindung und der Hund fühlt sich dazugehörig.

Einkaufstasche tragen

Es ist sehr schön, tatkräftige Hilfe zu haben, wenn man zu viel zu tragen hat. Da Hunde bei leichten Aufgaben gerne helfen, stärkt das nicht nur Ihre Beziehung zu Ihrem Hund, sondern der Hund fühlt sich gebraucht.

Hat der Hund gelernt, Spielzeug zu apportieren (S. 136–141), kann er auch leicht lernen, eine Einkaufstasche zu tragen. Sobald er dies beherrscht, können Sie ihm auch andere, nicht allzu schwere Dinge zum Tragen anvertrauen. Beginnen Sie damit, ihn ungewohnte, leichte Behälter tragen zu lassen, indem Sie mit unterschiedlichen Taschen oder Kartons Apportierspiele üben.

1 ▽
»Spiel mit mir!«
Necken Sie Ihren Hund mit einem einfachen Haushaltsgegenstand, wie einer leeren Plastikflasche, und fordern Sie ihn zum Spielen auf. Bewegen Sie das Objekt, bis er zufassen möchte.

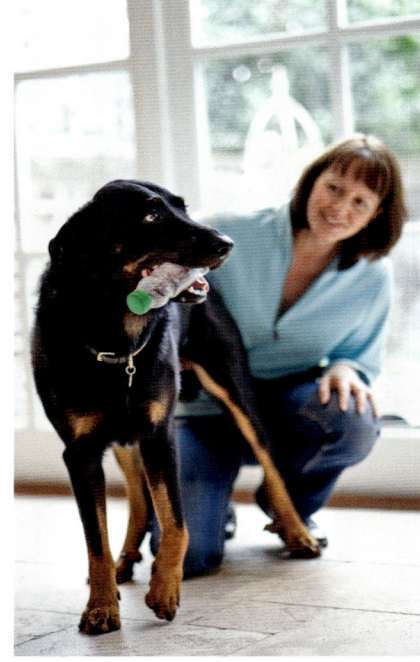

2 △
Immer loben
Rollen Sie die Flasche über den Boden und ermuntern Sie den Hund, sie zu jagen und aufzunehmen. Loben Sie ihn, wenn er es tut. Nach mehrfachem Üben bitten Sie den Hund, die Flasche neben Ihnen herzutragen.

3 ▽
Noch etwas schwieriger
Wenn der Hund leere Flaschen und Päckchen trägt, können Sie sie füllen. Nach einiger Übung wird er wissen, wie es geht, und Sie können ihm Dinge direkt ins Maul geben, statt ihn apportieren zu lassen.

> **»Hat der Hund gelernt, eine Tasche zu tragen, können Sie ihn helfen lassen, indem er z. B. einen Wäschebeutel trägt.«**

4
»Trag die Tasche!«
Fordern Sie ihn auf, eine kleine Tasche über eine kurze Strecke zu tragen. Lässt er sie fallen, lassen Sie ihn apportieren und verkürzen die Strecke. Loben Sie ihn oft.

5
»Danke schön!«
Lassen Sie ihn warten, bis Sie Ihre Taschen abstellen. Nehmen Sie ihm dann die Tasche ab und loben Sie ihn begeistert. Geben Sie ihm zum Dank ein tolles Leckerchen.

HILFE IM HAUSHALT

Praxistipps

Kaut Ihr Hund an dem Gegenstand, den Sie ihm geben, lassen Sie ihn zunächst mit etwas Ähnlichem spielen. Hunde ertasten Dinge durch ihr Kauen, so wie wir Dinge mit den Fingern ertasten. Gibt man dem Hund die Gelegenheit, sich kauend mit dem Gegenstand vertraut zu machen, hört er irgendwann damit auf.

Hat der Hund gelernt, Dinge für Sie zu tragen, können Sie sich von ihm bei kleinen Aufgaben im Haushalt helfen lassen. Geben Sie ihm aber keine zerbrechlichen, schweren oder scharfen Gegenstände. Geben Sie ihm leicht verständliche Aufgaben und loben und belohnen Sie ihn immer gut. Die meisten Hunde lieben solche Beschäftigung und können dabei gut überschüssige Energie abbauen.

»Gern geschehen!«
Hunde fühlen sich gebraucht, wenn sie uns helfen dürfen. Sie können Ihrem Hund z. B. beibringen, die Zeitung oder Ihre Pantoffeln zu holen.

Die Leine holen

Sobald der Hund Gegenstände apportieren gelernt hat (S. 136–141), ist diese Übung für ihn einfach zu lernen. Während er die Leine holt, können Sie sich schon für den Spaziergang fertig machen.

Wird der Hund für jeden erfolgreich ausgeführten Auftrag, die Leine zu holen, mit einem Spaziergang belohnt, wird er das bald begeistert tun. Nach einiger Zeit rennt er vielleicht schon ohne Auftrag los, um die Leine zu holen, sobald er Sie in Richtung Garderobe gehen sieht. Um diese Übung zu trainieren, können Sie zunächst mit ein paar aufregenden Apportierspielen mit der Leine beginnen.

1.

Aufgerollt und verknotet
Machen Sie es Ihrem Hund einfach, die Leine aufzunehmen und zu tragen, indem Sie sie verknoten. Als ersten Schritt werfen Sie die Leine für den Hund, bis er sie apportiert.

2.

In voller Länge
Hat der Hund gelernt, die zusammengerollte Leine zu tragen, spielen Sie damit, ohne sie zu verknoten. Anfangs tritt er dabei vielleicht noch auf das hängende Ende, doch Übung macht den Meister.

3.

Ermuntern
Kann der Hund die Leine aufheben und tragen, legen Sie sie in der Nähe ihres festen Platzes auf den Boden und sagen »Hol die Leine!«. Belohnen Sie ihn reichlich, wenn er sie bringt, und wiederholen Sie die Übung mehrfach.

»Hol die Leine!«

»Danke!«

4. ▽
Platz für die Leine
Hängen Sie die Leine mit weit herunterhängendem Karabiner über den Haken, an dem sie immer hängt. So stößt sich der Hund nicht die Nase am Karabiner. Dann fordern Sie ihn mit »Hol die Leine!« auf.

5. ▷
Heftig loben
Wenn der Hund Ihnen die Leine bringt, sollten Sie ihn überschwänglich dafür loben und ihn mit seinem Lieblingsleckerchen belohnen. Feiern Sie seinen Erfolg zudem, indem Sie einen Spaziergang mit ihm machen.

»Wird jedes **Leineholen** mit **Spazierengehen belohnt**, wird der Hund sie bald **begeistert bringen**.«

HILFE IM HAUSHALT

Praxistipps

Hängen Sie die Leine an einen stabilen Haken, der nicht von der Wand fällt, sobald der Hund an der Leine zieht. Das könnte den Hund erschrecken und verhindern, dass er die Leine erneut holt.

Holt der Hund die Leine ohne Aufforderung, loben Sie ihn nicht, sondern bringen Sie die Leine ruhig wieder an ihren Platz zurück und beachten Sie ihn nicht weiter. Wiederholen Sie dies, bis er damit aufhört. Lachen, schimpfen oder nachgeben und mit ihm spazieren gehen, wenn er will, verstärken sein Verhalten nur und er wird es wiederholen, bis es Ihnen irgendwann lästig wird. Beachten Sie aber, dass der Hund Ihnen mitteilen wollte, dass es eigentlich an der Zeit wäre, spazieren zu gehen. Bemühen Sie sich, öfter mit ihm zu spielen oder häufiger oder länger spazieren zu gehen.

Bewahren Sie die Hundeleine immer am selben Platz auf, damit der Hund weiß, wo sie ist, und sie leicht holen kann, wenn Sie ihn dazu auffordern.

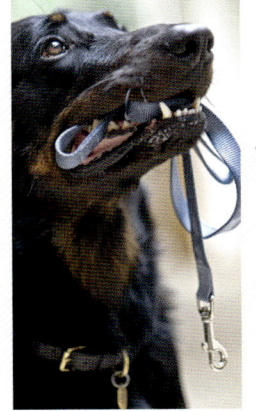

Verstummt
Die Leine holen ist eine besonders praktische Übung, wenn Ihr Hund vor lauter Vorfreude auf den Spaziergang laut zu bellen beginnt. Mit Leine im Maul geht das nicht!

Spielzeug wegräumen

Beim Spielen mit dem Hund wird eine Menge Spielzeug quer über den Boden verteilt. Daher ergibt es Sinn, ihm auch beizubringen, sein Spielzeug wieder einzusammeln. Für ihn ist das nur ein weiteres lustiges Spiel.

Ein Spielzeug in eine Kiste legen, ist für einen Hund kein so natürliches Verhalten, wie es herauszuholen. Er braucht dafür viel Übung und Ihre Geduld. Üben Sie zunächst Apportieren (S. 136–141), bis der Hund Dinge einfach vom Boden aufnehmen kann. Diese Übung ist praktisch, man kann mit ihr Freunde beeindrucken und wenn plötzlich Besuch kommt, kann der Hund Ihnen auch beim Aufräumen helfen.

1 ▷
»Hier!«
Werfen Sie ein Spielzeug für den Hund und rufen Sie ihn, sobald er es aufnimmt. Hocken Sie sich hinter die Spielzeugkiste, sodass der Hund automatisch auf die Kiste zuläuft, wenn er zu Ihnen kommt.

2 ▽
»Bring das Spielzeug!«
Kommt der Hund näher, halten Sie die Hand über die Kiste und bitten Sie ihn, das Spielzeug in Ihre Hand zu legen. Belohnen Sie ihn gut dafür. Wiederholen Sie die Übung mehrfach.

»Die **Belohnung** muss **stärker** sein als die **Freude**, das **Spielzeug zu halten**.«

3. »Finde das Leckerchen!«
Kommt der Hund am Kasten an, lassen Sie ein Leckerchen hineinfallen. Um es zu suchen, wird er das Spielzeug fallen lassen. Loben Sie ihn und geben Sie beim nächsten Spielzeug das Kommando »Räum auf!«.

4. Spielzeug wegräumen
Nun lassen Sie den Hund aufräumen, ohne ein Leckerchen in die Kiste zu tun. Schaut er nach erfolgloser Suche auf, belohnen Sie ihn mit wertvollen Leckerchen.

Praxistipps

Lässt der Hund das Spielzeug auf dem Weg zum Kasten fallen, animieren Sie ihn mit »Hol's!«, loben und belohnen ihn aber nicht. Schimpfen oder Zwang helfen nicht. Manche Hunde brauchen lange, um diesen Trick zu lernen. Üben Sie geduldig mit viel Lob und Begeisterung weiter, bis Ihr Hund begreift, was er tun muss, um belohnt zu werden.

Holt der Hund das Spielzeug wieder aus der Kiste, muss die Belohnung stärker sein als die Freude, das Spielzeug zu halten (S. 206–207). Nutzen Sie noch bessere Leckerchen oder Lieblingsspielzeug.

Wiederholen Sie die hier aufgeführten Schritte, bis der Hund das Spielzeug von allein in die Kiste fallen lässt. Sobald er dies gelernt hat, können Sie sich langsam von der Kiste entfernen.

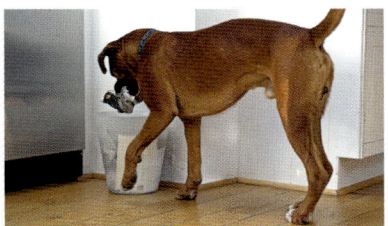

Müll einsammeln
Hat der Hund das Prinzip des Aufräumens verstanden, können Sie ihn auch Abfall zum Mülleimer oder Wäsche zum Korb tragen lassen.

HILFE IM HAUSHALT

Schlafen gehen

Mit dieser Übung können Sie Ihren Hund an einen sicheren Ort schicken, wenn Sie kurz einmal nicht auf ihn achten können, weil z. B. ein Besucher kommt oder Sie etwas anderes tun, bei dem Sie sich konzentrieren müssen.

Die Übung ist einfach zu lernen. Manche Hunde halten sie aber nicht lange durch, da sie lieber bei Herrchen oder Frauchen sind. Üben Sie dies also behutsam und bauen Sie die Übung langsam auf. Belohnen Sie den Hund überschwänglich, wenn er Ihnen gehorcht anstatt das zu tun, was er viel lieber tun möchte, nämlich bei Ihnen sein.

2.
»Geh ins Bettchen!«
Geben Sie dem Hund dieses Kommando, um nach dem Leckerchen zu suchen. Er sollte so laufen müssen, dass er auf dem »Bettchen« stehen muss, um es zu finden.

1.
Leckerchen platzieren
Lassen Sie den Hund sitzen und warten (S. 128–129) oder bitten Sie jemanden, ihn zu halten. Zeigen Sie ihm ein tolles Leckerchen und legen Sie es gut erreichbar, aber außer Sicht hinter sein »Bettchen«.

»Machen Sie aus dieser **Übung** ein **lustiges Spiel** mit viel **Lob** und tollen **Leckerchen.**«

Praxistipps

Wenn der Hund versteht, was er bei »Geh ins Bettchen!« tun soll, können Sie langsam das Leckerchen weglassen und ihn nur noch belohnen, wenn er sich auf Kommando hinlegt.

Bauen Sie die Übung aus, indem Sie den Hund auch in sein Bettchen schicken, wenn es gerade viel spannendere Dinge gibt, die er beobachten möchte.

3
»Platz!«
Hat der Hund das Leckerchen gefressen, gehen Sie auf ihn zu und sprechen Sie ihn mit Namen an, damit er Sie ansieht. Lassen Sie ihn nun auf dem Bettchen »Platz!« machen.

»Feiner Hund!«

4
Angenehme Erfahrung
Loben Sie den Hund, wenn er sich hinlegt und machen Sie die Übung mit Leckerchen und Streicheln besonders angenehm. Üben Sie dies mehrfach und erhöhen Sie langsam die Entfernung, aus der Sie ihn schicken.

HILFE IM HAUSHALT

Weigert sich der Hund zu gehen, beharren Sie sanft darauf, dass er es tut, üben das nächste Mal aber wieder in einer weniger ablenkenden Situation, um ihn nicht zu überfordern.

Lässt sich der Hund verlässlich in sein Bettchen schicken und bleibt dort, bis sie Ihn rufen, sollten Sie ihn reichlich und begeistert belohnen. Bleibt der Hund länger am Platz, gehen Sie mehrfach hinüber und belohnen ihn.

So schön weich
Das Bettchen des Hundes sollte schön weich und nicht zu weit von Ihnen entfernt platziert sein, damit der Hund Sie nicht suchen kommt.

Ablenken
Der Hund wird bereitwilliger auf seinem Bettchen bleiben, wenn Sie ihm etwas Leckeres zum Kauen geben, bei dem er gerne liegen bleibt.

Türen schließen

Ein Hund, der Türen schließen kann, ist eine Attraktion, aber auch ein nützlicher Helfer. Diese Übung ist sehr schwer und braucht daher viel Zeit und Geduld. Am besten übt man sie in ganz kleinen Schritten.

Bringen Sie dem Hund zunächst bei, ein Target (Ziel), z.B. einen Stift, mit der Nase zu berühren, und belohnen Sie ihn immer, sobald er das Target berührt. Üben Sie dies so lange, bis der Hund bereitwillig kommt, um das Target zu berühren, wenn Sie es ihm hinhalten. Später können Sie auch eine Haftnotiz als Target verwenden, die Sie zunächst in Ihre Hand und dann auf die Tür kleben.

1.
Target-Training
Halten Sie dem Hund einen Stift hin und belohnen Sie ihn, wenn er ihn mit der Nase berührt. Hat er dies begriffen, sagen Sie »Mach zu!«, bevor Sie den Stift hinhalten.

2.
Stift gegen Zettel tauschen
Kleben Sie eine Haftnotiz in Ihre Hand, geben Sie das Kommando »Mach zu!« und belohnen Sie den Hund überschwänglich, wenn er den Zettel mit der Nase berührt.

3.
Den Zettel berühren
Kleben Sie den Zettel an eine niedrige Tür, geben Sie das Kommando und warten Sie. Versteht er nicht, kleben Sie den Zettel wieder in Ihre Hand und halten sie an die Tür, bis er es versteht.

4 ◁
»Mach zu!«
Hat der Hund gelernt, die Tür zu schließen, indem er gegen den Zettel drückt, können Sie anfangen, ohne Zettel zu üben. Nutzen Sie zunächst den Zettel, lassen Sie ihn aber nach zwei erfolgreichen Versuchen weg und üben Sie nur mit Kommando. Schließt der Hund die Tür, belohnen Sie ihn und beenden das Training.

HILFE IM HAUSHALT

> **»Üben** Sie an **verschiedenen Türen,** bis er auf **Kommando jede** Art von **Tür schließt.«**

Praxistipps

Drückt der Hund die Tür bei Schritt 3 nicht fest, animieren Sie ihn, halten ihn fest und lassen ihn erst nach dem Kommando los. Er wird mit Schwung loslaufen und so die Tür schließen. Belohnen Sie ihn dafür.

Die Tür zuziehen
Spielen Sie Tauziehen mit einer Schlaufe, bis der Hund begeistert daran zieht. Hängen Sie sie dann an eine Tür und animieren Sie ihn mit »Zieh!«.

Belohnen Sie ihn nie, wenn er mit der Pfote statt mit der Nase drückt. **Drücken mit der Pfote hinterlässt irgendwann hässliche Kratzspuren an den Türen.**

Wenn Sie an verschiedenen Türen üben, beginnen Sie stets mit Schritt 3, damit der Hund Sie einfacher versteht.

Gute Manieren

Ein gut erzogener Hund ist ein angenehmer und beliebter Begleiter, mit dem man gerne vor die Tür geht. Hunde, die an Menschen hochspringen, ihnen Essen aus der Hand schnappen, zappelig sind, sich vor Menschen durch Türen drängen, hinter allem herjagen, dauernd bellen und nicht in den Griff zu bekommen sind, machen das Zusammenleben schwer. Um dies alles zu vermeiden, bringen Sie Ihrem Hund gutes Benehmen bei und machen Sie sich und ihm das Leben angenehm. Geduldiges Training zu Hause und unterwegs sorgt dafür, dass der Hund überall gern gesehen ist.

DER GEFAHR HINTERHER
Unkontrolliertes Jagen kann den Hund und seinen Besitzer in Gefahr bringen. Es ist besser, die überschüssige Energie im Spiel abzubauen.

»Nicht hochspringen!«

Hunde springen an uns hoch, um uns zu begrüßen und unsere Aufmerksamkeit zu bekommen. Das mag bei Welpen niedlich sein, ist aber bei erwachsenen Hunden eher unangenehm und sogar gefährlich.

Alle Familienmitglieder und alle mit dem Hund vertrauten Menschen, müssen bei der Erziehung zusammenarbeiten. Mit dem hier gezeigten einfachen Trick wird der Hund schnell lernen, dass das Hochspringen sich für ihn nicht lohnt. Wird er mit Aufmerksamkeit belohnt, wenn er bei der Begrüßung mit allen Vieren auf dem Boden bleibt, lässt er das Springen schnell bleiben.

1 ◁
Schlechte Angewohnheit
Ermutigen Sie den Hund nicht zum Hochspringen, um Aufmerksamkeit zu erhalten, das wird bald zu einer unangenehmen Angewohnheit.

2 △
Die kalte Schulter
Sie dürfen den Hund weder ansprechen, ansehen noch anfassen. Wenden Sie sich mit verschränkten Armen ab, bis er aufhört.

»Feiner Hund!«

3.
Belohnung
Sobald der Hund wieder ruhig steht, hocken Sie sich vor ihn hin und begrüßen und loben Sie ihn enthusiastisch. Springt er wieder hoch, stehen Sie auf und wiederholen die Übung, indem Sie sich abwenden und ihn ignorieren, bis er aufhört hochzuspringen.

»Wenn Sie sich **hinhocken,** kann der Hund **näher** an Sie **herankommen.**«

4.
Freunde begrüßen
Wenn Besucher kommen, leinen Sie ihn an, damit er sie nicht anspringt. Sie sollten ihn nur begrüßen, wenn er ruhig bleibt, und können die hier gezeigte Übung mitmachen.

GUTE MANIEREN

Praxistipps

Haben Sie mit der Erziehung begonnen, ist es wichtig, dass alle Bekannten des Hundes gleich reagieren, sobald er sie anspringt: nicht berühren, nicht ansehen, nicht ansprechen, bis er aufhört.

Seien Sie geduldig und konsequent. Es kann ein paar Wochen dauern, bis sich Erfolge einstellen und der Hund nicht mehr hochspringt. Die ersten Schritte sind mühsam und manchmal auch frustrierend, aber irgendwann bemerken Sie auf einmal eine Verbesserung (S. 118–119). Belohnen Sie Ihren Hund immer großzügig, wenn er am Boden bleibt.

Wenn Ihr Hund bereits »Sitz!« beherrscht, lassen Sie ihn sitzen, bevor er hochspringen kann. Das kann helfen, denn Sie geben ihm ja etwas zu tun, das nicht zum Hochspringen passt. Hocken Sie sich zu ihm herunter und loben Sie ihn besonders fürs »Sitz!« machen.

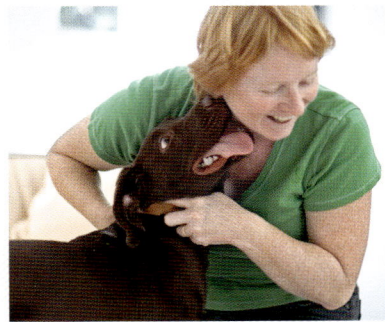

Beherrschter Enthusiasmus
Welpen wollen zur Begrüßung unser Gesicht lecken. Hocken Sie sich nieder, damit der Hund lernt, Sie zu begrüßen, ohne Sie anzuspringen.

»Schnapp nicht!«

Ein Hund schnappt nach Futter, um es zu sichern. Verhindern Sie dieses Verhalten, indem Sie ihm beibringen, geduldig zu warten.

Das Schnappen entwickelt sich meist im Welpenalter, wenn ein unerfahrener Welpe versehentlich die Hand seines Halters beißt, die Futter hält. Der Halter zieht daraufhin die Hand mit dem Futter zurück, um nicht noch einmal gebissen zu werden. Die unvermeidliche Folge ist, dass der Welpe lernt, dass er schnell sein muss, um das angebotene Futter zu bekommen, und zu schnappen beginnt.

▷ **Konkurrenz**
Es kann vorkommen, dass ein anderer Hund sich das Leckerchen schnappt, also muss Ihr Hund schneller sein. Das führt aber schnell zu Unfällen, bei denen er das Leckerchen und Ihre Hand erwischt.

△ **Auf der flachen Hand**
Eine Möglichkeit ist, das Futter auf der flachen Hand zu reichen. Legen Sie den Daumen an und halten Sie die Finger gestreckt, um es dem Hund einfacher zu machen. Diese Methode macht es auch Kindern leichter, den Hund zu belohnen.

Praxistipps

Um Ihrem Hund das Schnappen abzugewöhnen (gegenüber), sagen Sie nur einmal »Aus!« und halten dann die Hand still, bis er sich zurückzieht.

Bleiben Sie beim Üben ruhig und geduldig, bis er seine Nase von Ihrer Hand zurückzieht. Sagen Sie nichts – er soll von allein begreifen. Belohnen Sie ihn großzügig, wenn er aufgibt und von Ihrer Hand ablässt.

Versucht Ihr Hund anfangs, seine Zähne einzusetzen, ziehen Sie zum Schutz einen alten Lederhandschuh an.

Bei zwei Hunden lassen Sie diese getrennt sitzen und warten, damit Sie sie einzeln füttern können, ohne dass Konkurrenz entsteht.

»Pfoten runter!«
Pfötelt Ihr Hund nach der Hand mit dem Leckerchen, heben Sie sie höher, aber nicht so hoch, dass er mit dem Maul nicht mehr dran kommt.

1 ▷

»Aus!«
Bringen Sie dem Hund bei, ruhig auf sein Futter zu warten, indem Sie ihm die geschlossene Faust mit einem Leckerchen hinhalten. Sagen Sie »Aus!« und ignorieren Sie seine Bemühungen, ans Futter zu kommen.

2 ◁

Warten
Halten Sie still und warten Sie, bis sich ein kleiner Abstand zwischen Ihrer Faust und seiner Nase bildet, weil der Hund sich zurückzieht. Öffnen Sie schnell die Hand und geben Sie ihm das Leckerchen.

3 ▷

Geduld belohnen
Üben Sie, bis der Hund gelernt hat, Abstand von der Hand zu halten, um sein Leckerchen zu bekommen. Er wird dann geduldig warten, wenn Sie »Aus!« sagen.

Ablegen

Hat Ihr Hund gelernt, sich auf Kommando abzulegen, können Sie sich überall mit ihm sehen lassen. Es ist auch nützlich, wenn Sie beschäftigt sind, z. B. am Telefon oder im Gespräch mit Bekannten auf der Straße.

Bevor Sie Ihrem Hund das Ablegen beibringen können, muss er »Platz!« beherrschen (*S. 126–127*). Beginnen Sie mit dem Training zu Hause in der Nähe seines Bettchens. Hat er gelernt, sich neben Ihnen abzulegen, und weiß, dass er für ruhiges Daliegen belohnt wird, können Sie das Training in eine weniger vertraute Umgebung, wie etwa das Haus eines Bekannten, verlegen.

»Feiner Hund!«

1 ▲
Hinlegen
Leinen Sie den Hund an und lassen Sie ihn ruhig neben sich auf seinem Bett sitzen. Sobald er sich entspannt, lassen Sie ihn sich hinlegen, indem Sie ihn bei Bedarf mit einem Leckerchen locken.

2 ▷
Entspannen
Setzen Sie sich entspannt in einen Sessel, loben Sie ihn ruhig und streicheln Sie ihn, damit er weiß, dass er es richtig gemacht hat. Wird er unruhig und springt auf, lassen Sie ihn sich erneut hinlegen.

3. ▽
Für Beschäftigung sorgen
Geben Sie dem Hund etwas zum Kauen (S. 95), um ihn zu beschäftigen, während Sie ein Buch lesen oder fernsehen. Üben Sie zunächst nur einige Minuten lang und dehnen Sie die Übung später nach und nach aus.

4. △
Standortwechsel
Versuchen Sie die Übung in vertrauter Umgebung. Sobald der Hund sich an verschiedenen vertrauten Orten ablegt, verlegen Sie die Übung an zunehmend unruhigere Orte, bis er auch da die Ruhe bewahrt.

»Dies ist besonders **nützlich**, wenn Sie **beschäftigt** sind oder sich **konzentrieren** müssen.«

GUTE MANIEREN

Praxistipps

Beim Ablegen muss der Hund sich ruhig verhalten, sorgen Sie also dafür, dass er sich körperlich und mental austoben konnte, bevor Sie mit dieser Übung beginnen

Ablegen ist etwas anderes als »Warte!« (S. 128–129), wo der Hund in einer Position bleibt. Hier darf er die Position wechseln, sich ausstrecken und ein wenig bewegen, solange er nahe bei Ihnen bleibt und sich ruhig verhält.

Gewöhnen Sie ihn langsam an das Ablegen an verschiedenen unruhigen Orten, bis er sich überall entspannen kann. Das ermöglicht es Ihnen, ihn bedenkenlos überallhin mitzunehmen.

Unterwegs
Es fällt Ihrem Hund schwerer, sich in einer Umgebung voller Ablenkungen abzulegen. Bleiben Sie geduldig und geben Sie nicht nach.

»Nicht drängeln!«

Wenn Ihr Hund sich vor Ihnen durch eine Tür drängt, kann er Sie zu Fall bringen, in den Verkehr laufen oder sich auf andere Weise in Gefahr bringen. Es ist sicherer, wenn er sich hinsetzt und Sie vorgehen lässt.

Hunde, die gelernt haben, geduldig auf ihre Halter zu warten und sie vorgehen zu lassen, entwickeln eine bessere Selbstbeherrschung und haben mehr Respekt vor ihrem Halter. Abgesehen von den guten Manieren, macht es Ihnen das Leben leichter und wird auch von Besuchern geschätzt. Diese Übung baut auf »Sitz!« (S. 122–123) und »Warte!« (S. 128–129) auf, die Ihr Hund zuerst beherrschen muss.

AUFBAU-TRAINING

1 ▽
Vorfreude
Die Vorfreude auf den Spaziergang und das Unbekannte kann den Hund schnell zum Vordrängen verleiten. Wenn Sie ihm das erlauben, können Sie nicht mehr überprüfen, ob es draußen auch sicher für ihn ist.

2 △
»Sitz!«
Damit der Hund lernt, zu warten, stellen Sie sich zwischen ihn und die Tür und lassen Sie ihn »Sitz!« machen. Schließen Sie die Tür, sobald er hindurchstürmen will.

3 ▷
Erst warten, dann starten
Öffnen Sie langsam die Tür. Wenn der Hund sich bewegt, schließen Sie sie schnell und lassen ihn Sitz machen. Üben Sie, bis Sie hindurch gehen können, während er abwartet.

4 ◁
Belohnung
Sobald Sie auf der anderen Seite der Schwelle sind, drehen Sie sich um und loben Sie den Hund. Belohnen Sie ihn großzügig fürs geduldige »Sitz!«.

> »Belohnen Sie ihn für das ausgehaltene Sitz!«

5 ◁
Auflösung
Wenn Sie bereit sind, entlassen Sie den Hund aus dem »Sitz!«, indem Sie ihn durch die offene Tür zu sich rufen. Üben Sie dies regelmäßig, bis er automatisch vor Türen wartet.

»Hier!«

Praxistipps

Sorgen Sie immer dafür, dass der Hund sich vor dem Üben austoben kann. Ein müder Hund wird sehr viel eher sitzen bleiben als ein lebhafter und aufgeregter.

Versucht Ihr Hund immer wieder, durch die Tür zu stürmen, sobald Sie sich bewegen, können Sie ihn anleinen, auf seine Position setzen und geduldig von vorn beginnen.

Unter Kontrolle
Haben Sie mehrere Hunde, müssen Sie sie jederzeit unter Kontrolle haben. Diese Übung hilft den Hunden, Selbstbeherrschung zu lernen, wenn sie im Rudel sind.

Arbeiten Sie bei mehreren Hunden immer nur mit einem auf einmal, bis alle die Übung beherrschen. Dann üben Sie mit zwei Hunden und schließlich mit drei, bis alle zusammen ruhig sitzen bleiben, während Sie zuerst durch die Tür gehen.

Indem Sie darauf bestehen, dass Ihr Hund an der Tür wartet und Ihnen den Vortritt lässt, lernt er, dass seine Bedürfnisse keinen Vorrang vor Ihren haben und dass Sie das Revier beherrschen.

GUTE MANIEREN

»Nicht jagen!«

Viele Hunde, vor allem Jagd- und Hütehunde, lieben die Verfolgung und bringen sich damit gerne selber in Schwierigkeiten. Sie laufen vor Autos oder Fahrräder oder erschrecken und verängstigen ihre »Beute«.

Damit das nicht passiert, muss man den Jagdtrieb des Hundes in sinnvollere und sicherere Kanäle lenken. Indem er lernt zu spielen und hinter Spielzeug herzurennen, kann er das Vergnügen der Verfolgung auf sichere Art und Weise genießen. Damit er nicht mehr hinter Autos, Fahrradfahrern, Joggern, Katzen oder auch anderen Hunden herjagt, muss man die Verfolgung jederzeit abbrechen können (S. 154–155).

◁ **Gefährliche Spiele**
Der Verfolgungstrieb ist stark. Neben der Bewegung können auch die Angst vor Lärm und der Geruch von Maschinen oder der Schreck eines plötzlich auftauchenden Joggers oder Radfahrers den Hund zur Verfolgung animieren.

▽ **Unter Kontrolle**
Wenn Ihr Hund jagt, lassen Sie ihn angeleint und bringen Sie Abstand zwischen sich und die »Beute«. Ist er dann immer noch aufgeregt, gehen Sie weiter weg.

▷ **Erste Schritte**
Welpen müssen lernen, Kinder nicht zu jagen. Geben Sie ihnen stattdessen einen Ball und lassen Sie sie in Gegenwart von Kindern angeleint. Die Kinder sollten still stehen bleiben, wenn sie verfolgt werden.

> »**Lenken** Sie den **Verfolgungstrieb** Ihres Hundes **früh** auf **Spielzeuge**.«

▷ **Dem Drang widerstehen**
Jagt Ihr Hund Dinge, die ihn aufregen oder ängstigen, desensibilisieren Sie ihn, indem Sie sich an einem Ort entspannen, wo er sich langsam daran gewöhnen kann. Halten Sie ihn an der Leine und bewegen Sie sich nach und nach näher an die Störung heran.

◁ **Früh üben**
Seien Sie von Anfang an konsequent. Ein Welpe, der sich beherrschen lernt, wird auch als Erwachsener nicht unkontrolliert jagen. Hindern Sie ihn an der Verfolgung und gewöhnen Sie ihn stattdessen an Spielzeuge.

GUTE MANIEREN

Praxistipps

Hunde entwickeln ihre Jagdvorlieben im Welpenalter und der Pubertät, deshalb müssen wir dafür sorgen, dass sie in diesen Lebensphasen nur Spielzeug jagen. Spielen Sie täglich so viele Jagdspiele mit Ihrem Hund, dass er sich völlig verausgabt. Die Energie eines Hundes hängt von seiner Rasse, seinem Alter und seiner Fitness ab. Wenn er Jagdspiele toll findet, bringen Sie ihm früh bei, die Verfolgung abzubrechen (S. 154–155).

Manche Hunde sind aggressiv, wenn sie ihre Beute fangen, und können dann aus Frust oder Aufregung zubeißen, damit sie nicht flieht. Verwenden Sie in diesem Fall einen Beißkorb und suchen Sie professionelle Hilfe für Ihren Hund.

Für die Jagd geboren
Windhunde sind für die Jagd gezüchtet und haben einen starken Verfolgungstrieb, den Sie früh auf Spiele mit Spielzeug lenken müssen.

»Nicht bellen!«

Hunde bellen aus vielerlei Gründen, beispielsweise um das Haus zu bewachen, aus Aufregung oder weil sie unsere Aufmerksamkeit wollen. Um das abzustellen, müssen Sie den Grund für das Bellen kennen.

Die meisten Hunde brauchen nur wenig Anstoß zum Bellen, worin sie sich stark von ihren Vorfahren, den Wölfen, unterscheiden, die kaum bellen. Einige Rassen, vor allem Terrier und Wachhunde sowie einige kleinere Rassen, sind gezielt fürs Aufpassen gezüchtet und bellen mehr als andere. Da die meisten Hunde aber in der Nachbarschaft von Menschen leben, die sich durch das Bellen gestört fühlen können, sollte man unnötiges Bellen unterbinden. Das Ignorieren von Aufmerksamkeitsbellen, Beruhigen aufgeregter Hunde und das Einschränken von Alarmbellen fördert die guten nachbarschaftlichen Beziehungen und schützt Sie selbst vor Stress. Unterbrechen Sie das Bellen und lenken Sie Ihren Hund mit einer anderen Aktivität ab. Lassen Sie ihn zu sich kommen, sobald er die Annäherung eines Fremden an das Grundstück kurz gemeldet hat.

◁ **Aufmerksamkeitsbellen**
Sieht Ihr Hund Sie beim Bellen an, will er vermutlich Ihre Aufmerksamkeit. Sorgen Sie dafür, dass er über den Tag verteilt genügend Zuwendung bekommt und ignorieren Sie ihn konsequent, wenn er Sie anbellt.

△ **Auf Wachposten**
Hunde bellen Briefträger an, weil sie deren Treiben verdächtig finden. Bringen Sie dem Hund bei, sich Leckerchen und Spiele bei Ihnen abzuholen, sobald sich jemand der Haustür nähert.

Praxistipps

Ermutigen Sie einen Welpen niemals zum Bellen. Die meisten Hunde bellen von sich aus, um vor Eindringlingen zu warnen, wenn sie in der Pubertät selbstsicherer werden. Ermutigung führt nur zu einer lästigen Überreaktion.

Ihrem Hund das Bellen beizubringen, ist leicht (rechts). Viel schwerer ist es, ihm das Ruhigsein beizubringen. Versuchen Sie das nur, wenn er bereits sehr viele andere Übungen beherrscht.

»Sprich!«
Reizen Sie Ihren fest angebundenen Hund mit einem Spielzeug. Belohnen Sie jeden leisen Laut sofort mit Freiheit, Spielen und Lob. Belohnen Sie schließlich auch ununterbrochenes Bellen.

»Ruhig!«
Wenn Ihr Hund bellt, sagen Sie »Ruhig!« und geben Sie ein Handsignal. Sobald er aufhört, belohnen Sie ihn sofort mit Lob und Leckerchen. Üben Sie dies mehrfach innerhalb einer kurzen Zeitspanne.

Überdrehtheit
Manche Hunde bellen, wenn sie aufgeregt sind. Tun Sie gar nichts, bis der Hund wieder schweigt. Das beruhigt ihn und zeigt ihm, dass Bellen zu keinem Ergebnis führt.

Berührungen zulassen

Wenn der Hund lernt, sich anfassen zu lassen, sorgt dies nicht nur für eine stärkere Bindung zu Ihnen. Der Hund ist dann entspannter und einfacher zu versorgen, wenn er krank oder verletzt sein sollte.

Für uns ist es ein Zeichen unserer Zuneigung, wenn wir unsere Hunde anfassen und umarmen. Hunde berühren sich aber eigentlich nur zur Paarung oder beim Kampf. Daher sollte man Hunde schon früh daran gewöhnen, dass wir sie anfassen, umarmen, festhalten und hochheben. So werden regelmäßige Gesundheitschecks, Fellpflege, Baden, Zähne putzen und Krallenschneiden für beide Seiten einfacher.

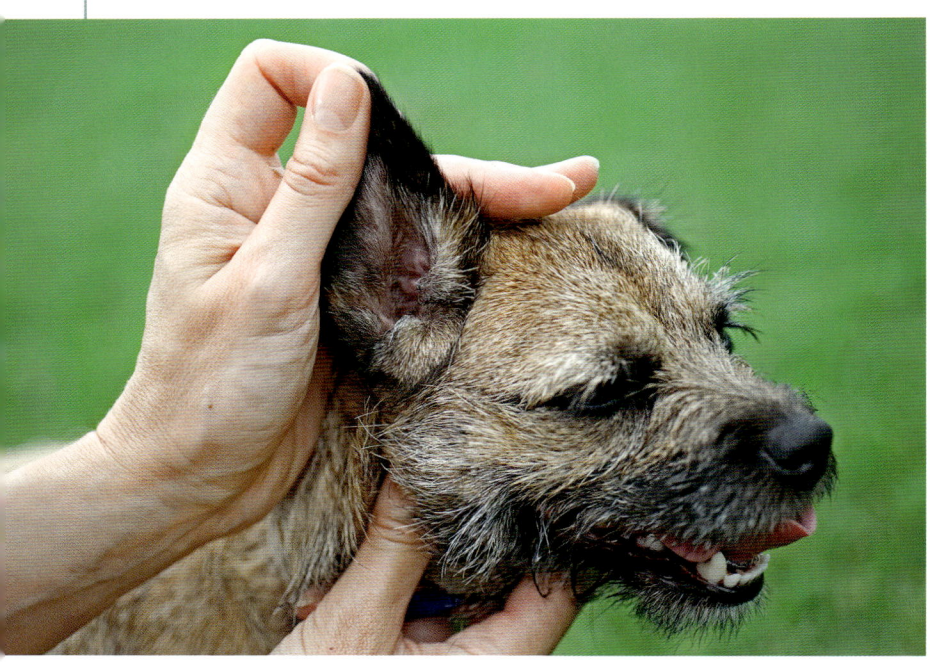

△ **Die Ohren anheben**
Heben Sie das Ohr langsam an, um hineinzusehen. Ist ihm das zuviel, berühren Sie es erst nur und belohnen ihn. Dann beginnen Sie, das Ohr leicht zu bewegen.

▷ **Die Zähne kontrollieren**
Gewöhnen Sie den Hund daran, dass Sie seine Zähne kontrollieren. Halten Sie seinen Kopf und ziehen Sie die Lippe sanft hoch, bis Sie die Zähne sehen.

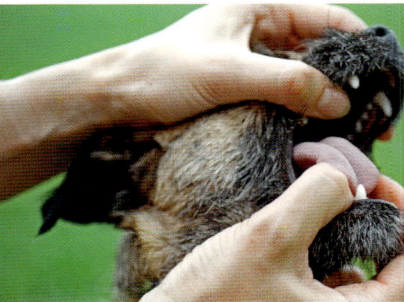

△ **Das Maul öffnen**
Öffnen Sie sanft sein Maul und lassen Sie sofort wieder los. Halten Sie beim nächsten Mal etwas länger fest. Belohnen Sie sofort.

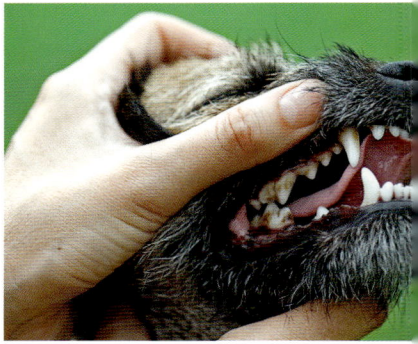

Praxistipps

Wirkt der Hund ängstlich, schnappt oder zeigt andere Anzeichen, dass er sich bei dem unwohl fühlt, was Sie gerade tun, seien Sie sanfter und gehen Sie langsamer vor. Beruhigen Sie ihn mit Streicheln und einer leichten Massage.

Berührung
Menschen streicheln und umarmen ihre Hunde gern. Die Hunde müssen erst lernen dies zuzulassen, ehe sie es genießen.

Ist der Hund unruhig und will nicht stillhalten, lassen Sie ihn sich beim nächsten Mal erst austoben.

Gewöhnen Sie den Hund daran, festgehalten zu werden, indem Sie ihn fest umarmen (aber ohne Zwang). Lassen Sie ihn los, sobald er sich entspannt.

▷ **Pfoten berühren**
An den Pfoten sind Hunde sehr empfindlich. Berühren Sie sie erst nur sanft und üben Sie langsam, sie festzuhalten. Berühren Sie die Krallen mit der Zange und belohnen Sie den Hund. So gewöhnt er sich langsam an das Krallenschneiden.

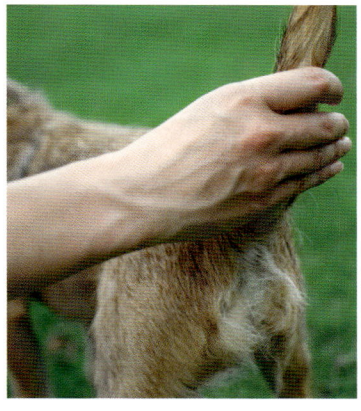

△ **Den Schwanz anheben**
Üben Sie sanft, den Schwanz des Hundes anzuheben. So lernt er, diese Berührung zu akzeptieren, und Sie können ihn besser begutachten.

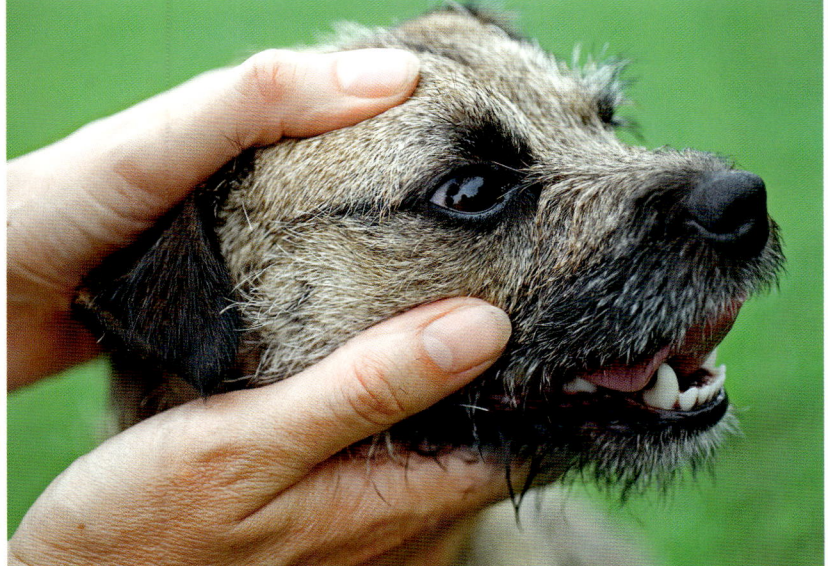

◁ **Die Augen untersuchen**
Legen Sie einen Daumen über sein Auge, den anderen darunter und ziehen Sie die Augenlider sanft auseinander, um das Auge ansehen zu können. Ist der Hund beunruhigt, halten Sie zunächst nur den Kopf.

»Menschen **streicheln** und **umarmen** ihre Hunde gerne. Die Hunde müssen aber erst **langsam lernen, dies zuzulassen.**«

▷ **Hochheben**
Legen Sie beim Hochheben eine Hand unter den Po des Hundes, um ihn zu stützen, und die andere unter seine Brust. Heben Sie ihn langsam an, damit er sich sicher fühlt und ziehen Sie ihn langsam an sich.

GUTE MANIEREN

5

Hunde-Dilemma

Erziehungsprobleme

Erziehungsprobleme

Schnell kommt man beim Training an einen Punkt, an dem der Hund nicht weiterarbeiten mag oder schlicht nicht versteht, was man von ihm will. Dieses Kapitel kann Ihnen dabei helfen herauszufinden, was schiefläuft, und Lösungsansätze für Ihre Probleme bieten. Hier finden Sie die häufigsten Probleme, die bei der Hundeerziehung auftreten, aber auch Richtlinien für den Umgang mit Aggressionen bei Hunden sowie Informationen, wie Sie Hilfe finden können, wenn sich die Probleme nicht so einfach lösen lassen.

AUSSER KONTROLLE
Die Hundeerziehung ist nicht immer einfach. Manchmal braucht man Hilfe oder guten Rat, um Probleme mit dem Hund zu lösen.

Das ist keine Belohnung

Damit positive Verstärkung funktioniert, muss der Hund seine Belohnung auch mögen. Sie müssen also wissen, was Ihr Hund am liebsten mag und einschätzen, was für ihn im Moment die beste Belohnung ist.

Hunde müssen sich zwischen dem entscheiden, was sie selbst gerne tun möchten, und dem, was wir von ihnen wollen. Daher muss die angebotene Belohnung der verlangten Übung entsprechen und für ihn wertvoll sein. Wenn Sie Mühe haben, Ihren Hund zur richtigen Reaktion zu verleiten, versuchen Sie, schmackhaftere Leckerchen oder Spiele (S. 108–109) oder auch etwas ganz anderes anzubieten.

◁ *Zu viel Druck*
Ein wenig geschätztes Leckerchen und zu viel Druck vom Halter können beim Hund schnell jedes Interesse erlöschen lassen. Seien Sie entspannter und bieten Sie Ihrem Hund als Belohnung begehrtere Leckerchen an.

△ *Die beste Wahl*
Finden Sie heraus, welche Leckerchen und Spiele Ihr Hund am liebsten mag. Verwenden Sie diese für die schwierigsten Aufgaben und an Tagen, an denen er keine Lust hat.

◁ *Spaß haben*
Gemeinsamer Spaß sorgt für eine gute Beziehung zum Hund, wodurch auch Lob und Streicheln zur Belohnung werden. Leckerchen und Spiele erzeugen dann mehr Aufmerksamkeit.

»Finden Sie heraus, welche **Leckerchen** und **Spiele** Ihr Hund am liebsten mag.**«**

◁ *Erkunden dürfen*
Ist der Hund draußen unkonzentriert oder desinteressiert, ist er vielleicht aufgeregt oder beunruhigt. Lassen Sie ihn erst einen kleinen Bereich erkunden, damit er lernt, mit den neuen und ungewohnten Eindrücken umzugehen.

▷ *Aufgepasst!*
Hat der Hund sich umgesehen und ist entspannt, bieten Sie ihm ein Leckerchen oder ein Spiel an, um seine Aufmerksamkeit auf sich zu lenken, dann üben Sie weiter. So lernt der Hund, sich auch beim Training im Freien zu konzentrieren.

Praxistipps

Das Unerwartete ist spannender als das Vertraute. Bieten Sie Ihrem Hund wechselnde Leckerchen und versuchen Sie etwas Neues, wenn Interesse oder Leistungen nachlassen.

Gehen Sie bei einer Übung erst zur gelegentlichen Belohnung über, wenn der Hund das Kommando wirklich versteht.

Machen Sie ein neues Spielzeug wertvoll, indem Sie es für sich behalten und den Hund nur nach besonderen Leistungen kurz damit spielen lassen. Er wird sich dafür besonders anstrengen.

Erster Preis
Erhöhen Sie den Wert eines Spiels oder eines Leckerchens, indem Sie dem Hund zuerst etwas anderes anbieten.

ERZIEHUNGSPROBLEME

Schlechtes Timing

Wenn die Belohnung zum falschen Zeitpunkt kommt, kann der Hund nicht verstehen, was Sie ihm beibringen wollen. Jede belohnte Handlung wird verstärkt. Kommt eine Belohnung zu spät, führt das nur zu Verwirrung.

Damit Ihr Hund Ihre Anweisungen verstehen kann, müssen Sie ihn für eine richtige Aktion immer sofort belohnen (S. 112–113). Eine extra Tasche für Leckerchen kann hilfreich sein, denn damit hat man sie immer griffbereit. Wenn Sie den Hund zu spät belohnen, weiß er nicht, was er richtig gemacht hat und wird nicht das lernen, was Sie von ihm wollen. Er wird verwirrt und frustriert sein und Sie beide haben keinen Spaß mehr am Training.

△ **Zu wenig und zu spät**
Wird der Hund zu spät belohnt, sieht er keinen Grund, seine Aktion zu wiederholen und hat bald kein Lust mehr zu üben. Sein Desinteresse sorgt beim Halter für Frustration.

▷ **Im richtigen Moment**
Damit die Belohnung im richtigen Moment kommt, beobachten Sie Ihren Hund genau und halten Sie die Leckerchen immer griffbereit, damit Sie ihn genau in dem Moment belohnen können, in dem er eine Aktion richtig ausführt. Und wenn Sie das Leckerchen einmal nicht griffbereit haben, loben und streicheln Sie ihn begeistert, bis Sie es ihm geben können. Warten Sie nicht, bis er schon wieder an etwas ganz anderes denkt.

△ **Das Richtige belohnen**
Seien Sie sich darüber klar, was genau der Hund tun soll und belohnen Sie ihn auch nur dafür. Wenn Sie unerwünschtes Verhalten belohnen, z. B. wenn er das Spielzeug beim Aufräumen vor der Kiste fallen lässt, wird er dieses Verhalten lernen.

◁ **Kleine Schritte belohnen**
Belohnen Sie bei neuen Übungen schon kleine Versuche des Hundes, die in die richtige Richtung gehen. Belohnen Sie beim nächsten Üben etwas später, wenn er etwas mehr zeigt.

»**Beobachten** Sie Ihren Hund **genau** und halten Sie ein **Leckerchen griffbereit**, um ihn **sofort zu belohnen.**«

Praxistipps

Ein desinteressierter, frustrierter Hund ist ein Anzeichen für schlechtes Timing.
Versucht er, während des Trainings wegzugehen, oder bellt frustriert, überprüfen Sie Ihr Timing.

Gelingen einfache Übungen, während kompliziertere scheitern, spricht dies auch für schlechtes Timing. Können Sie den Fehler nicht selbst beheben, suchen Sie die Hilfe eines professionellen Trainers, der Ihnen zeigen kann, wie es geht. Dann werden Sie und Ihr Hund sich wieder auf das Training freuen.

Die Anzeichen erkennen
Wendet sich Ihr Hund während des Trainings ab, könnte es sein, dass Ihr Timing falsch ist. Üben Sie, ihn im richtigen Moment zu belohnen.

ERZIEHUNGSPROBLEME

Machen Sie es ihm einfach

Hunde haben ein weniger komplexes Gehirn als Menschen und sind nicht so intelligent. Tappen Sie nicht in die Falle, sie wie Kinder zu behandeln. Wir müssen unseren Hunden helfen, uns zu verstehen.

Damit der Hund Sie verstehen kann, müssen Sie es ihm einfach machen, Ihnen zu gehorchen. Versteht der Hund Sie nicht, verwirrt ihn das nur. Wenn Sie dies merken, wiederholen Sie eine leichtere Übung und belohnen Sie richtige Aktionen immer sofort.

△ **Helfen Sie Ihrem Hund**
Dieser Hund braucht etwas Hilfe. Die Besitzerin wollte zu viel auf einmal und er versteht nicht, was er tun soll. Leider halten viele dieses Verhalten für Ungehorsam und sind frustriert.

▷ **Einen Schritt zurück**
Helfen Sie Ihrem Hund, indem Sie einen einfacheren Schritt üben. Das gibt ihm Sicherheit und baut Vertrauen auf. Mithilfe der Haftnotiz erinnert sich dieser Hund, was er tun soll (S. 184–185).

△ **Eindeutige Kommandos**
Dieser Hund soll seiner Besitzerin sein Spielzeug bringen. Er reagiert sofort auf ihren Ruf, vergisst aber in der Aufregung das Spielzeug. Manchen Menschen halten dies bereits für Ungehorsam.

»Sie **helfen** Ihrem Hund, wenn Sie ihn **sanft** daran **erinnern,** was Sie **möchten** – das bringt **Erfolg.**«

△ **Das Spielzeug zeigen**
Wenn Sie Ihrem Hund helfen, indem Sie ihm zeigen, was Sie möchten, wird er Sie auch verstehen. Belohnen Sie ihn unbedingt, damit er sich beim nächsten Mal daran erinnert, das Spielzeug mitzubringen.

▷ **Erfolg belohnen**
Wenn Sie Ihrem Hund geduldig helfen, damit er Sie versteht, und nur erwünschtes Verhalten belohnen, wird er Sie beim nächsten Mal schneller verstehen und die Aufgabe wahrscheinlich richtig machen.

ERZIEHUNGSPROBLEME

Praxistipps

Gehen Sie immer davon aus, dass Ihr Hund verwirrt ist und nicht ungehorsam. Er ist nicht stur oder ignoriert Sie absichtlich, er ist nur durcheinander.

Wenn Ihr Hund nicht reagiert, sehen Sie nach, ob es ihm gut geht und überprüfen Sie, ob er an der Belohnung interessiert ist. Dann beginnen Sie erneut mit dem einfachsten Schritt der Übung.

Es ist normal, dass Sie frustriert sind, wenn Ihr Hund nicht wie gewünscht reagiert, aber das ist unproduktiv. Wiederholen Sie lieber eine vertraute Übung und belohnen Sie ihn dafür. Machen Sie eine Pause, überdenken Sie die Übung und beginnen Sie erneut.

Ignoriert?
Schaltet der Hund ab, beenden Sie das Training. Überlegen Sie, wie Sie ihm einfacher klarmachen können, was er tun soll.

Überschüssige Energie

Junge Hunde und lebhafte Rassen benötigen viel Bewegung, bevor sie sich aufs Lernen konzentrieren können. Hat der Hund seine überschüssige Energie abgebaut, fällt es ihm einfacher, aufmerksam zu sein.

Ist Ihr Hund übermütig und ungestüm, wird er sich kaum auf etwas konzentrieren können. Daher ist es das Beste, wenn er sich erst einmal auf einem Spaziergang oder beim Spielen austoben kann, bevor Sie üben. Wie lange der Hund toben muss, hängt von seinem Alter und der Rasse ab. Übertreiben Sie es aber nicht. Der Hund soll ja nicht so müde sein, dass er keine Lust mehr zum Trainieren hat.

◁ **Austoben lassen**
Gönnen Sie Ihrem Hund eine schöne Toberunde mit Rennen und Spielen, bevor Sie mit ihm üben, damit er seine Energie loswerden kann. Dies ist besonders wichtig vor sehr ruhigen Übungen, wie etwa dem »Ablegen« (S. 192–193).

▽ **Frei laufen**
Für lebhafte Hunde ist das freie Laufen besonders wichtig. Üben Sie früh, ihn zurückzurufen (S. 124–125), damit Sie ihn in sicheren Bereichen ableinen können.

> »Die **Energie** des Hundes hängt von **Alter** und **Rasse** ab.«

▽ **Kein Interesse mehr**
Welpen können sich nicht lange konzentrieren. Üben Sie daher nur kurz. Erwarten Sie nicht, dass der Welpe lange still sitzt. Sein Bewegungsdrang ist enorm.

△ **Denkaufgaben**
Interessante Spiele mit Spielzeug sind nicht nur körperliches Training, sondern fordern den Hund auch mental. Nach einem ausgelassenen Spiel sind junge Hunde viel aufnahmefähiger.

◁ **Neue Tricks**
Ältere Hunde können sich besser konzentrieren und oft sofort mit einer Übung beginnen, ohne sich erst bei einem Spiel austoben zu müssen.

Praxistipps

Ist ein junger Hund abgelenkt oder überdreht, springt er z. B. auf, knabbert an Ihren Fingern oder an einem Spielzeug, muss er vor dem Training noch ein wenig Energie loswerden. Hat er sich etwas ausgetobt, kann er sich besser auf die Übungen konzentrieren.

Erhöhen Sie bei jedem Spaziergang leicht das Maß an Bewegung, das Ihr Hund bekommt. Benutzen Sie zum Werfen lieber Spielzeug, da Stöcke den Hund im Maul verletzen können.

Die Kontrolle behalten
Alle Hunde brauchen die Freiheit, ohne Leine laufen zu dürfen, aber man muss sie jederzeit zuverlässig mit Kommandos kontrollieren können.

Er ist nur zu Hause brav!

Es gibt Hunde, die zu Hause gut erzogen und brav sind, aber außer Haus vollkommen unerzogen wirken. Oft liegt das nicht am Hund, sondern am Training: Sie müssen alle Übungen in verschiedenen Situationen üben.

Ist der Hund mit einem Kommando nicht wirklich vertraut, reagiert er möglicherweise nicht, wenn Sie mit ihm außer Haus sind. Zudem lassen sich Hunde in ungewohnten Situationen leicht ablenken und achten nicht auf ihren Halter. Damit ein Kommando überall funktioniert, müssen Sie es von Anfang an mit begehrten Leckerchen in unterschiedlichsten Situationen einüben.

◁ **Unruhig**
Legt der Hund sich zu Hause entspannt hin, wenn Sie Gäste haben, tut dies aber in fremden Wohnungen nicht, braucht er mehr Training. Wenn Sie direkt bei Freunden üben, lernt er, sich in unterschiedlichen Umgebungen zu entspannen.

▽ **Selektive Taubheit**
Weglaufen ist auf Spaziergängen ein häufiges Problem. Viele Hunde reagieren zu Hause auf Zuruf, haben dieses Kommando aber nie in ablenkender Umgebung gelernt.

»Hunde, die **draußen nicht** auf **Kommandos reagieren,** sind **nicht ungezogen,** sondern **abgelenkt.**«

HUNDE-DILEMMA

» **Bleiben** Sie **geduldig** und **trainieren** Sie an ganz **unterschiedlichen Orten**. «

◁ **Mit Leine üben**
Üben Sie geduldig mit einer langen Leine, bis Ihr Hund zuverlässig auf Zuruf kommt. Belohnen Sie ihn dafür immer mit begehrten Leckerchen, bis er perfekt reagiert.

ERZIEHUNGSPROBLEME

△ **Verwirrung**
Viele Hunde zeigen einen Trick, den sie eigentlich beherrschen, nicht vor Publikum. Eine andere Umgebung und fremde Menschen verändern die Gesamtsituation so weit, dass der Hund nicht mehr weiß, was Sie von ihm wollen.

△ **Zurück zu den einfachen Dingen**
Kommt der Hund nicht darauf, was er tun soll, kehren Sie zu einer einfachen Übung zurück, damit er ein Erfolgserlebnis hat. Danach wird er sich auch schneller wieder an andere Dinge erinnern und irgendwann seine Tricks überall beherrschen.

Praxistipps

Hunde, die draußen auf Ihre Kommandos nicht reagieren, sind nicht »ungezogen«, sondern abgelenkt oder verwirrt. Dann müssen Sie die Übung erneut an verschiedenen Orten (S. 114–115) und unter ganz unterschiedlichen Bedingungen trainieren, bis der Hund immer auf das Kommando reagiert.

Ist der Hund außer Haus unsicher oder ängstlich, reagiert er langsamer auf Kommandos, da er beständig damit beschäftigt ist zu prüfen, ob irgendwo eine Bedrohung auf ihn lauert. Bleiben Sie ruhig und geduldig und versuchen Sie ihm zu helfen, seine Ängstlichkeit zu überwinden, bevor Sie mit den Übungen beginnen (S. 156–157). Wenn er sich entspannt, kann er wieder normal reagieren.

Neue Umgebung
Wenn Sie mit Ihrem Hund in unterschiedlichen Umgebungen trainieren, kann er irgendwann in jeder Situation richtig reagieren.

Trennungsprobleme

Als soziale Tiere leiden Hunde darunter, allein gelassen zu werden, sofern man sie nicht allmählich daran gewöhnt. Manche Hunde sind auch zu ruhelos oder verunsichert, um sie problemlos allein zu lassen.

Um Welpen daran zu gewöhnen, alleine zu sein und sich zu beruhigen, beginnt man mit kurzen Trennungsphasen und verlängert diese nach und nach. Übt man dies nicht oder geht zu schnell vor, kann es sein, dass die Hunde bellen, etwas zerstören oder gar ihr Geschäft im Haus verrichten. Die Gewöhnung muss unbedingt in kleinen Schritten erfolgen, am besten beginnt man mit nur wenigen Sekunden Abwesenheit. Dabei sollte zunächst jemand im Haus bleiben, später ist das nicht mehr nötig. Junge oder sehr aktive Hunde können das Warten auf ihre Besitzer manchmal nur schwer ertragen und bellen während der Trennung ausdauernd oder werden zerstörerisch. Hilfreich kann sein, dem Hund etwas zur Beschäftigung zu geben, bevor man geht, oder auch einen Hundeausführer oder Tagespflegeplatz zu organisieren. Manchmal spielen auch Faktoren wie Angst eine Rolle. Finden Sie keine Lösung für ein Trennungsproblem oder die Situation bessert sich nicht, sollten sie professionelle Hilfe suchen.

△ **Lächeln!**
Hunde achten auf Ihren Gesichtsausdruck. Sind Sie beim Verlassen des Hauses aufgeregt, bemerkt der Hund das und wird seinerseits verunsichert oder ängstlich. Lassen Sie Ihren Hund nie länger allein, als er es ertragen kann und Sie selbst unbesorgt sein können.

△ **»Wo bist du?«**
Manche Hunde werden auf der Suche nach Gesellschaft zu Ausbrechern. Bisweilen tun sie das auch, weil sie sich vor etwas im Haus fürchten.

> »Lassen Sie Ihren Hund **nie** länger **allein**, als er es ertragen kann.«

Gutes Training

Sollte Ihr Hund sich alleine ängstigen, versuchen Sie ihn in Ihrer Abwesenheit bei Freunden, Verwandten oder in einer guten Hundetagesstätte unterzubringen und gewöhnen Sie ihn allmählich ans Alleinsein. Das mag mitunter Wochen dauern, aber den Hund über seine Toleranz hinweg allein zu lassen, kann ihn verstören und im Training zurückwerfen. Lassen Sie ihn beim Trainieren in einem vertrauten und ruhigen Raum zurück. Mit einer Überwachungskamera können Sie kontrollieren, ob er sich hinlegt und entspannt ist, falls nicht, gehen Sie sofort wieder zu ihm.

Offen lassen
Eine Hundebox kann als sichere Höhle dienen. Die Tür sollte aber unbedingt offen bleiben, damit der Hund sich bei Panik nicht verletzen kann.

»**Aktive Hunde** vor dem Alleinsein mit **Spiel und Training** auszulasten, kann **Probleme vermeiden.**«

◁ ***Allein zu Haus***
Ein soziales Tier wird nie gern zurückgelassen, den meisten kann man aber beibringen, es zu akzeptieren. Verständnisvoll auf sein Bedürfnis nach Nähe zu reagieren, kann dazu beitragen, dass der Hund auch dann zufrieden ist, wenn Sie gehen müssen.

▽ ***Ruhig bleiben!***
Zeigt der Hund beim Weggehen oder während Ihrer Abwesenheit unerwünschtes Verhalten, sollten Sie nicht mit ihm schimpfen oder ihn bestrafen. Akzeptieren Sie, dass er unglücklich ist, und finden Sie eine gute Lösung, um die Situation zu verbessern.

△ ▷ ***Spielen und trainieren***
Aktive Hunde vor dem Alleinsein mit Spiel oder Training auszulasten, kann durch Langeweile oder Frustration hervorgerufene Probleme eventuell vermeiden. Der Hund sollte aber unbedingt noch Zeit haben, wieder zur Ruhe zu kommen, bevor Sie gehen.

ERZIEHUNGSPROBLEME

Aggression aus Angst

Der häufigste Grund, warum ein Hund aggressiv wird, ist Angst. Aggression ist oft die einzige Möglichkeit, die er kennt, um eine Bedrohung abzuwehren. Im Extremfall kann er dann sogar zubeißen.

Hunde sind meist nur gegenüber ihnen suspekten Fremden aggressiv. Ein Hund kann aber auch gegen seinen Halter aggressiv werden, wenn dieser ihn bestraft oder der Hund starke Angst vor ihm hat. Aggressives Verhalten gegenüber anderen Hunden ist ebenfalls meist angstbedingt. Die meisten Hunde zeigen aber zunächst, dass sie Angst haben. Hilft ihnen das nicht und sind sie selbstsicher genug, versuchen sie sich mit Aggression zu schützen. Die einzelnen Stufen sind gewöhnlich Knurren, Schnappen und Beißen. Hat ein Hund sehr große Angst, kann er aber auch ohne Vorwarnung zubeißen.

▷ **»Geh weg!«**
Manche Besitzer wollen nicht glauben, dass Angst der Grund für die Aggression des Hundes ist, da der Hund nicht ängstlich aussieht, wenn er bellt oder schnappt. Meist zeigt er aber vorher schon seine Angst. Wird dies ignoriert, muss er zu drastischeren Mitteln greifen.

▽ **In die Ecke gedrängt**
Dieser Hund ist angeleint und hat keine andere Möglichkeit, als aggressiv zu reagieren, wenn er sich bedroht fühlt. Die meisten Hunde wollen nicht beißen und warnen deutlich, um die Bedrohung zu verjagen.

◁ **Kämpfen lernen**
Unkontrolliertes grobes Spiel kann dazu führen, dass der unterlegene Hund aggressiv wird, um den anderen zu stoppen. Hat er damit Erfolg, lernt er das Verhalten schnell und wird es wiederholen.

△ **Maulkörbe**
Ist ein Hund aggressiv, kann ein Maulkorb andere Menschen und Tiere schützen helfen. Nötig ist aber eine gute Verhaltenstherapie, die ihm hilft, seine Aggression abzubauen.

◁ **Aggression verhindern**
Sozialisieren Sie den Welpen so, dass er alles kennenlernt, dem er später begegnen kann (S. 92–93). Unbekanntes verängstigt den erwachsenen Hund.

»Hat ein Hund sehr **große Angst,** kann er aber auch **ohne jede Vorwarnung zubeißen.**«

Praxistipps

Halten Sie zu Dingen Abstand, die Ihren Hund ängstigen, dann gerät er weniger unter Stress. Sobald er die ersten Stress- und Angstanzeichen zeigt, bringen Sie ihn von der Ursache weg (S. 74–75).

Zwingen Sie einen Hund nicht, sich »seiner Angst zu stellen«. Akzeptieren Sie, dass er Angst hat und helfen Sie ihm, sie ohne jeglichen Zwang zu überwinden.

Angstaggressionen sind ein großes Problem, bei dem man die Hilfe eines Trainers oder Therapeuten benötigt, damit der Hund seine Angst überwinden lernt. Nützliche Adressen finden Sie auf S. 254 oder bitten Sie Ihren Tierarzt um Rat. Ein professioneller Hundetherapeut oder Hundetrainer versucht, den Hund gegen den Angstauslöser zu desensibilisieren und seine negativen Gefühle durch positive Erlebnisse und Gefühle zu ersetzen, damit er sicherer wird.

Scheu
Scheue Hunde sind potenzielle Angstbeißer, wenn sie sich bedroht fühlen. Sie brauchen sanfte Hilfe, um ihre Ängste zu überwinden.

Andere Aggressionsauslöser

Neben Angst gibt es viele andere Gründe, warum Hunde kämpfen oder beißen. Hundehalter sollten sich der möglichen Probleme bewusst sein und verhindern, dass ihr Hund Aggression für seine einzige Option hält.

Hunde können uns nicht sagen, dass sie sauer sind oder Hilfe benötigen. Die meisten Hunde leben glücklich mit uns Menschen und anderen Hunden zusammen, doch manchmal wollen sie mit Aggression etwas durchsetzen oder klarstellen. Es lohnt sich, die Ursachen herauszufinden. Das Beschützen des eigenen Futters, das Festlegen der Hierarchie im Haushalt oder der Schmerz, weil ihm jemand auf den Schwanz tritt, sind nur einige von vielen möglichen Auslösern für Aggression.

»Hunde können uns **nicht sagen,** dass sie **sauer** sind oder Hilfe benötigen.«

◁ *»Meiner!«*
Die Vorfahren unserer Hunde mussten ihr Futter bewachen, um nicht zu verhungern, das ist ganz normales Verhalten. Reagieren wir aggressiv darauf, wird es nur schlimmer. Überzeugen Sie den Hund, dass Sie keine Bedrohung sind.

▽ *»Pass bloß auf!«*
Ist Ihr Hund aggressiv gegen andere Hunde, meiden Sie Konfliktsituationen. Lassen Sie ihn nicht von der Leine, halten Sie Abstand zu anderen Hunden und lenken Sie seine Aufmerksamkeit auf sich. Suchen Sie unbedingt professionelle Hilfe!

▽ **»Lass das bleiben!«**
Dass zwei Hunde, die zusammenleben, miteinander kämpfen, ist völlig normal, besonders wenn beide nicht kastriert sind. Mögliche Lösungen sind Kastration (S. 88–89) oder die existierende Rangordnung zu bestätigen. Ein Verhaltenstherapeut (S. 254) kann dabei hilfreich zur Seite stehen.

▷ **»Aua!«**
Für empfindliche Hunde kann die Fellpflege unangenehm oder sogar schmerzhaft sein und sie reagieren aggressiv. Seien Sie sanft, damit der Hund lernt, Ihnen zu vertrauen. Bürsten Sie ihn vorsichtig ohne Reißen und halten Sie die Pflegeeinheiten kurz.

Praxistipps

Wie hoch die Angriffslust oder Beißneigung eines Hundes ist, wird zum Großteil durch seine Rasse bestimmt. Einige Rassen reagieren erst sehr spät, andere lassen sich schneller provozieren. Aber auch das körperliche Wohlbefinden des Hundes spielt, genau wie bei uns, eine Rolle. Ist dem Hund zu heiß, ist er sehr durstig, hungrig oder müde, kann dies die Aggressionsschwelle senken.

Viele Halter reagieren auf die Aggression ihres Hundes selbst aggressiv. Dadurch eskaliert die Situation schnell und die Beziehung zwischen Halter und Hund ist gestört. Mit professioneller Hilfe (S. 254) lässt sich aber bestimmt eine gute Lösung für beide Seiten finden.

Launisch
Terrier wurden mutig und durchsetzungsstark gezüchtet. Kein Wunder also, dass sie zu Aggressivität neigen und eine sehr gute Sozialisierung benötigen. Aus potenziell gefährlichen Situationen sollte man sie sofort entfernen.

Lösungsansätze

Manchmal kommt es beim Training trotz bester Vorsätze und geduldigen Übens zu Missverständnissen. Hier einige Beispiele für häufiger auftretende Erziehungsprobleme und Tipps, wie man sie lösen kann.

F *Mein Hund geht auf dem Rückweg vom Park brav an der Leine, nur auf dem Hinweg zieht er ständig. Was tun?*

A Er zieht, um schneller in den Park zu kommen. Also muss er lernen, dass er dadurch langsamer vorankommt, indem Sie anhalten und ihn warten lassen, wenn er zieht. Hängt die Leine locker, kommt er schneller voran. Beginnen Sie mit dieser Übung (S. 134–135) ab dem Moment, wo Sie ihm die Leine anlegen, sodass das Training bereits zu Hause beginnt. Anfangs kann es lange dauern, bis Sie den Park erreichen, aber mit der Zeit wird es schneller und mit weniger Stopps gehen. Wenn möglich, lassen Sie ihn sich zuerst ein wenig im Garten austoben, damit er schon Energie abarbeiten kann.

F *Mein Hund soll lernen, mit einem Spielzeug im Maul zu springen, lässt es aber immer fallen. Was soll ich tun?*

A Es ist völlig normal, dass ein Hund die eine Aufgabe vergisst, wenn er sich auf eine zweite konzentriert. Üben Sie Springen (S. 168–169) und Apportieren (S. 136–141) so lange separat, bis Ihr Hund sich nicht mehr darauf konzentrieren muss. Erst dann kombinieren Sie beides. Lässt er das Spielzeug dann wieder fallen, belohnen Sie ihn nicht, sondern gehen sofort mit ihm zum Spielzeug hin, lassen ihn es aufheben und fordern ihn auf zu springen (zuerst bei niedriger Stange). Sie werden ihn mehrfach sanft anleiten müssen, bis er es versteht. Loben Sie ihn begeistert, wenn es klappt.

F *Soll mein Hund in Entfernung »Sitz!« machen, kommt er immer und setzt sich vor mich. Wie kann ich ihm beibringen, wo er »Sitz!« machen soll?*

A Bisher hat er seine Belohnung immer dafür bekommen, dass er sich bei Ihnen hingesetzt hat. Dies versucht er wieder, aber dazu muss er zu Ihnen kommen. Zeigen Sie ihm geduldig, dass er seine Belohnung bekommt, wo immer er sich hinsetzt (S. 152–153), indem Sie verhindern, das er sich auf Sie zu bewegt. Schimpfen Sie dabei nicht mit ihm, sonst wird er nur versuchen sich heimlich vorzuschieben.

»Belohnen Sie den Hund für eine richtige Aktion gut!«

F *Mein Hund bringt mir sein Spielzeug, will es aber nicht hergeben. Was kann ich tun?*

A Für manchen Hund ist das Halten des Spielzeugs wichtiger als das Jagen. Er gibt es ungern wieder her, weil er etwas Schönes beenden soll (als ob sich jemand etwas bei Ihnen leiht, es aber nicht zurückgibt). Sie müssen ihm also als Gegenleistung etwas anbieten, das er noch stärker haben möchte, wie Leckerchen oder ein Lieblingsspielzeug. Vielleicht ist es für ihn einfacher, das Spielzeug fallen zu lassen, als es abzugeben. Zeigen Sie ihm, dass er Ihnen vertrauen kann, indem Sie es ihm sofort zurückgeben oder erneut für ihn werfen.

ERZIEHUNGSPROBLEME

F *Wenn er »Toter Hund« (S. 166–167) spielen soll, dreht mein Hund sich auf den Rücken und wedelt mit dem Schwanz. Wie kann ich das verhindern?*

A Das ist doch lustig. Warum machen Sie daraus nicht eine eigene Übung, die Sie wiederholen können (S. 110–111)? Soll er »Toter Hund« üben, locken Sie ihn mit Leckerchen in die richtige Position und belohnen Sie ihn dann mit Lob und Lachen (S. 108–109), da diese Belohnung ja anscheinend gut wirkt. Belohnen Sie ihn anfangs sofort, dann machen Sie eine Pause vor der Belohnung, sodass er länger stillhalten muss. Warten Sie zu lange und er rollt sich zum Wedeln wieder auf den Rücken, versuchen Sie nicht zu lachen, sondern locken Sie ihn wieder sanft in Position und belohnen ihn dann.

Lösungsansätze

F *Mein English Setter hat kein Interesse am Spielen. Wie kann ich ihn dazu animieren?*

A Spielen war ursprünglich eine Art des Jagdtrainings. Wenn Sie das Spielzeug schnell wie ein kleines Tier hin- und herbewegen, animiert das den Hund, es zu jagen. Knoten Sie ein kleines Stück Schaffell an eine Leine und ziehen Sie es durch hohes Gras, damit der Hund animiert wird zu folgen und es anzuspringen. Ziehen Sie es weiter unberechenbar durchs Gras, sodass er es manchmal sehen kann und manchmal nicht. Brechen Sie das Spiel ab, bevor dem Hund langweilig wird, und versuchen Sie es später wieder. Kurze, spannende Spielversuche wie diese bauen schnell Interesse auf und später können Sie Spielzeug einführen.

F *Mein Hund liebt Menschen so sehr, dass er erst zu ihnen läuft, obwohl ich rufe, und dann kommt. Wie gewöhne ich ihm das ab?*

A Der Nachteil bei gut sozialisierten Hunden ist, dass sie jeden mögen. Daher kann man ihnen nur schwer abgewöhnen, beim Spaziergang einfach jeden zu begrüßen, den sie treffen. Benutzen Sie eine lange Leine, um ihm beizubringen, erst um Erlaubnis zu fragen (S. 150–151). Lassen Sie die Leine aber nicht für sich oder andere zur Stolperfalle werden. Holen Sie den Hund sanft heran, wenn er jemanden begrüßen will. Belohnen Sie ihn immer reichlich für sein Kommen, auch wenn Sie ihn in Wirklichkeit heranziehen. Lassen Sie ihn Menschen erst begrüßen, wenn diese das auch wünschen.

> »**Lassen** Sie ihn **Menschen** nur **unter Kontrolle begrüßen.**«

F *Mein Hund will nicht »in sein Bettchen«, wenn Besuch kommt. Was kann ich tun?*

A Die Belohnung, die der Hund für das »ins Bettchen gehen« bekommt, ist nicht stärker als sein Spaß am Umgang mit Ihren Besuchern. Entweder müssen Sie ihm eine wertvollere Belohnung bieten, wie einen leckeren Kauknochen, oder akzeptieren, dass er Gesellschaft will, und ihm beibringen, sich gegenüber Besuchern brav zu verhalten. Sie können auch warten, bis sich die Aufregung über den Besuch gelegt hat, und ihn dann ins Bettchen schicken. Das macht es ihm leichter, Ihrer Aufforderung zu folgen. Oder Sie bestehen sanft darauf, dass er sich zurückzieht, und machen ihn dafür an einer Hausleine fest (S. 118–119).

> »Er braucht **Ablenkung** oder muss lernen **brav zu sein**.«

F *Wenn mein Hund die Leine holen soll, schleppt er erst alles Mögliche an, bevor er die Leine bringt. Wie kann ich ihm beibringen, sofort das Richtige zu holen?*

A Nehmen Sie alles entgegen, belohnen Sie ihn aber nur, wenn er die Leine bringt. Loben Sie ihn dann aber überschwänglich. So lernt er, dass es für die anderen Dinge keine Belohnung gibt. Um es einfacher zu machen, trainieren Sie zuerst so, dass er nur die Leine sehen kann (S. 178–179). Erst wenn er das Kommando versteht, fügen Sie einen anderen Gegenstand hinzu und helfen ihm, sich richtig zu entscheiden.

F *Ich gehe gerne mit einer Freundin und deren Hund spazieren, aber mein Hund zieht ständig an der Leine. Wie kann ich ihm das abgewöhnen?*

A Trainieren Sie erneut die Leinenführigkeit (S. 132–135). Wenn er das beherrscht, bitten Sie Ihre Freundin, mit ihrem Hund mit Ihnen zu trainieren. Sie soll mit ihrem Hund im weiten Kreis um Sie herumgehen, während Sie mit Ihrem Hund trainieren. Üben Sie so lange, bis er entspannt neben Ihnen geht. Trainieren Sie dann, mit den Hunden nebeneinander herzugehen. Gehen Sie gleich schnell, damit Ihr Hund nicht zieht.

ERZIEHUNGSPROBLEME

6

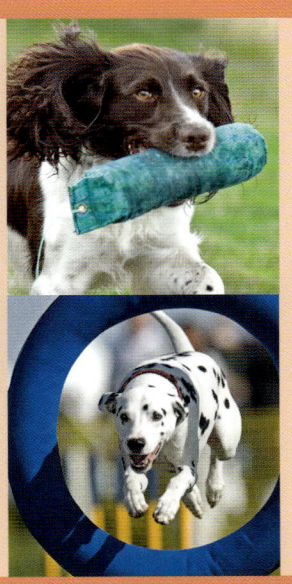

Auf die Plätze …

Sport und Spiel

Sport und Spiel

Hundesport bedeutet Aufregung und Spaß für Hund und Halter. Die Auswahl ist groß und es macht einen Riesenspaß, die richtige Sportart zu finden. Sie können die Übungen auf den vorhergehenden Seiten nutzen, um die Grundlagen für eine erfolgreiche Sportlerkarriere Ihres Hundes zu legen. Der Hundesport schafft den Rahmen für weiteres Training, hilft beim Erlernen neuer Fertigkeiten und ist dabei ein wirklich schönes Hobby. Wir stellen hier die große Vielfalt an Hundesportarten vor, geben Tipps für die Teilnahme und nennen die Voraussetzungen, die Hund und Halter mitbringen sollten.

WASSERSPIELE
Sobald sie es gelernt haben, lieben Hunde das Schwimmen – nebenbei ein hervorragendes und absolut ungefährliches Fitnesstraining.

Mitmachen

Hundesport macht Spaß. Die Auswahl ist groß und alle Formen bieten Ihrem Hund jede Menge Aufregung und Bewegung. Jede Sportart fordert einen anderen Trainingsaspekt und bringt neue Fertigkeiten mit sich.

Sobald Sie die in den vorangegangenen Kapiteln beschriebenen Grundlagen gelegt haben, können Sie und Ihr Hund sich dem sportlichen Training widmen. Der Hundesport gibt Ihnen ein Trainingsziel und erweitert nicht nur Ihr Wissen, sondern auch Ihr Können als Trainer. Er bringt Sie in Kontakt mit Gleichgesinnten und führt Sie an die interessantesten Orte, sobald Sie erst an Wettbewerben teilnehmen. Wenn Sie nur positive Trainingsmethoden anwenden und darauf achten, dass auch Ihr Hund Spaß am Training hat, wird er den Sport ebenso lieben wie Sie. Er kann sich dabei richtig austoben und bekommt die Chance, auch seine mentalen Energien zu nutzen. Das macht ihn fitter und cleverer und stärkt seine Bindung an Sie. Es geht nichts über das partnerschaftliche Arbeiten an einem gemeinsamen Ziel, besonders wenn die Mühe auch noch von Erfolgen gekrönt wird.

▷ **Agility**
Hund und Halter müssen fit und beweglich sein, um sich schnell und wendig über den Parcours zu bewegen. Der Fairness halber liegt die Latte für kleine Hunde niedriger.

△ **Sportstar**
Gesellige Hunde genießen die Aufmerksamkeit, Aktivität und die Leistung beim Hundesport und freuen sich auf jeden Wettbewerb.

»Ihr Hund wird **fitter** und **cleverer** und die **Bindung** zwischen Ihnen wird **gestärkt**.«

◁ **Jagdhund-Wettbewerbe**
Jagdhundverbände führen Wettbewerbe durch, bei denen Jagdhunde ihr Können zeigen. Gelegentlich findet man auch Veranstaltungen, bei denen andere Rassen zugelassen sind.

▽ **Cani-Cross**
Der Zughundesport ist etwas für sportliche Halter, die sich genauso ins Zeug legen wollen wie ihr Hund und gerne gemeinsam trainieren.

▷ **Flyball**
Beim Flyball muss der Hund unter anderem ein Pedal treten, um den Ball auszulösen. Hier kommt es auf Schnelligkeit und Koordination an.

Ohne Übung geht's nicht

Das Erfolgsgeheimnis beim Hundesport heißt Übung. Im Wettbewerb ist der Halter oft nervös. Hunde spüren das sofort und das beeinträchtigt ihre Leistung. Die Reaktion auf Kommandos sollte daher so automatisch erfolgen, dass nichts mehr den Hund davon ablenken kann. Dies geht aber nur mit regelmäßiger Übung. Sie müssen einen Platz zum Trainieren finden und sich die notwendige Ausrüstung anschaffen, wenn Sie den Sport ernsthaft betreiben wollen. Ein Trainingsplan ist unerlässlich, denn die Stunden, die Sie ins Training stecken, entscheiden am Ende über Erfolg oder Misserfolg.

Welche Sportart?

Suchen Sie sich einen Sport aus, der Ihnen zusagt. Auf den Seiten 234–245 geben wir Ihnen einen Überblick über die beliebtesten Sportarten, aber das Angebot ist noch wesentlich größer. Ihre Entscheidung hängt nicht zuletzt vom Angebot in Ihrer Region ab. Gute Informationsquellen sind wie immer das Internet und selbstverständlich die Verbände VDH und DHV (S. 254), bei denen die meisten Hundesportarten registriert sind. Nehmen Sie sich die Zeit und gehen Sie zu den unterschiedlichen Veranstaltungen. Schauen Sie zu und sprechen Sie mit den Teilnehmern. So finden Sie am schnellsten die richtige Sportart für Sie und Ihren Hund.

Aushänge bei Ihrem Tierarzt und in den Tierhandlungen informieren meist darüber, was in Ihrer Umgebung aktuell läuft. Sie können sich natürlich auch beim Personal Ihres Tierarztes, beim Hundefriseur oder bei anderen Hundebesitzern über die Hundesportvereine in Ihrer Region erkundigen. Die großen Dachverbände führen Listen, die aber meist nur die großen Klubs erfassen.

Wenn Sie keinen passenden Klub in Ihrer Umgebung finden, gehen Sie in eine Hundeschule. Die meisten werben mittlerweile im Internet. Die Qualität des Unterrichts ist sehr unterschiedlich, deshalb sollten Sie auch bei anderen Hundebesitzern nach Empfehlungen fragen.

SPORT UND SPIEL

Fitnesstraining

Beim Hundesport müssen Hund und Halter fit und den körperlichen Anforderungen gewachsen sein. Das Training kostet Zeit und Mühe und muss langsam erfolgen, damit der Körper sich umstellen kann.

Vorbereitung

Alle Hundesportarten erfordern Kraft und Bewegung, für die der Hund gesund und fit sein muss. Wenn Sie nicht bereits ein sehr aktives Leben führen, müssen Sie Fitness, Kraft und Ausdauer Ihres Hundes nach und nach aufbauen, damit er den körperlichen Anforderungen seines Sports gewachsen ist und sich nicht verletzt.

▽ ▷ **Abspecken**
Übergewichtige Hunde (rechts) rennen, springen und spielen ungern und ermüden schnell. Sie müssen langsam mit reduziertem Futter und mehr Bewegung auf ihr Idealgewicht (unten) abspecken.

Unterschiedliche Sportarten erfordern ganz unterschiedliche physische Fähigkeiten, deshalb sollten Sie sich bei Experten nach den jeweiligen Anforderungen erkundigen.

Dort erhalten Sie wertvolle Tipps zum Training und können einen passenden Übungsplan aufstellen. Vor jeder sportlichen Betätigung muss Ihr Hund das richtige Gewicht haben (S. 78–79). Hat er Übergewicht, reduzieren Sie seine Futtermenge und sorgen Sie dafür, dass er sich mehr bewegt. Dabei ist es sehr wichtig, das Gewicht ganz allmählich zu reduzieren, da ein zu schnelles Abnehmen gesundheitsschädlich sein kann. Stimmen Sie sich am besten mit Ihrem Tierarzt über die beste Vorgehensweise für Ihren Hund ab.

»Eine neue **Sportart** fordert ganz andere **Muskelgruppen,** die Sie und Ihr Hund bisher **nicht genutzt** haben.«

△ ▷ **Spielerische Übung**
Intensives Spielen ist ein schönes Fitnesstraining. Bringen Sie Ihrem Hund das Apportieren bei, damit er den Ball zurückbringt, aber überfordern Sie ihn nicht.

△ **Jogging**
Das Joggen mit dem Hund ist ein gutes Ausdauertraining. Sie müssen genauso viel leisten wie der Hund und wissen daher, wann Sie aufhören müssen.

Selbstverständlich braucht ein fitter Hund einen fitten Halter – vernachlässigen Sie also auch Ihr Training nicht. Vergessen Sie dabei nie, sich vor dem Training gemeinsam gründlich aufzuwärmen.

Krafttraining

Ein neuer Sport fordert meist Muskelgruppen, die Sie und Ihr Hund bisher noch nicht benutzt haben. Es braucht Zeit, bis diese Muskeln soweit aufgebaut sind, dass Sie den Sport erfolgreich betreiben können. Wenn Sie Ihren untrainierten Hund wiederholt springen oder immer und immer wieder ein Frisbee aus der Luft schnappen lassen, wird er bald Muskelkater haben. Zügeln Sie Ihren Enthusiasmus und denken Sie daran, dass Ihr Hund die ganze Arbeit macht! Planen Sie die Trainingseinheit im Voraus und begrenzen Sie die Anzahl der Wiederholungen.

Ausdauertraining

Manche Sportarten erfordern viel Ausdauer und Anstrengung über Stunden oder sogar Tage hinweg. Viele Rassen sind grundsätzlich dafür geeignet, aber sie alle benötigen Zeit, um nach und nach Kondition aufzubauen.

▷ **»Fit for Life«**
Der Hundesport macht Hund und Halter beweglich, stark, gesund und fit. Der allmähliche Aufbau verhindert zuverlässig Verletzungen.

Ihr Hund kann Ihnen nicht sagen, wann er genug hat. Außerdem wollen die meisten Hunde nicht von sich aus aufhören, bevor ihr Halter es ihnen sagt. Deshalb liegt es an Ihnen, mithilfe von qualifizierten Trainern und Ihres Tierarztes einen vernünftigen Trainingsplan aufzustellen. Der allmähliche Konditionsaufbau braucht Zeit, verhindert aber auf lange Sicht Verletzungen und Spätschäden, weil Muskeln und Sehnen langsam gestärkt werden.

Agility

Beim manchmal auch als »Schauspringen für Hunde« bezeichneten Agility kommt es auf Können und Schnelligkeit an, um einen Hindernis-Parcours zu überwinden – ein großer Spaß für Hund und Halter.

Das bei Hunden und Menschen gleichermaßen beliebte Agility ist ein Sport, bei dem Können, Action und Spaß im Vordergrund stehen. Die Hunde müssen lernen, die verschiedensten Hindernisse zu überwinden, und laufen schließlich gegen die Uhr über einen Parcours. Im Wettbewerb haben diese Kurse verschiedene Schwierigkeitsstufen, wobei der schnellste und geschickteste Hund jeder Klasse gewinnt.

Die meisten Elemente lassen sich mit sehr geringem Materialaufwand zu Hause trainieren, allerdings lohnt es sich, einem Klub beizutreten, um die Feinheiten dieser Sportart zu erlernen und mit Ausrüstung üben zu können, die man selten im eigenen Garten stehen hat.

Darüber hinaus halten eine gute Trainingsgruppe und ein Klub Sie bei der Stange und versorgen Sie mit allen wichtigen Informationen. Die Hunde sollten für das Training ausgewachsen sein. Knochen und Gelenke, die noch wachsen, nehmen durch zu frühes Springen schnell Schaden, deshalb sollten Welpen frühestens mit zwölf Monaten springen. Wettbewerbe stehen Hunden ab 18 Monaten offen.

> »**Hunde lernen** verschiedene **Hindernisse zu überwinden** und **laufen** schließlich **gegen die Uhr** über einen **Hindernis-Parcours.**«

▽ **Springen lernen**
Springen kann der Hund zu Hause lernen und üben. Für »Minihunde« sind die Hürden niedriger, damit der Wettkampf gegen größere Hunde fair ist.

△ **Keine Angst vorm Tunnel**
Anfangs muss man den Tunnel vermutlich verkürzen, damit der Hund sich traut, aber bald wird er wie dieser West Highland Terrier mutig und selbstbewusst hindurchstürmen.

Der Reifen
Der Reifen hängt in einem Rahmen. Um hindurchspringen zu können, muss der Hund lernen die Höhe richtig einzuschätzen.

AUF DIE PLÄTZE …

▷ **Tunnel**
Tunnel können gerade oder gekrümmt, steif oder aus Stoff sein. Sobald Hunde die Übung beherrschen, rasen sie meist so schnell hindurch, dass der Tunnel mit Heringen am Boden fixiert werden muss.

◁ **Vorausschauen**
Noch während sie das aktuelle Hindernis bewältigen, müssen Hund und Halter bereits das nächste im Auge haben. Ein gut trainierter Hund rennt vor seinem Halter her und befolgt dessen Anweisungen in vollem Lauf.

▽ **Slalomstangen**
Der Hund muss von rechts einsteigen und sich durch die Stangen schlängeln, ohne eine auszulassen. In langsamem Tempo ist das einfach, aber die Schwierigkeit wächst mit der Geschwindigkeit.

△ **Wippe**
Die Wippe ist leichtgängig gelagert. Der Hund muss lernen hinaufzulaufen und die Wippe mit seinem Gewicht umzulegen. Er muss die gelben Kontaktflächen an beiden Enden mit den Pfoten berühren und dabei schnell und präzise sein.

◁ **Hürden**
Beim Wettbewerb kommt es auf zielgenaue Sprünge an, denn eine gerissene Hürde kostet Punkte. Der Parcours hat viele Kehren und Richtungswechsel, da kommt man leicht vom Kurs ab und reißt eine Stange herunter.

SPORT UND SPIEL

AUF DIE PLÄTZE ...

▷ **Perfekte Harmonie**
Dieser Hund und seine Halterin tanzen bei einer Show harmonisch zusammen und haben Spaß – man kann beinahe die Musik hören, wenn man dieses Foto betrachtet. Wie bei allen Vorführungen braucht es auch hierfür viele Stunden der Übung.

▽ **Grundübungen**
Die Schritte werden nach und nach erlernt und geübt, bis sie perfekt sitzen. Jeder Teil muss schnell und präzise ausgeführt werden. Erst dann werden sie zu Figuren zusammengefügt und zur Musik geübt.

Mit Hunden tanzen

Freestyle und Bei-Fuß-Arbeit zu Musik, auch Dogdancing genannt, erfreut sich großer Beliebtheit. Hier finden eingeübte Schritte und Musik zu einer eleganten Choreografie zusammen – ein Riesenspaß für Hund und Halter.

Dogdancing entstand Anfang der 1990er-Jahre in Großbritannien, um der Öffentlichkeit zu zeigen, wie viel Spaß diese Disziplin macht. Der Sport verbreitete sich bald in alle Welt und der Freestyle wurde eingeführt, um auch andere Manöver zeigen zu können, bei denen der Hund sich vom Halter löst und beispielsweise springt, sich dreht oder auf den Hinterbeinen läuft. Freestyle ist für den Zuschauer interessanter und dadurch heute auch bei Wettbewerben beliebter.

Die Wettbewerber haben vier Minuten, um ihre Choreografie zu einer selbst gewählten Musik vorzuführen. Beurteilt werden sie nach Inhalt (eine größere Variation bringt auch mehr Punkte), Präzision und Ausführung und nach künstlerischer Interpretation.

▷ **Alles ist erlaubt**
Beim Freestyle sind Requisiten wie Springseile, Stöcke, Reifen und Hüte erlaubt, um die Vorstellung bunter zu gestalten. Eine Vielfalt von Schritten macht die Choreografie abwechslungsreich und bringt mehr Punkte.

Zahlreiche Klubs bieten mittlerweile Kurse an. Trainiert wird ausschließlich mit positiver Verstärkung, da es unmöglich ist, Hunde zu Bewegungen zu zwingen, die sie nicht machen wollen. Aus diesem Grund können Hund und Halter das Training genießen. Erfahrene Hunde werden oft schon ganz aufgeregt, wenn sie ihre Musik hören.

Freestyle steht jeder Hunderasse und Haltern jeden Alters offen. Es eignet sich für Hunde, die die Wiederholung und die Bewegung genießen, die das viele Üben mit sich bringt, und fordert vom Halter Rhythmusgefühl. Hund und Halter

müssen für diesen Sport körperlich fit und beweglich sein. Die Schritte sind leicht zu vermitteln, aber es muss bereits ein gewisses Grundmaß an Gehorsam vorhanden sein, bevor man anfängt. Es hilft, wenn man schon eine gute Partnerschaft mit seinem Hund aufgebaut hat. Die Übungen in diesem Buch (S. 122–185) sind eine perfekte Grundlage für das Training.

»**Hunde und Halter genießen das Training. Erfahrene Hunde werden oft schon ganz aufgeregt, wenn sie ihre Musik hören.**«

Flyball

Flyball ist ein sehr schneller und aufregender Sport. Die Hunde müssen über Hürden zu einer Flyballbox rennen, dort einen Ball auffangen und so schnell wie möglich mit dem Ball zu ihrem Halter zurückkehren.

Flyball ist ein relativ neuer Sport, der in den 1960ern in Kalifornien entstand und sich mit zunehmender Beliebtheit rund um den Globus verbreitete.

Die Flyballbox ist eine Maschine, die einen Ball in die Luft katapultiert, sobald ein Hund auf ein Pedal tritt. Der Hund muss über vier Hürden hinweg zu der Box rennen, auf das Pedal treten, den Ball aus der Luft fangen und ihn wieder über die Hürden zurück zu seinem Halter bringen.

Sobald der erste Hund wieder zurück ist, wird ein zweiter losgeschickt und so weiter, bis alle vier Hunde eines Teams die Strecke bewältigt haben. Bei einem Fehler, z.B. wenn ein Hund eine Hürde auslässt oder den Ball nicht mitbringt, muss er erneut starten, bis er es richtig gemacht hat. Das Team ist erst fertig, wenn alle Hunde fehlerfrei gelaufen sind. Gewonnen hat das Team, das als erstes fertig ist. Die Wettbewerbe werden in mehreren Runden ausgetragen, bis nur noch zwei Teams im Finale stehen.

Flyball ist ein großartiger Zuschauersport und ein Riesenspaß für die teilnehmenden Hunde und Halter. Jeder bewegungsfreudige Hund kann mitmachen und das Training ist relativ einfach. Der schwierigste Teil ist dabei, die Hunde daran zu hindern, den kürzesten Weg an den Hürden vorbei zu nehmen.

Dieser Sport ist genau das Richtige für gesellige Halter, die die Arbeit im Team genießen, und für aktive Hunde, die gerne apportieren.

> »**Flyball** ist ein großartiger **Zuschauersport** und ein **Riesenspaß** für die Hunde und ihre Halter.«

△ **Über die Hürden**
Alle Hürden sind weiß gestrichen und viele sind gepolstert, damit die Hunde sich nicht verletzen. Im Training werden Blenden angebracht, um zu verhindern, dass die Hunde einfach an den Hürden vorbeilaufen, statt darüber zu springen.

▷ **Die Flyballbox**
Es gibt viele unterschiedliche Modelle der Flyballbox. Einige katapultieren den Ball in die Luft, wenn der Hund auf ein Pedal tritt, bei anderen muss der Hund über ein gepolstertes Brett laufen, um den Ball auszulösen.

Spaß beim Flyball
Hunde genießen die Schnelligkeit, die Aufregung und die Bewegung beim Flyball. Die erfolgreichsten Hunde sind schnell und geschickt, aber die Zuschauer lieben auch die Momente, wenn ein Hund eine Hürde auslässt oder den Ball fallen lässt.

Obedience und Utility

Obedience- und Utility-Prüfungen sind ernste Sportarten, doch dank verschiedener Klassen fällt der Einstieg leicht. Sie sind ideal für Trainingsbegeisterte, die die Arbeitspartnerschaft mit dem Hund genießen.

Obedience

Die Regeln und Übungen variieren von Land zu Land. Hund und Halter arbeiten sich langsam in höhere Klassen vor. Zu den Übungen zählen Bei-Fuß-Gehen mit und ohne Leine, Abrufen, Bleib-Übungen und Apportieren. In den höheren Klassen kommen »Aus!« auf Zuruf, Springen, Vorausschicken und Distanzkontrolle hinzu.

Es gibt viele Obedience-Vereine mit Anfänger-Klassen. Stellen Sie sicher, dass positive Trainingsmethoden verwendet werden und es darum geht, dass Hund und Halter Spaß beim Lernen haben. Wer an Wettkämpfen teilnehmen will, muss auf hohem Level trainieren.

Bei den Wettkämpfen geht es bei den einzelnen Übungsteilen um absolute Präzision. Schon bei falscher Pfotenstellung verliert man Punkte. Zu dieser Sportart gehört also auch viel Liebe zum Detail.

Utility

Die Utility-Übungen für Gebrauchshunde ähneln dem Gehorsamsteil der Polizeihundausbildung. Die Schutzarbeit wird allerdings erst auf höchster Stufe gelehrt. Hund und Halter können fünf Klassen durchlaufen, für die sie sich jeweils bei Wettkämpfen qualifizieren müssen. Die Übungen sind in drei Kategorien unterteilt:

■ Fährtenarbeit, bei der der Hund einer Fährte 2,4 km folgen und zwei darauf platzierte Gegenstände finden muss. Eine zweite Aufgabe ist das Absuchen eines Areals nach allen Gegenständen, die menschlichen Geruch tragen.

■ Der Parcours umfasst eine 1 m hohe Hürde, eine 1,8 m hohe Wand und einen 2,7 m weiten Weitsprung.

■ Zum Gehorsam zählen Bei-Fuß-Gehen, Vorausschicken, Apportieren, Bleib-Übungen, Schussfestigkeit und Bellen auf Kommando.

△ **Bei-Fuß-Gehen**
Bei Obedience-Wettbewerben muss der Hund eng und präzise bei Fuß gehen. Schon für eine kleine Lücke zwischen Hund und Halter gibt es Punktabzug.

▷ **Apportieren**
Das hantelförmige Apportel wird in beiden Sportarten verwendet. Bei Obedience wird die Präzision beim Apportieren, Bringen und Abgeben bewertet.

»Die **Utility-Übungen** für **Gebrauchshunde** ähneln denen für **Polizeihunde**.«

▷ **Weitsprung**
Es mag schwierig aussehen, doch der Weitsprung fällt den meisten Hunden leicht. Er besteht zwar aus mehreren Hürden, wirkt aber aus der Perspektive des sich nähernden Hundes wie ein Block.

△ **Fährtenarbeit**
Der Hund muss einer Fährte folgen, die ein Fährtenleger legt und die praktisch nur aus seinen Fußspuren sowie Haut- und Kleidungsabrieb besteht. Dabei können Wind, Regen, Trockenheit und Bodentemperatur die Leistung des Hundes stark beeinflussen.

◁ **Die Wand**
Der Hund muss auf das Startsignal warten, dann die Wand überspringen und auf der anderen Seite warten, bis er zurückgerufen wird. Solch hohe Sprünge bedürfen viel Übung, da der Hund sich dabei leicht verletzen kann.

SPORT UND SPIEL

Jagdhundarbeit

Jagdhundprüfungen, wie Field-Trials und Arbeitsprüfungen, sind weiterhin den Jagdhundrassen vorbehalten. Jagdhunde sind eine der wenigen Gruppen, die heute noch für ihren ursprünglichen Zweck eingesetzt werden.

AUF DIE PLÄTZE ...

△ **Übung mit Dummy**
Bei Field-Trials und anderen Arbeitsprüfungen wird statt eines toten Vogels ein Dummy verwendet, der in etwa das gleiche Gewicht hat.

Field-Trials und andere Arbeitsprüfungen für Jagdhunde finden meist im Sommer statt. Dabei werden sowohl Dummys als auch lebendiges Wild eingesetzt, denn während der Jagdsaison gehen die meisten Hunde mit ihren Haltern auf die Jagd.

Wenn Sie die Jagd und das Töten von Tieren abstoßend finden, sind Field-Trials nicht für Sie geeignet. Bei Field-Trials geht es um die Prüfung der Fähigkeiten, die ein Hund zur Jagdarbeit benötigt, also werden Sie dort – ob nun Dummys verwendet werden oder nicht – auf jeden Fall viele begeisterte Jäger treffen.

Field-Trials und andere Arbeitsprüfungen orientieren sich möglichst genau an der echten Jagd, denn sie sollen die Jagdfähigkeiten des Hundes testen. Zu den Jagdhunden zählen Stöberhunde, Vorstehhunde, Schweißhunde, Erdhunde und Apportierhunde sowie vielseitige Jagdhunde, die all diese Aufgaben beherrschen. Es gibt für jede einzelne dieser Aufgaben verschiedene Arbeitsprüfungen sowie informelle Wettbewerbe.

Field-Trials bieten eine gute Gelegenheit, die Fähigkeiten des eigenen Hundes auszuloten und dem Training ein bestimmtes Ziel zu geben. Die meisten Jagdhundrassen lieben die Herausforderung durch solche Prüfungen. Teils ist es schwer, sie zwischendurch von der nächsten Aufgabe zurückzuhalten.

»Mit **Field-Trials** und ähnlichen Prüfungen kann man das **Potenzial** des Hundes ausschöpfen und dem **Training** ein **Ziel** geben.«

◁ **Vorstehen**
Vorstehhunde sind Hunde, die Wildvögel aufspüren und dem Jäger ohne Lautäußerung durch ihre typische Körperhaltung, das Vorstehen, anzeigen. Der Hund muss warten, bis der Jäger schussbereit ist und den Vogel dann auf Kommando des Jägers aufscheuchen.

△ **Stöbern**
Spaniels sind Stöberhunde, die Wild aufstöbern und in Richtung des Jägers treiben. Sie durchsuchen dabei selbstständig unübersichtliches Gelände. Die verschiedenen Rassen haben unterschiedliche Aufgaben. Einige stöbern im Unterholz, andere dagegen im Wasser.

△ **Apportieren**
Aus dem Wasser apportieren kostet Kraft und Ausdauer. Hunde benötigen einen starken Besitzdrang, um weit hinaus zu schwimmen, nur um einen Vogel zu apportieren. Gleichzeitig müssen sie aber auch gewillt sein, ihre Beute an den Halter abzugeben.

▷ **Gehorsam**
Schießen ist eine potenzielle Gefahr für die Hunde, daher müssen sie jederzeit gehorsam sein. Jagdhunde müssen auf Kommandos hören und nicht ihrem eigenen Willen folgen. Sie brauchen eine gute Arbeitsmoral und müssen Befehle annehmen.

SPORT UND SPIEL

Andere Sportarten

Neben den populären Hundesportarten gibt es eine Menge unbekanntere Sportarten, für die Sie sich entscheiden können. Welcher Sport für Sie und Ihren Hund der richtige ist, hängt davon ab, was Ihnen beiden Spaß macht.

Bei vielen der unbekannteren Hundesportarten gibt es teilweise Zugangsbeschränkungen für bestimmte Rassen. An Afghanen-Rennen können eben nur Afghanen teilnehmen, an Wasserübungen nehmen normalerweise nur Neufundländer und ihre Kreuzungen teil, zu Bluthund-Fährtenwettbewerben sind generell nur Bluthunde zugelassen und nur Berner Sennenhunde ziehen Karren.

Dann gibt es wiederum Sportarten, die allen Rassen offenstehen, aber den Zugang nach Fitness und Fähigkeiten beschränken. Nur extrem aktive Hunde können etwa an Bike- und Ski-Jöring oder Schlittenhundrennen teilnehmen. Aber auch nur wenige Menschen sind für Dog-Hiking oder Cani-Cross fit genug. Suchen Sie also eine Sportart aus, die Ihnen beiden Spaß macht und die zu Ihnen beiden passt. Natürlich wird Ihre Entscheidung auch davon beeinflusst, welche Angebote es in Ihrer näheren Umgebung gibt. Wenn Sie aber ein Sport besonders stark anspricht, findet sich normalerweise immer ein Weg. Auch wenn Ski-Jöring zugegebenermaßen ohne Schnee etwas schwerfällt, kann man stattdessen auf geeigneten Wegen und Straßen der Umgebung Bike-Jöring betreiben.

◁ **Mein Frisbee!**
Beim Hunde-Frisbee muss der Hund den Frisbee über immer weitere Distanzen fangen. Es gibt aber auch eine Frisbee-Variante, bei der Hund und Herr mehr Punkte sammeln, wenn sie das Fangen in eine Art Choreografie einbauen.

» **Suchen Sie eine Sportart aus, die Ihnen beiden Spaß macht und die zu Ihnen beiden passt.** «

△ **Neufundländer-Rettungswettbewerb**
Neufundländer lieben die Wasserrettung. In speziellen Klubs lernen sie zunächst Dinge aus dem Wasser zu apportieren und später auch Menschen und Boote zu retten.

◁ **Afghanenrennen**
Dies ist eine tolle Sportart für Afghanen und ihre Besitzer, die die Hunde gerne rennen sehen und ihnen eine sichere Möglichkeit bieten möchten, dies zu tun. Die Maulkörbe verhindern Verletzungen beim Rennen.

◁ ▽ **Jöring**
Die Kunst, sich von Hunden gezogen auf dem Rad oder den Skiern zu halten, hat sich zu einem organisierten Sport entwickelt. Geschirr und Zugleine sind toll für Hunde, die gerne laufen!

△ **Sportliche Schutzhundausbildung**
Neben der professionellen Schutzhundausbildung gibt es eine sportliche Variante. Gute Klubs erziehen nicht zu unerwünschter Aggression.

▷ **Dog Hiking**
Bergwandern mit Hund ist eine Sportart für Halter, die nicht an Wettkämpfen interessiert sind.

△ **Cani-Cross**
Cani-Cross ist ein Geländerennen, bei dem der Hund (oder die Hunde) an den Halter angebunden laufen. Je nach Fitness und Können gibt es verschiedene Schwierigkeitsgrade.

SPORT UND SPIEL

Schlittenhunde
Huskies sind die schnellsten und besten Schlittenhunde, da sie für genau diese Aufgabe gezüchtet wurden. Aber auch andere Hunde lieben es, über längere Distanzen schnell zu rennen, und können gut lernen, im Team zu arbeiten.

Register

A

Ablegen trainieren 192–193, 212
Ablenkungsmanöver 148, 156–157, 214
Afghanenrennen 246
Aggression
    Junghunde und andere Hunde 97
    bei Welpen 92
    Gründe für 218–221
    Hündinnen in Hitze 89
    und andere Tiere 70
    und Angst 92, 218
    und Bellen 75
    und Jagen 197
    und Maulkörbe 219
    Vermeidung 75, 220–221
    zwischen Hunden im Haushalt 221
    siehe auch Beißen
Agility-Parcours 234–237
Airedale Terrier 34
Akita 41
älter werden, *siehe* Hundesenioren
Angst
    Aggression 92, 218
    Angstanzeichen 67, 74–75
    bei Hundesenioren 101
    bei Welpen 92
    Knallangst 56, 100, 196
    Umgang des Hundes mit 75
Apportierhunde 20, 36, 38
Apportiertraining
    Apportel abgeben 141
    apportieren lernen 76, 77, 136–141
    Apportier-Wettbewerb (Flyball) 240
    Begeisterung des Halters 137
    Die Leine holen 178–179
    Einkaufstasche tragen 176–177
    Lob »Feiner Hund!« 138, 151, 183, 189, 192
    Spielzeug 136–139
    Spielzeug vergessen 210–211
    Spielzeug weglegen 180–181
    Spielzeug wegnehmen 139
    Springen mit Spielzeug 222
    »Such das Spielzeug!« 172–173
    und »Aus!« 139
    und »Lass!« 154–155
    und »Stopp!« 155
    und »Warte!« 140
    und Jagdarbeit 245
    und Necken 141
    und Spielen 80–81
    und Trainingsleine 138, 139
Aufmerksamkeit suchen 67
Augen *siehe* Sehvermögen
»Aus!« 139
Australian Shepherd 33
Auswahl des Hundes
    Bezugsquellen 16–17
    Lebensumstände 14–15, 16
Autofahrten
    bei älteren Hunden 100
    und Kommando »Warte!« 157

B

Babys und Hunde 69
Baden 87
Basset Hound 32, 33
Beagle 20, 29
Bearded Collie 33
Begrüßen
    Menschen und Tiere, nach Erlaubnis 150–151, 156
    unter Kontrolle 156, 224
Begrüßung 52
Bei-Fuß-Arbeit zu Musik 238–239
Beißen
    bei älteren Hunden 98
    bei Scheu 219
    Knurren und Schnappen 74, 75
    Spielbeißen bei Welpen 94
    und Aggression 75, 218
Belgischer Schäferhund 37
Bellen
    bei Bewegungsmangel 77
    bei Welpen 198
    ignorieren 118
    übermäßig 198–199
    und Aggression 75
    und Leine holen 179
Belohnungen
    Arten von Belohnung 108
    Aufspringen 106, 118, 119, 133
    bei Welpen 92–93, 107
    Langeweile vermeiden 206
    Leckerchen-Rangliste 108
    Lernprozess 107
    Lob »Feiner Hund!« 151
    Leinenführigkeit 132–133
    Motivation 108
    Timing 106–107, 112–113, 208–209
    Unarten abtrainieren 118–119
    und Kommandos 113, 114
    und Konzentration 206, 207
    und Spielen 84, 85, 108–109
    Verstärkung durch 206–207
    Wiederholung von Verhalten 106–107
    siehe auch einzelne Kommandos
Berner Sennenhund 44, 246
Bernhardiner 20, 45
Berührung und Körperpflege 86–87
    aggressives Reagieren auf 221
    Berührung zulassen 200–201
Bewegung
    Aufwärmen, Hundesport 162
    Bewegungsbedarf 76–77
    Bewegungsmangel 77
    Hundesenioren 98
Bewegungsdrang
    und Konzentration 135, 155, 212–213
    Energie nutzen 76–77
    Energiebedarf und Ernährung 79
    Energieüberschuss 212–213
    Hundesport 230
Bichon Frisé 24
Blindenführhunde 36
Bloodhound 55, 246
Bordeauxdogge 41
Border Collie 20, 32
Border Terrier 26
Boston Terrier 24
Boxer 35
Bretonischer Spaniel 30
Bull Mastiff 45
Bull Terrier 31
Bulldogge 31

C

Cairn Terrier 26
Cani–Cross 247
Cavalier King Charles 26, 47

Cavapoo 47
Chihuahua 20, 22
Cockapoo 46–47
Cocker Spaniel 30
Collie (Langhaar) 33
Corgi 29

D

Dachshund (Dackel) 27
Dalmatiner 21, 32, 34
Designerhunde 46–47
Deutsch Drahthaar 37
Deutsch Kurzhaar 34
Deutsche Dogge 45, 98
Deutscher Schäferhund 39
Dobermann 40
Dogdancing 238–239
Dog Hiking 247
Drängeln verhindern 194–195

E

Eindringlinge, imaginäre 77
Emotionen 52, 53
Erbkrankheiten 20, 89
Erkunden
   Welpen 96–97
Erlaubnis, fragen um 149–151
Ernährung 78–79

F

Farbsehen 55
Field-Trials 244–245
Flat Coated Retriever 38
Flyball 240–241
Fox Terrier 29
Französische Bulldogge 28
Freestyle 238–239
Freilauf, ohne Leine 77
Frisbee-Wettbewerbe 246
»Fuß!«
   Ablenkung durch andere
      Hunde 156
   Handsignal 111, 132

G

Gähnen 60
Gehirn und Denkfähigkeit 52–53,
   210–211

Gehör
   Gehörsinn 56
   Hörschwäche bei
      Hundesenioren 98
Geräuschphobie 56
Gerüche
   Markieren 88
   Schnüffeln 58, 59
Geruchssinn 54–55
Geschmackssinn 56–57
Gesundheit
   Gesundheitschecks, ältere
      Hunde 100–101
   Gesundheitszeugnisse, Welpen
      20
»Gib mit Fünf!« 164–165
Golden Doodle 47
Golden Retriever 20, 38, 47
Großpudel 34, 47

H

Handsignale 64
   bei Welpen 107
   siehe auch einzelne Kommandos
   und Kommandos 64
Havaneser 24
Heben, den Hund 201
»Hier!« 77, 107, 124–125
   Ablenkungsmanöver 148
   an langer Leine 97, 148
   Erlaubnis, fragen um 150–151
   Freilaufen 212, 213
   für Fortgeschrittene 146–147,
      148–149
   Handsignal 111
   Pubertätsprobleme 96–97
   Rückruf 154–155
   und Belohnung 107, 124–125,
      149
   und Körpersignale 65, 125
   und Schimpfen 125, 147
hinlegen lassen, *siehe* »Platz!«
Hochspringen
   und Belohnung 106, 118, 119,
      133
   und Bewegungsbedarf 213
   unterbinden 52, 188–189
Hovawart 37
Hundedenken 52–53, 106
Hundefutter 78–79
Hundeschauen 19

Hundesenioren
   Alterserscheinungen 98–99
   Bewegung 98
   Gesundheitschecks 100–101
   Sehschwäche 98, 101
   und Autofahrten 100
Hundesport 230–231
   Fitness 232–233
   siehe auch individuelle
      Sportarten
Hundesport, Aufwärmübungen 162
Hundetanz 238–239
Hundezucht 88–89
Hündinnen in Hitze,
   und Aggression 89
Husky 248–249
Hybridhunde 46–47

I

Idealgewicht 79, 232
ins Bettchen schicken 182–183
   bei Besuch 225
   während Babypflege 69

J

Jack Russell Terrier 20, 25, 98
Jagdarbeit 244–245
Jagdinstinkt 70–71
Jagdphasen 18–19
Jagdspiele 80–81
   mit anderen Tieren 71
   mit Stöcken 81

K

Kastration 89
Katzen und Hunde 71, 196
Kauen
   bei Welpen 57, 94–95
   Erkunden der Umgebung 177
   Knochen 79
   Unerfahrenheit 77
Kauspielzeug 95
Kinder und Hunde 68–69, 196
Knallangst 100, 196
Knochen kauen 79
Knurren und Schnappen
   siehe Aggression; Beißen
Kognitive Dysfunktion
   (CDS) 101

Kommandos 107
  Belohnungen 207
  Handsignale und Kommandos 64
  Leine holen 178–179, 225
  Lob »Feiner Hund!« 138, 151, 183, 189, 192
  siehe auch einzelne Kommandos
Kommunikation
  Hund und Mensch 60–61
  unter Hunden 58–59
  Körpersprache
  Gähnen 60
  Hund zu Mensch 60–61, 75
  Mensch zu Hund 64–65, 125
  Naselecken 60
Krallen schneiden 87
Kreisel 162–163
Kreuzungen 46–47

L
Labradoodle 47
Labrador Retriever 36
Langeweile bekämpfen 206
»Lass!« 154–155
Lecken der Nase 60
Leckerchen siehe Belohnungen
Leine
  Heranholen mit langer Leine 97, 118–119, 138,139, 148, 215
  Leine anlegen 132, 134–135, 222, 225
  Leine holen 178–179, 225
  lockere Leine, laufen an 132–135
  ohne Leine laufen 77
  unaufgefordertes Holen 179
Leonberger 44
Lernprozess, Versuch und Irrtum 106–107
Lhasa Apso 26
Logik, fehlende 52
Lurcher 55

M
Malteser 22
Mischlinge 46
Mops 27

Motivation
  Gegensatz zum Menschen 52
  und Belohnung 108

N
Nahrung
  Fressen und Bewegungsmangel 77
  Futter bewachen 220
  Futter klauen 190–191
  siehe auch Ernährung
Neufundländer 45, 246

O
Obedience 242–243
Ohren
  Taubheit, selektive 214
  Untersuchung 200

P
Paarung 88–89
Papillon 25
Parson Russell Terrier 25
Perspektive des Hundes 57
Pflege
  Haartypen 87
  siehe auch Körperpflege
Pflegefamilien 16
Pfoten
  untersuchen 201
  Winken-Trick 164
»Platz!« 126–127
  Handsignal 111
  und Ablegen 192–193
  und »Toter Hund!« 166
Polizeihunde 39
Positive Trainingsmethoden 67
Postbote 170–171
Pubertätsprobleme 96–97

R
Rhodesian Ridgeback 40
Riesenschnauzer 40
Rottweiler 44
Rückruf siehe »Hier!«
Rudelinstinkt 66, 67

S
Scheinschwangerschaft 89
Schlittenhunde 248–249
Schutzhundausbildung 247
Sehvermögen
  Augen untersuchen 201
  Gesichtssinn 55
  Sehschwäche 98, 101
selektive Zucht 19, 55, 89
Shar Pei 31
Shetland Sheepdog 28
Shih Tzu 25, 47
Shorkie 47
Sibirischer Husky 33
Sicherheitsmaßnahmen 74–75
»Sitz!«
  Hand- und Stimmsignale 64, 122
  Herunterdrücken 111
  in der Entfernung 152–153, 222
  in unterschiedlicher Umgebung 114, 122–123
  und »Warte!« 128–129
Sozialisierung
  mit anderen Tieren 70–71, 220
  Welpenalter 17, 70, 71, 75, 91
  wie Hunde denken 52
Spaniel 26, 31, 245
Spaziergänge 76, 77
  Die Leine holen 178–179
  lockere Leine, laufen an der 132–133, 134
  Ziehen 132, 134–135, 222, 225
Spielen
  Abbruch mit »Hier!« 146–147
  Desinteresse an 224
  Gründe für das Spielen 80–81
  kontrolliertes Spiel 84–85
  mit Kindern 69
  Spielbegeisterung 84, 85
  Spielkämpfe 59
  Spielnutzen 85
  Überhitzungsgefahr 81
  und Apportiertraining 80–81
  und Belohnungen 84, 85, 108–109
  und Instinkte 80
  und Rückruf 154–155
Spielzeug
  als Belohnung 109
  Apportiertraining 136–139

zur Steigerung der
    Konzentration 207
Denkaufgaben 213
Desinteresse 81
nicht hergeben wollen 223
»Nicht jagen!« 196–197
Quietschspielzeuge 81
Spielen lernen 84
Spielzeug vergessen 210–211
Spielzeug wegnehmen 139
Spielzeug wegräumen 180–181
Springen mit Spielzeug 222
»Such das Spielzeug!«
    172–173
Welpen und Beißen 94
Springen
    bei Wettkämpfen 234, 237
    Training 168–169, 222
Springer Spaniel 31
Staffordshire Bull Terrier 29
»Steh!« 130–131
    Handsignal 111
    Schauhunde 130
Stöcke, Gefahren durch 81, 213
»Stopp!« 155
Stubenreinheit 95

T

Taubheit, selektive 214
Tauziehspiele 81
Temperament, Wahl nach 15
Terrier
    Jagdinstinkt 70–71
    und Aggression 221
    siehe auch einzelne
        Terrierrassen
Tibet-Terrier 28
Tierheime 16
Tiertherapeuten 75, 221
»Toter Hund!« 166–167
    und auf den Rücken rollen 223
Toy-Pudel 23
tragen, Einkaufstasche 176–177
Training
    Drei-Minuten-Regel 107
    Einfachheit der Aufgabe
        210–211
    Handsignale 111
    Kinder als Trainer 68–69
    Timing für Belohnung
        106–107, 112–113, 208–209

Trainingstechniken 110–111
Unarten abtrainieren 118–119
Verknüpfen lernen 114, 215
Trennungsangst 216–217
Trick erlernen 77, 157
Türen schließen 184–185, 210

U

Ungehorsam
    außer Haus 214–215
    Pubertätsprobleme 97
    Verstehen 210–211
Utility 242–243

V

Verfolgung abbrechen
    196–197
Versteckspiele 172–173
Verstehen und Hilfen 52–53,
    210–211
Vertrauen 66, 75
    Berührungen zulassen 86
Vorstehhunde 34, 37

W

»Warte!« 140
    Handsignal 11, 128–129
    im Auto 157
    in der Entfernung 129
    Liegen bleiben 129
    Unterschied Ablegen und
        »Warte!« 93
Weglaufen
    Bewegungsmangel 77
    Paarungsbereitschaft 88
Welpen
    Aggression 92
    Angst 92
    Aufmerksamkeitsspanne, kurze
        213
    Auswahl *siehe* Auswahl des
        Hundes
    Bellen 198
    Belohnung 92–93, 107
    Bewegung 77
    Erkunden 96–97
    erstes Lebensjahr 92–93, 219
    frühe soziale Bindungen
        17, 70, 71, 75, 92

Gesundheitszeugnis 20
Grenzen setzen 93
Handsignale 107
Kauen 57, 94–95
Kinder 69, 196
Nachjagen stoppen 196, 197
Problemlösungen 94–95
Pubertätsprobleme 96–97
Spielbeißen 94
Spielen 84
Sprungtraining, Gefahren von
    168
Stubenreinheit 95
Unarten verhindern 119, 219,
    220
Vermittlung 17, 89
»verrückte fünf Minuten« 77
Welpenmutter 17
Welpenunterricht 95
Züchter prüfen 17
West Highland Terrier 27
Whippet 30
Winken-Trick 160–161, 164

Y

Yorkshire Terrier 23

Z

Zähne untersuchen 200
Zwergpinscher 23
Zwergpudel 24
Zwergschnauzer 27
Zwergspitz 23

Nützliche Adressen

Hundeerziehung und Hundesport

Bundesverband der Hundeerzieher/innen
und Verhaltensberater/innen e. V. (BHV)
Alt Langenhain 22
D-65719 Hofheim
+49 (0) 61 92/958 11 36
www.hundeschulen.de

Interessensgemeinschaft
unabhängiger Hundeschulen e. V.
Prof.-Schmid-Str. 2 B
D-82140 Olching-Geiselbullach
+49 (0) 81 42/48 73 34
www.ig-hundeschulen.de

Deutscher Hundesportverband
Vosshoeveler Straße 9a
D-46485 Wesel
+49 (0) 281/206 81 68
www.dhv-hundesport.de

Tierschutz und Hundevermittlung

Deutscher Tierschutzbund e. V.
Bundesgeschäftsstelle
In der Raste 10
D-53129 Bonn
+49 (0) 228/60 49 60
www.tierschutzbund.de

Bundesverband Tierschutz e. V,
Karlstr. 23
D-47443 Moers
+49 (0) 28 41/252 44
www.bv-tierschutz.de

Tierärztliche Vereinigung
für Tierschutz e. V. (tvt)
www.tierschutz-tvt.de

Österreich
Österreichischer Tierschutzverein
Berlagasse 36
A-1210 Wien
+43 (0) 1/897 33 46
www.tierschutzverein.at

Schweiz
Stiftung für das Tier im Recht (TIR)
Rigistr. 9
CH-8006 Zürich
+41 (0) 43/443 06 43
www.tierimrecht.org

Zuchtverbände

Verband für das deutsche
Hundewesen e. V. (VDH)
Westfalendamm 174
D-44141 Dortmund
+49 (0) 231/56 50 00
www.vdh.de

Der Österreichische
Kynologenverband (ÖKV)
Siegfried-Marcus-Str. 7
A-2362 Biedermannsdorf
+43 (0) 22 36/71 06 67
www.oekv.at

Schweizerische Kynologische
Gesellschaft SKG/SCG
Sagmattstr. 2
CH-4710 Balsthal
+41 (0) 31/306 62 62
www.skg.ch

Fédération Cynologique
Internationale (FCI)
Place Albert 1er, 13
B-6530 Thuin
+32 (0) 71/59 12 38
www.fci.be

The Kennel Club
erster Hundezuchtverband weltweit
www.thekennelclub.org.uk

Tiermedizin und Notfallrettung

Bundesverband Praktizierender
Tierärzte e. V. (bpt)
Hahnstraße 70
D-60528 Frankfurt a. M.
+49 (0) 69/669 81 80
www.tieraerzteverband.de

Deutsche Tierrettung, DTR GmbH
Königsallee 14
D-40212 Düsseldorf
Info:-Nr. +49 (0) 180/502 66 58
Notfall-Nr.: +49 (0) 180/502 66 60
www.deutschetierrettung.de

Gesellschaft für ganzheitliche
Tiermedizin e. V. (GGTM)
Mooswaldstr. 7
D-79227 Schallstadt
+49 (0) 76 64/40 36 38 10
www.ggtm.de

Liste deutscher Giftnotrufzentralen:
www.klinik-krankenhaus.de/giftnotruf.php

Schweiz
Tox Info Suisse
Freiestraße 16
CH-8032 Zürich
Bei Notfällen in der Schweiz: 145 (24 h)
Aus dem Ausland: +41 44 251 51 51
Auskunft: +41 44 251 66 66
E-Mail: info@toxinfo.ch
www.toxinfo.ch

Österreich
Vergiftungsinformationszentrale (VIZ)
Allgemeines Krankenhaus Wien
Währinger Gürtel 18-20
A-1090 Wien
Notruf
+43 (0) 1/406 43 43
https://www.gesundheit.gv.at/service/notruf/vergiftungsinformationszentrale.html

Tierregistrierung

FINDEFIX – Das Haustierregister des
Deutschen Tierschutzbundes
In der Raste 10
D-53129 Bonn
+49 (0) 228/604 96 35
www.findefix.com

Tasso e. V.
Otto-Volger-Str. 15
D-65843 Sulzbach/Taunus
+49 (0) 61 90/93 73 00
www.tasso.net

Hunde für Behinderte

Deutscher Berufsverband für Therapie-
und Behindertenbegleithunde e. V. (DBTB)
www.dbtb.info

Hunde für Handicaps – VBB e. V.
Wiltbergstraße 29G
D-13125 Berlin
+49 (0) 30/29 49 20 00
www.hundefuerhandicaps.de

Partner auf vier Pfoten e. V.
Grüner Weg 14
D-53639 Königswinter
+49 (0) 228/42 99 795
www.führhund.de/imp.htm

Dank

Die Autorin möchte folgenden Personen danken: All denen, die so bereitwillig zu meinem Wissen über Hundetraining und Hundeverhalten beigetragen haben, wie John Rogerson, Ian Dunbar, der leider verstorbene John Fisher, Tony Orchard, Carla Nieuwenhuizen und vielen anderen. Ebenso möchte ich Bobs Broadbent und Kris Glover danken, dass sie Hunde und Menschen für die Fotos organisierten, wenn ich selbst keine Zeit dafür hatte. Mein Dank gilt ebenfalls Victoria Wiggins von Dorling Kindersley für ihren fachkundigen Rat und ihre Geduld, besonders wenn ich meine verlor. Und schließlich möchte ich noch all den Hunden danken, die ich kenne und lieben lernen durfte (vor allem meine schöne Spider, die auf so vielen Fotos in diesem Buch auftaucht), denen ich helfen durfte und mit denen ich Spaß hatte. Ohne alles, was ich durch sie lernen durfte, gäbe es dieses Buch nicht.

Dorling Kindersley möchte sich bedanken bei:
Farbretusche: Craig Laker
Redaktionsassistenz: Simon Murrell
Redaktionelle Gestaltung: Yenmai Tsang
Illustrationen: Richard Tibbits

Dank gilt auch Bobs Broadbent und Kris Glover, David Summers, Margaret und David Godel, Brad Murray und Jenny Woodcock, MDS Shows und Paws in the Park, Rachel Tooby sowie allen Mitarbeitern und Hunden des Battersea Dogs and Cats Home, Old Windsor Branch.
Sowie allen, die für dieses Buch Modell standen: Sandra Alden, Laura Andrews, Lucy Avery, Gwen Bailey, Graham Bates, L. R. Bird, Sara Bradford, Bobs Broadbent, Savanagh Bryant, Alice Bungay, Tracy Bungay, Shelly Bushell, Ben Carlin, Lily Carlin, Nicky Carlin, Pen Carlin, Siobhan Dawson, Michael Donnelly, Deborah Duguid Farrant, Daniel Eaton, Helen Gardom, Kristina Glover, Wendy Grantham, Nala Gunstone, Elaine Hale, Emma Hugo, Jeremy Hugo, Sophie Hugo, Frances Johnstone, Ali Kaye, Sally Knight, Luca Lawrence, Poppy Lawrence, Tracy Lawrence, Alistair Lion, Kate Lye, Harriet Mackevicius, Marika Marsh, Caroline Mooty, Jamie Mooty, Patrick Mooty, Iona Morris, Wil Morris, Elizabeth Munsey, Wendy Murphy, Nicolette O'Neill, Phil Ormerond, Ruth O'Rourke, Alice Peacock, Claire Pearson, Charlotte Pimm, David Roberts, Jessica Ryan-Ndegwa, Sebastian Ryan-Ndegwa, Joanne Summers, Rob Symonds, Ian Tautz, Siân Thomas, Peter Thompson, Dawn Thorne, James Thorne, Marie Travers, Sarah Tyzack, Sophie von Maltzahn, Julie Warner, Esme Waters, Victoria Wiggins, Tomoko Wingate, Nigel Wright
Danke auch an alle Hunde, die wir fotografieren durften: Andy, Archie, Barney, Bella, Ben, Bertha, Billy, Blue, Bongo, Boots, Boris, Casha, Charlie, Chesil, Coco, Dave, Diesel, Dotty, Fidget, Fin, Fizz, Gus, Harvey, Hero, Hoola, Jack, Jake, Jess, Jessie, Lettie, Libby, Lily, Lola, Lucy, Maisie, Millie, Moojah, Morgan, Nuba, Otto, Ozzy, Penny, Q, Rosie, Sasuke, Scally, Scamps, Shep, Skipper, Spencer, Spider, Talula, Thomas, Tink, Toby, Tom, Topsy, Walter, Zorro

Bildnachweis:

Der Verlag dankt folgenden Personen und Institutionen für die Erlaubnis, ihre Fotografien zu reproduzieren:
l=links, r=rechts, o=oben, m=Mitte, go=ganz oben, u=unten.
1 Shutterstock: Steven B Gold. **4 Dreamstime:** prostockstudio (l). **Shutterstock:** Joca de Jong (rm). **18 Alamy Images:** Dave Porter (um). **FLPA:** Mike Lane (mr). **35 Getty Images / iStock:** Kurt Pas (or). **36 Getty Images:** Altrendo (ur). **38 FLPA:** Imagebroker / Stefanie Krause-Wieczorek (mlu). **39 Alamy Images:** Duravitski (ul). **Corbis:** Jim Craigmyle (ur). **44 Alamy Images:** Juniors Bildarchiv (mlo). **Corbis:** Sygma / Yves Forestier (gor). **46 Shutterstock:** Rob Hainer (gol); Anetapics (mlu); Nina B (ul); Flabygasted (umr). **Getty:** 500px / James Selway (mr). **47 Shutterstock:** Joca de Jong (gor); Steven B Gold (um); Antonio Macia Martinez (ur). **54 Corbis:** Reuters / You Sung-Ho (ur). **56 Getty: Moment** (u). **62-3 Shutterstock:** Merel Tuk. **75 Alamy Images:** WoodyStock (m). **76 Dreamstime:** Monkey Business Images (r). **78 Getty:** iStock / 24K-Production. **80 Alamy:** Erickson Stock (go). **Getty:** imageBROKER / Jürgen & Christine Sohns (ul). **92 Shutterstock:** Lim Tiaw Leong (ur). **95 Shutterstock:** BY-_-BY (gor); Olha Rohulya (gro). **102 Dreamstime:** Mona Makela. **105 Dreamstime:** Prostockstudio (ur). **109 Dreamstime:** Rock and Wasp (gor). **186 Shutterstock:** furoking300. **197 iStock:** Getty Images Plus / nycshooter (m). **216 Shutterstock:** Prostockstudio (l); Masarik (r). **217 Shutterstock:** Alexey Stiop (gol); Tanya Kalian (gor); Dmytro Zinkevych (ul); DGLimages (ur). **218 Corbis:** Lynda Richardson (ur). **FLPA:** Erica Olsen (m). **220 Shutterstock:** Srinuan hiranwat (ml). **Getty Images:** Iconica / Michael Cogliantry (u). **223 iStock:** Nathan Baker (gor). **231 Alamy Images:** Arco Images GmbH (m); PetStockBoys (go). www.chillpics.co.uk / www.canix.co.uk: Shane Wilkinson (ur). **238 Photolibrary:** Juniors Bildarchiv (ul, um, ur). **Rex Features:** Ken McKay (go). **239 Alamy Images:** Sherab (mr). **Photolibrary:** Juniors Bildarchiv (ul, um, ur). **240 FLPA:** Imagebroker / Alexander Trocha (ml). **Specialist Stock:** Biosphoto / Klein J. & Hubert M.-L. (um, ur). **241 Rex Features:** Keystone USA / SB. **242 FLPA:** Imagebroker / Thorsten Eckert (ur). **243 Alamy Images:** Ashley Cooper (ul); SHOUT (mr). **Specialist Stock:** Biosphoto / Klein J. & Hubert M.-L. (gor). **245 Alamy Images:** Arco Images GmbH (m); Daniel Dempster Photography (gor). **FLPA:** Minden Pictures / Mark Ray Croft (gol). **246 Alamy Images:** blickwinkel (ur); Shaun Flannery (ul). **Getty Images:** Stone / Sven Jacobsen (ml). **247 Alamy Images:** Ultimate Group, LLC (um). **iStockphoto.com:** Rolf Klebsattel (mlu). **PA Photos:** AP Photo / Lewiston Sun Journal, Jose Leiva (gor). **Rex Features:** Newspix / Jody D'arcy (gol). www.chillpics.co.uk / www.canix.co.uk: Shane Wilkinson (ur). **248-249 Photolibrary:** Joel Sheagren

Cover: *Vorn:* **Getty Images / iStock:** Bigandt_Photography; *Hinten:* **Getty Images / iStock:** Bigandt_Photography (om), fotojagodka (um); **Shutterstock.com:** alexei_tm (or); *Buchrücken:* **Getty Images / iStock:** Bigandt_Photography (o)

Alle weiteren Abbildungen
© Dorling Kindersley
Weitere Informationen unter
www.dkimages.com

»Hundeerziehung dauert ein Leben lang. Üben Sie kontinuierlich mit viel Spaß für sich und Ihren Vierbeiner – ein glücklicher Hund wird es Ihnen danken.« Gwen Bailey